国家社科基金项目"21世纪国外马克思主义关于中国特色社会主义的研究"(20BKS160)阶段性成果
杭州电子科技大学马克思主义学院著作出版基金资助

马克思主义研究文库

马克思主义社会哲学研究

田世锭　屠晶晶｜著

光明日报出版社

图书在版编目（CIP）数据

马克思主义社会哲学研究 / 田世锭，屠晶晶著. --
北京：光明日报出版社，2023.4
ISBN 978-7-5194-7190-3

Ⅰ.①马… Ⅱ.①田… ②屠… Ⅲ.①马克思主义哲学—社会哲学—研究 Ⅳ.①B0-0

中国国家版本馆 CIP 数据核字（2023）第 078107 号

马克思主义社会哲学研究
MAKESI ZHUYI SHEHUI ZHEXUE YANJIU

著　　者：田世锭　屠晶晶	
责任编辑：杨　娜	责任校对：杨　茹　张慧芳
封面设计：中联华文	责任印制：曹　净

出版发行：光明日报出版社
地　　址：北京市西城区永安路 106 号，100050
电　　话：010-63169890（咨询），010-63131930（邮购）
传　　真：010-63131930
网　　址：http://book.gmw.cn
E - mail：gmrbcbs@gmw.cn
法律顾问：北京市兰台律师事务所龚柳方律师
印　　刷：三河市华东印刷有限公司
装　　订：三河市华东印刷有限公司
本书如有破损、缺页、装订错误，请与本社联系调换，电话：010-63131930

开　　本：170mm×240mm	
字　　数：268 千字	印　张：17
版　　次：2023 年 4 月第 1 版	印　次：2023 年 4 月第 1 次印刷
书　　号：ISBN 978-7-5194-7190-3	

定　　价：95.00 元

版权所有　翻印必究

前　言

　　被公认为"正统马克思主义"主要代表的伯特尔·奥尔曼①在其代表作《辩证法的舞蹈——马克思方法的步骤》中指出，被理解为卡尔·马克思和弗里德里希·恩格斯思想的马克思主义为我们讲述了"两座城市的故事"：第一座城市叫"资本主义"，这里根本没有自由却声称有自由，对于这座城市的绝大多数居民而言，所谓自由只不过是为他们不能得到的东西而展开竞争的权利；另一座城市叫"共产主义"，这里人们享有在相互和平与友好中发展其作为人的潜力的自由，一种按照他们的意愿活动、生存和发展的自由。而"共产主义"实际上是"资本主义"可能成为的东西，一旦"资本主义"的居民们推翻了其统治者及其组织城市生活的法规，"共产主义"就有了产生和发展的条件。尽管马克思主义中有很多内容并不属于对这两座城市的描述，但"两座城市的故事"的确有助于揭示马克思主义论题的非凡性质：它不是资本主义，不是共产主义，也不是历史，而是所有这些事物之间的内在关系，是共产主义作为资本主义内部尚未实现的潜在趋势如何演化以及这种演化从早期阶段一直延伸到仍然遥远的未来的历史。② 以此来看，马克思主义的核心论题

---

① 段忠桥. 转向英美超越哲学关注"正统"——推进当前我国国外马克思主义研究的三点意见 [J]. 马克思主义研究，2007（5）：75-80. 奥尔曼等人之所以被公认为"正统马克思主义者"，是因为他们对马克思主义基本原理的坚守。
② 伯特尔·奥尔曼. 辩证法的舞蹈——马克思方法的步骤 [M]. 田世锭，何霜梅，译. 北京：高等教育出版社，2006："序言" Ⅱ-Ⅲ.

是资本主义与共产主义的内在关系，及其彰显的人类社会和人本身发展的一般规律。

另一方面，尽管学术界迄今依然没有达成关于"社会哲学"概念内涵和外延的共识，但是，根据最早使用"社会哲学"概念的托马斯·霍布斯所述，社会哲学意指"关于人类社会的一般理论"[①]；程志民、江怡主编的《当代西方哲学新词典》也表明，社会哲学是"对人类的社会交往、社会关系以及社会团体活动的一般规律性进行研究的学派"，尽管其研究对象与研究范围迄今并没有一个确定的解释;[②] 爱尔乌德不仅认为社会哲学是关于"人生关系与人类的起源与运命的思想"，而且明确指出马克思主义是一种社会哲学。[③]

综上，我们认为，马克思主义哲学从本质上讲是一种有关人类社会及其发展规律的社会哲学，而其核心论题当为资本主义与共产主义之间的内在关系及其演进规律。马克思所说的社会是人与自然界完成了的"本质的统一"，是"人的实现了的自然主义"和"自然界的实现了的人道主义"[④] 表明，自然观也是马克思主义社会思想的内在部分。这样，或许我们可以说马克思主义哲学本质上是一种社会哲学，而马克思主义经济哲学、政治哲学、文化哲学、道德哲学、生态哲学等，只是马克思主义社会哲学的环节和表现。

正是基于这种认识，本书力图从社会发展论、社会—自然关系论、社会主体论、社会规范论和社会研究方法论等方面，对马克思主义社会哲学进行具有一定创新性的思考和研究，由前言、五个主体部分和结语构成。第一部分为社会发展论，共四章。力图透过塞耶斯、马克思、列

[①] 王守昌.西方社会哲学[M].北京：东方出版社，2002："绪论"3.
[②] 程志民，江怡.当代西方哲学新词典[M].长春：吉林人民出版社，2003：240.
[③] 爱尔乌德.社会哲学史[M].瞿菊农，译.上海：上海社会科学院出版社，2017："序"1，251.
[④] 中共中央马克思恩格斯列宁斯大林著作编译局.马克思恩格斯全集：第3卷[M].北京：人民出版社，2002：301.

宁等有关异化批判、帝国主义、社会主义、资本主义批判视域的论述，呈现马克思主义社会哲学所揭示的以资本主义与社会主义之内在关系为核心的人类社会发展历程及其内在规律。第二部分为社会—自然关系论，共两章。通过论述马克思恩格斯自然概念的双重意涵、佩珀的环境正义观和西方环境正义论，表明马克思主义社会哲学视域中社会与自然的内在关系。第三部分为社会主体论，共三章。力图透过赖特矛盾的阶级定位论、马尔库塞的审美解放论、女权马克思主义的女性解放论，探讨变革当代发达资本主义社会、实现社会主义的历史主体及其现实困境。第四部分为社会规范论，共四章。力图通过分析卢克斯、马克思、恩格斯和列宁的道德观，批判伍德的正义观，探讨马克思主义社会哲学视域中社会发展道德评判的正当性和可能性。第五部分为社会研究方法论，共三章。通过反思马克思的抽象与具体辩证法、奥尔曼的内在关系辩证法，以及列宁帝国主义理论的方法论，论证马克思主义社会哲学揭示人类社会发展历程及其内在规律的科学方法。结语则力图总结本书关于社会发展论、社会—自然关系论、社会主体论、社会规范论和社会研究方法论的研究，思考其内在的逻辑关联，呈现一个马克思主义社会哲学的理论整体。

附录《有机马克思主义是"新形式的马克思主义"吗？》是对在国内学术界颇有影响但实质上是非马克思主义的一种哲学思潮的反思和批判，旨在在这种反思和批判中理解和把握马克思主义社会哲学的本真内涵。

抽象与具体的辩证法、内在关系辩证法、分析方法与辩证方法兼容的辩证分析，是马克思主义社会哲学进行社会研究的根本方法论，也是我们研究马克思主义社会哲学本身的根本方法论。

本书最主要的特点或可能的创新点在于，第一，以马克思主义哲学基本原理与国外马克思主义哲学为主要论域，立足于对相关经典文本的解读来把握和评论相关思想者的思想。第二，以理论问题研究与人物思想研究、一般研究与个别研究相结合的方式，力求在反思和评论有关代表性思想者的学术观点基础上，厘清马克思主义社会哲学的理论问题、深化对马克思主义社会哲学的一般研究①。第三，社会发展论、社会—自然关系论、社会主体论、社会规范论和社会研究方法论，构成具有内在逻辑关联的理论整体，从而形成对马克思主义社会哲学较为系统的研究。

---

① 何萍. 这是因为"哲学的创造无论如何都是个性的"[M]//何萍. 马克思主义哲学史教程. 北京：人民出版社，2009：20.

目录 CONTENTS

第一篇　社会发展论

第一章　塞耶斯的异化批判论 ………………………… 3
一、异化：一种历史境况？ ……………………………… 3
二、历史主义的异化批判 ………………………………… 6
三、历史主义异化批判的内在困境 …………………… 11
四、异化批判何以可能？ ………………………………… 15

第二章　帝国主义：资本主义的最高阶段 …………… 19
一、资本主义的"特殊"阶段 …………………………… 20
二、资本主义的"最高"阶段 …………………………… 23
三、帝国主义的未来 ……………………………………… 27
四、结语 …………………………………………………… 30

第三章　社会主义：一种庄严的信念 ………………… 31
一、社会主义的必然性 …………………………………… 31
二、社会主义的正当性 …………………………………… 33
三、社会主义必然性与正当性的内在关联 …………… 36
四、社会主义既在未来又在现在 ……………………… 38
五、结语 …………………………………………………… 41

第四章 资本主义批判的世界视域与落后国家的解放之路 … **43**
    一、资本主义批判的世界视域 … **43**
    二、"卡夫丁峡谷"问题与落后国家的双重困境 … **47**
    三、全球联合：落后国家的解放之路 … **51**

第二篇 社会—自然关系论

第五章 马克思恩格斯自然概念的双重意涵 … **57**
    一、问题的提出 … **57**
    二、马克思自然概念的双重意涵 … **59**
    三、恩格斯自然概念的双重意涵 … **61**
    四、马克思恩格斯自然概念双重意涵的现实意义 … **64**

第六章 从深生态学转向社会正义 … **68**
    一、生态中心主义：矛盾的环境正义观 … **68**
    二、生态健康与社会正义 … **71**
    三、生态社会主义：社会正义的路径 … **74**
    四、走向马克思：西方环境正义论的逻辑必然 … **78**

第三篇 社会主体论

第七章 意识困境与赖特矛盾的阶级定位论 … **83**
    一、发达资本主义社会的意识困境 … **83**
    二、矛盾的阶级定位论 … **86**
    三、矛盾阶级定位论的二重性 … **89**
    四、矛盾阶级定位论的启示 … **93**

第八章　单向度的人与马尔库塞的审美解放论 ················ 97
一、非压抑性文明与单向度的人 ···························· 97
二、超越单向度的人与艺术审美 ··························· 101
三、马尔库塞审美解放论的当代价值 ······················· 106

第九章　女权马克思主义的女性解放论 ······················ 109
一、女性解放面临的新挑战 ······························· 109
二、女权马克思主义的理论探索 ··························· 113
三、女性解放何以可能？ ································· 127

第四篇　社会规范论

第十章　何种道德：卢克斯的追寻 ·························· 139
一、一种似是而非的矛盾 ································· 139
二、法权的道德 ··· 140
三、解放的道德 ··· 143
四、卢克斯的意义 ······································· 146

第十一章　道德原则的历史性：基于马克思恩格斯的分析 ······· 148
一、道德原则历史性的意涵 ······························· 148
二、克服相对主义的路径 ································· 153
三、克服道德主义的路径 ································· 156

第十二章　历史性的道德原则：基于列宁的分析 ··············· 159
一、历史性的道德原则 ··································· 159
二、资本主义道德批判的道德根据 ························· 163
三、资本主义道德批判的恰当路径 ························· 166

第十三章　资产阶级正义观的神圣化及其批判 …………… 169
　　一、资产阶级正义观的神圣化 …………………………… 169
　　二、无产阶级正义观的合理性 …………………………… 173
　　三、后资本主义正义原则的正当性 ……………………… 177

第五篇　社会研究方法论

第十四章　马克思的抽象与具体辩证法 …………………… 183
　　一、一种误解 ……………………………………………… 183
　　二、具体—抽象—具体方法的辨正 ……………………… 185
　　三、研究方法与叙述方法 ………………………………… 189

第十五章　奥尔曼的内在关系辩证法 ……………………… 192
　　一、辩证哲学：根本前提 ………………………………… 192
　　二、辩证方法：核心内容 ………………………………… 197
　　三、辩证实践：根本归宿 ………………………………… 200

第十六章　分析方法与辩证方法的兼容：基于列宁帝国主义论的分析 …………………………………………………… 205
　　一、帝国主义的本质 ……………………………………… 206
　　二、帝国主义与民族解放 ………………………………… 209
　　三、帝国主义与社会主义 ………………………………… 214
　　四、结语：一种辩证分析 ………………………………… 216

结　语 ……………………………………………………………… 218

附录　有机马克思主义是"新形式的马克思主义"吗？ ………… 222

参考文献 ………………………………………………………… 242

致　谢 …………………………………………………………… 259

第一篇 社会发展论

第一章

塞耶斯的异化批判论

按照马克思主义的社会发展理论，无论是原始社会—奴隶社会—封建社会—资本主义社会—社会主义和共产主义社会的"五形态说"，还是人身依附阶段—物的依赖阶段—自由个性阶段的"三形态说"，异化都是一个人类必经的过程。正因此，异化问题一直是马克思主义研究领域的重要议题，也是最富争议的主题之一。辩证马克思主义者、英国肯特大学肖恩·塞耶斯教授是介入有关异化问题讨论的重要代表，尤其是他对历史主义方法的推崇及其历史主义的异化批判极具代表性。探讨塞耶斯的异化观及其历史主义异化批判的内在困境，对于我们深化关于异化问题的研究，尤其是思考和理解资本主义异化批判的根据和路径，具有重要的理论意义。

一、异化：一种历史境况？

从《马克思主义与人性》《马克思与异化：关于黑格尔主题的论述》等著作可以清楚地看到，塞耶斯一直坚持并反复强调，异化是人类发展历程中一种"客观和历史的特殊境况"，一个历史发展的"必不可少的阶段"[1]。

首先，异化是人类发展历程中一种客观和历史的特殊境况。按照塞耶斯的论述，异化之所以是一种客观和历史的特殊境况有以下几点原因：第一，异化

---

[1] 肖恩·塞耶斯. 马克思主义与人性 [M]. 冯颜利，译. 任平，校. 北京：东方出版社，2008：113；马克思与异化：关于黑格尔主题的论述 [M]. 程瑶，译. 北京：中国人民大学出版社，2020："前言"3.

是"阶级的划分"这一历史条件的必然产物,并因此"始终是阶级社会的一个特征"①。从整个人类社会的发展进程来看,人类开始于"自然的简单性和统一性",即恩格斯所界定的"原始共产社会"。随着阶级的划分,人类进入漫长的发展阶段,经历着"各种形式的分化和异化",而这一切将在"未来的无阶级社会"中被超越。比如,马克思所论述的劳动之单调乏味、被外在强加、仅仅是满足物质需要的手段、发生于压迫性劳动分工之中,等等,就是由阶级分化本身所决定的"所有阶级社会"②中劳动的特征。第二,在漫长的阶级社会历史阶段,人类经历着各种具体历史条件所决定的"各种形式的分化和异化",因此,异化"具有特殊的历史意指"③。比如,前资本主义社会中的异化与资本主义社会中的异化就具有明显不同的"历史意指"④。在前资本主义条件下,异化表现为奴隶劳动和约束性公会背景下的手工业劳动等形式中劳动者"对对象的从属地位甚至是奴役身份"。劳动被禁锢于"家庭或社群的特殊需要"和狭隘的地域范围,劳动只是直接回应自然需要的纯粹"自然活动",人们尚处于"类自然的社群"之中。而在资本主义条件下,"创造出异化劳动的决定性因素是商品生产和雇佣劳动的优势地位",直接生产者成为既不拥有生产资料也不拥有劳动产品的雇佣劳工,所有这些都以资本的形式独立于工人并与之相对立。劳动自身成为一种为工资而出卖的商品,从而被他人和资本所拥有和掌控,劳动者的类活动被降低和异化为一种仅仅满足生理需要的手段,为工资而劳动的个体使社群分裂为大量原子式的个体。商品生产似乎在市场中具有自己的经济生命,人与人之间的关系异化为不具有个人色彩的商品以及事物之间的市场运行的经济规律。

其次,异化是人类发展历程中一个必不可少的阶段。综观塞耶斯的有关论

---

① 肖恩·塞耶斯. 马克思与异化:关于黑格尔主题的论述[M]. 程瑶,译. 北京:中国人民大学出版社,2020:84.
② 肖恩·塞耶斯. 马克思与异化:关于黑格尔主题的论述[M]. 程瑶,译. 北京:中国人民大学出版社,2020:25.
③ 肖恩·塞耶斯. 马克思与异化:关于黑格尔主题的论述[M]. 程瑶,译. 北京:中国人民大学出版社,2020:84.
④ 肖恩·塞耶斯. 马克思与异化:关于黑格尔主题的论述[M]. 程瑶,译. 北京:中国人民大学出版社,2020:85-88.

述，异化之所以是一个必不可少的历史阶段，主要原因在于：第一，从一般意义上讲，人类社会的发展历程是一种黑格尔式的三段论，即由"原始简单的自然统一状态"，经由"一种分裂和分化的时期"，最终过渡到"一种更高级的统一状态"①。在这种三段论式的历史阶段划分中，第二个阶段即异化的阶段是达到第三阶段即异化被消除的阶段的必要条件。换句话说，最终的统一和谐状态"只有通过必然分裂和异化的阶段才可能获得"②。第二，更为具体地说，唯有共产主义社会才能克服异化，并使人类居家于这个世界，而"资本主义的伟大成就之一"恰恰就是引领现代工业的发展，使之达到为新的共产主义社会奠定基础的程度。③ 这意味着，如果没有异化的资本主义或者资本主义的异化，就没有共产主义的必要基础，也就不可能有共产主义及其对异化本身的克服。第三，从人本身的发展角度讲，异化也是人类"自我发展和自我实现进程所必须经历的一个阶段"④。这是因为，比如，正是导致人们分崩离析的现代社会及其异化使人们的"个体性、主体性和自由"得到了发展；正是资本主义现代工业以一种异化的方式促使"普通的劳动人民"走进了公共场合并登上了政治舞台，并因而具有了空前开放的"活动范围"、空前拓展的"社会关系"，以及空前提高的"眼界和觉悟"⑤。质言之，异化的必然性正在于"人类的发展和自我实现只能在其中并经由其发生"，异化"代表着解放过程的开始"⑥。

诚然，阶级分化必然造成人的异化，历史条件不同则异化形式不同。人类历史发展具有自我否定之内在规律，不同历史阶段之间内在相连、前后相继、

---

① 肖恩·塞耶斯. 马克思主义与人性 [M]. 冯颜利, 译. 任平, 校. 北京：东方出版社, 2008：115.
② 肖恩·塞耶斯. 马克思主义与人性 [M]. 冯颜利, 译. 任平, 校. 北京：东方出版社, 2008：115.
③ 肖恩·塞耶斯. 马克思与异化：关于黑格尔主题的论述 [M]. 程瑶, 译. 北京：中国人民大学出版社, 2020：30.
④ 肖恩·塞耶斯. 马克思与异化：关于黑格尔主题的论述 [M]. 程瑶, 译. 北京：中国人民大学出版社, 2020：13.
⑤ 肖恩·塞耶斯. 马克思主义与人性 [M]. 冯颜利, 译. 任平, 校. 北京：东方出版社, 2008：105.
⑥ 肖恩·塞耶斯. 马克思与异化：关于黑格尔主题的论述 [M]. 程瑶, 译. 北京：中国人民大学出版社, 2020：13, 80.

辩证扬弃，共产主义（包括其低级阶段社会主义）必须基于发达资本主义之上。但诸如此类的观点其实并没有多少新意，因为这些观点完全处在马克思主义基本原理的范围之内。塞耶斯的观点之所以值得我们重视，是因为这种观点促使我们思考如下问题：如果过于突出和强调"异化问题"的这一方面，即异化是人类发展历程中一种客观和历史的特殊境况，是一个历史发展必不可少的阶段，那么是否会导致对其另一方面的忽略，即我们是否应该和必须将异化视为人类不得不承受的苦难，并对其采取逆来顺受的态度，而无须并且也不能对其加以反思和批判继而通过革命实践消除之？如若不然，对作为历史发展之特殊境况和必要阶段的异化进行反思和批判，其根据是什么？进行异化批判的具体路径和方法又是什么呢？

二、历史主义的异化批判

塞耶斯本人似乎对上述问题有自觉的意识，因此，他在强调"作为客观现象的异化""作为历史现象的异化"的同时，也探讨了"作为批判概念的异化"[1]；在强调"异化不是一种纯粹否定或批判的概念"的同时，也探讨了"对异化的克服"[2]。简而言之，塞耶斯本人在强调异化是人类发展历程中的特殊境况和必要阶段的同时，也对异化进行了一定意义和一定程度上的反思和批判。

不过，塞耶斯一直秉持的信念是"马克思所接受的黑格尔式的历史主义方法"，意味着不存在某种唯一且普遍正确的社会秩序。因为，"不同的社会关系要求不同的正义原则"，这些原则产生于具体的条件，对于其时代而言，它们是必要的和正确的。但随着时间的推移，随着新社会秩序条件的发展，它们也

---

[1] 肖恩·塞耶斯. 马克思与异化：关于黑格尔主题的论述［M］. 程瑶, 译. 北京：中国人民大学出版社，2020："目录"1.

[2] 肖恩·塞耶斯. 马克思与异化：关于黑格尔主题的论述［M］. 程瑶, 译. 北京：中国人民大学出版社，2020：79, 89.

就丧失了其必要性和正确性,"正义和权利原则是一种社会和历史现象"①。故而他坚持认为,隐含于异化概念中的批判"并不是呼吁普世的道德准则",而是"历史的、相对的",对异化的超越也必须以"历史的方式"进行设想。②

简单地说,塞耶斯所谓历史主义的批判其实就是将"相对于过去"与"相对于未来"进行比较。按照前述人类历史发展的黑格尔式三段论,人类起源于"原始简单的自然统一状态",以血缘、地缘关系为纽带建立起平等互助的部落和氏族,人与人、人与自然之间和睦相处,不存在异化。人类堕落之后的文明才是不和谐、不统一的,并因此进入一种"分裂和异化的时期"。人类最终将达到"一种更高级的统一状态"③。但如果据此认为,按照塞耶斯的观点,相对于过去和未来的"统一",现在的"分裂和异化"就应该受到批判,那就是对塞耶斯的一种误解了。因为,这似乎预设了"分裂和异化"就应该受到批判,这种"普世的道德准则"也与塞耶斯所强调的异化是必要阶段的观点不符。

如果我们暂时不考虑人类社会发展的第一阶段(即最初的统一状态),而是将第二阶段(即"分裂和异化"时期)进一步划分为前资本主义异化与资本主义异化两个阶段,将未来的共产主义统一时期作为第三阶段,由此构成一个新的三段式结构,然后将资本主义异化与其"过去"(即前资本主义异化)和"未来"(即共产主义)相比较,就能比较明确地看到塞耶斯的历史主义批判路径了。

首先,在前资本主义条件下,劳动与其所要满足的需要之间的关系直接可见,但在奴隶劳动和约束性公会背景下的手工业劳动等形式中,劳动却处于"对对象的从属地位甚至是奴役身份"之中。前资本主义条件下的劳动是"一种自主活动",但却被禁锢于"家庭或社群的特殊需要"和狭隘的地域范围。前资本主义条件中,劳动是对"自然需要"的"直接回应",但却如同饮食和呼吸一样只是纯粹的"自然活动",处于纯粹的"自然状态"。前资本主义条

---

① SEAN SAYERS. Marxism and Morality [J]. Philosophical Researches, 2007 (9): 8-12.
② 肖恩·塞耶斯. 马克思与异化: 关于黑格尔主题的论述 [M]. 程瑶, 译. 北京: 中国人民大学出版社, 2020: "前言" 4.
③ 肖恩·塞耶斯. 马克思主义与人性 [M]. 冯颜利, 译. 任平, 校. 北京: 东方出版社, 2008: 115.

件下，人们虽然没有彼此孤立且被市场经济力量所主宰，而是处于"社群"之中，但这种"社群"关系也只不过是一种"类自然的社群"。① 总之，前资本主义的异化主要表现为以下四个方面：其一，劳动者"对对象的从属地位甚至是奴役身份"；其二，劳动被禁锢于"家庭或社群的特殊需要"和狭隘的地域范围；其三，劳动只是直接回应自然需要的纯粹"自然活动"；其四，人们尚处于"类自然的社群"之中。

其次，在资本主义条件下，第一，虽然生产资料和劳动产品都以资本的形式与工人相对立，但劳动者"从对对象的从属地位甚至是奴役身份中解放出来"了；第二，虽然劳动自身成为一种为工资而出卖并被他人和资本所拥有和掌控的商品，但它成了"更广泛的劳动分工中的一部分"，满足的不再是"家庭或社群的特殊需要"而是"更为普遍的需要"，并因此获得了"一种更为普遍的特质"，工人也不再仅仅与特定的个体和地域联系在一起，而是被纳入了"更广阔的社会关系的网络"；第三，虽然劳动者的"本质"和"类"活动沦为"纯粹工具性的活动"，但已不再是"类自然和类本能的"，而是"正成为一种有意识的并最终是自由抉择的活动"；第四，虽然人与人之间的关系异化为物与物之间的经济关系，但资本主义的经济体系将人们从"类自然的社群"之中解放了出来。②

最后，共产主义将实现劳动者对生产资料和劳动产品的"真正占有"。将使劳动活动转变为"自我实现的活动"，将使人成为"全面发展的社会的人"，将使生产和经营关系被纳入"有意识的社会控制"之下③。可见，虽然共产主义不是"一种永恒的普世道德理想的实现"④，但它"辩证扬弃"⑤ 了资本主

---

① 肖恩·塞耶斯. 马克思与异化：关于黑格尔主题的论述 [M]. 程瑶，译. 北京：中国人民大学出版社，2020：85-88.
② 肖恩·塞耶斯. 马克思与异化：关于黑格尔主题的论述 [M]. 程瑶，译. 北京：中国人民大学出版社，2020：85-88.
③ 肖恩·塞耶斯. 马克思与异化：关于黑格尔主题的论述 [M]. 程瑶，译. 北京：中国人民大学出版社，2020：92-93.
④ 肖恩·塞耶斯. 马克思与异化：关于黑格尔主题的论述 [M]. 程瑶，译. 北京：中国人民大学出版社，2020："前言"4.
⑤ 肖恩·塞耶斯. 马克思与异化：关于黑格尔主题的论述 [M]. 程瑶，译. 北京：中国人民大学出版社，2020：90.

义的异化境况。

塞耶斯说,"历史的方法以相对的方式评价资本主义",资本主义构成人类历史发展过程中的一个必要阶段,但其必要性是"有限的""相对的"。"相对于过去的状况而言"资本主义是"进步的",但这种进步性并不是资本主义所固有的特质,随着时间的推移,它将"失去其进步性并最终成为发展的障碍",于是,它将"因阻碍未来这些条件的出现而受到批判",资本主义也因此"只是一个终将被取代的阶段"[①]。这表明,我们可以基于两种批判视角展开对异化的批判:一是基于人类历史发展的更高阶段反观此前的异化阶段并对其加以批判,比如基于资本主义阶段反观和批判前资本主义的异化、基于共产主义阶段反观和批判资本主义的异化;二是基于当下异化阶段中已经发展起来的否定当下阶段和发展未来阶段的条件,反思当下的异化阶段并对其加以批判,比如基于资本主义阶段中已经发展起来的未来共产主义的条件反思和批判资本主义的异化。

由上可见,资本主义虽然导致了具有自身历史特质的异化,但它已经"克服"和"辩证扬弃"了前资本主义的异化。共产主义作为"一种更高级的统一状态",它对资本主义异化的"辩证扬弃",同时意味着"克服"了异化本身。因此,"相对于过去",由于"辩证扬弃"了前资本主义的异化,资本主义的异化就是一种历史进步,与此相应,从资本主义异化的视角看,前资本主义的异化应该也必须受到批判。但是,"相对于未来",与克服了异化本身的"未来"共产主义相比较,资本主义的异化就应该也必须受到基于共产主义阶段以及资本主义阶段中已经发展起来的未来共产主义的条件而进行的反思和批判。

到此,似乎塞耶斯已经以历史主义的方法解决了异化批判的根据和路径问题。但是,这里仍然存在两个问题:其一,既然异化是人类发展历程中的客观境况和必要阶段,那么,即便随着时间的推移,因为历史条件的变化和发展,前资本主义的异化被资本主义的异化所取代、资本主义的异化被共产主义所取

---

① 肖恩·塞耶斯. 马克思与异化:关于黑格尔主题的论述[M]. 程瑶,译. 北京:中国人民大学出版社,2020:88.

代,那也只能是一种"纯粹的描述",又何来"批判"之说呢?其二,资本主义的异化虽然"辩证扬弃"了前资本主义的异化,但它毕竟导致了具有其自身"历史意指"的异化。尽管形式不同,但毕竟同样都是异化,而且,既然每一种异化形式都是其具体历史条件的客观结果,那就无所谓哪一种更加异化,或是哪一种异化的程度更深。有鉴于此,在与资本主义异化的比较中批判前资本主义的异化,又有什么合理性和正当性呢?

于是,塞耶斯力图运用作为"价值"而非"纯粹描述性"的"进步"观念①来为其异化批判提供道德依据。根据这种进步观,与社会的早期形式(即最初的统一状态)相比较,异化构成"一种完成、一种积极的发展"②并因而是一种进步,从即便是异化阶段的视角看,人类社会最初的统一状态也是不正义的。相对于前资本主义的异化,资本主义又是一种进步的发展。从资本主义的视角看,前资本主义的异化是不正义的,但从更高社会形式即共产主义(包括其低级阶段社会主义)的立场看,资本主义的异化就是不正义的③。概而言之,依据这种进步观,人类社会的最初统一状态被异化取代、前资本主义的异化被资本主义的异化取代、资本主义的异化被共产主义取代,并不仅仅具有"纯粹描述性"的含义,而是具有"规范性的批判"意指。也因此,虽然资本主义的异化与前资本主义的异化都是"异化",但因为资本主义的异化比前资本主义的异化"进步",二者之间不仅仅是形式上的差别,更是正义与否的本质性区别,所以在与资本主义异化的比较中批判前资本主义的异化,就是合理和正当的。

但问题在于,塞耶斯评价历史进步的标准是"人的需要和人性的发展",而且他将人的主观需要视为不变的人性④。比如,他说:我们对资本主义的"控诉",是资本主义自身所创造的人类诸种力量和能力已经成为异化的力量,

---

① 肖恩·塞耶斯. 马克思主义与人性 [M]. 冯颜利,译. 任平,校. 北京:东方出版社,2008:13.
② 肖恩·塞耶斯. 马克思与异化:关于黑格尔主题的论述 [M]. 程瑶,译. 北京:中国人民大学出版社,2020:80.
③ SEAN SAYERS. Marxism and Morality [J]. Philosophical Researches, 2007 (9):8-12.
④ 田世锭. 英美辩证法马克思主义哲学研究 [M]. 北京:中国社会科学出版社,2013:128.

并"压制了人性的发展"。社会主义社会没有异化,是一幅人类"各种需求都得到满足"的美景①。这样一来,评价人类社会是否"进步"的标准就成了相对主义的标准。因为,我们有充分的理由相信,"社会主义取代资本主义在无产阶级看来是一种进步,但在资产阶级看来就肯定是退步了"②。以此来看,塞耶斯基于其"进步"观对异化所做的批判就可能失去其正当性和有效性。

或许是意识到了其历史主义批判的内在缺陷,塞耶斯才补充说,马克思主义包含着对资本主义的"一种人道主义批评",它是以"一种自我实现的道德理想"为基础的。③ 塞耶斯在这里似乎预设了一种共同价值和道德标准,即人的自我发展和自我实现。于是,是否有利于人的自我发展和自我实现便成了批判各种异化形式及异化本身的道德依据。或许正是在这种意义上,塞耶斯明确宣告:"从这种更高社会的立场来看,资本主义的社会关系是人类发展的障碍,是不正义的"④;"共产主义是有价值的,因为它为人类的发展创造了条件"⑤。然而,这样一来,塞耶斯本人就在很大程度上消解了其历史主义异化批判的有效性。

三、历史主义异化批判的内在困境

总体而言,塞耶斯对异化的历史主义批判具有两个基本特征:第一,这种批判是以异化作为人类发展历程中一种"客观和历史的特殊境况"、一个历史发展的"必不可少的阶段"为根本前提的;第二,这种批判的道德依据是以人的需要和人性的发展、人的自我发展和自我实现为标准的历史进步观。然而,

---

① 肖恩·塞耶斯. 马克思主义与人性 [M]. 冯颜利, 译. 任平, 校. 北京: 东方出版社, 2008: 214, 202-203.
② 田世锭. 英美辩证法马克思主义哲学研究 [M]. 北京: 中国社会科学出版社, 2013: 128.
③ 肖恩·塞耶斯. 马克思主义与人性 [M]. 冯颜利, 译. 任平, 校. 北京: 东方出版社, 2008: 11.
④ SEAN SAYERS. Marxism and Morality [J]. Philosophical Researches, 2007 (9): 8-12.
⑤ 肖恩·塞耶斯. 马克思与异化: 关于黑格尔主题的论述 [M]. 程瑶, 译. 北京: 中国人民大学出版社, 2020: 152.

也正是这两个基本特征决定了塞耶斯历史主义异化批判的内在困境。

首先,无论是前资本主义的异化还是资本主义的异化,都是当时历史条件的必然产物,是不以人的主观意志为转移的客观境况,那就如同法律上因为不可抗力而造成的损害不应该要求损害方承担法律责任,无论是损害方还是不可抗力本身都不应该受到批判一样,前资本主义的异化和资本主义的异化以及造成它们的客观历史条件也不应该受到批判。因此,在"客观和历史的特殊境况"前提下去批判异化,就没有合理性和正当性可言。更何况,如果一方面"批判"异化,另一方面又反复强调其"不可避免"甚或"必不可少",那么,这种对异化的"批判"又有什么意义呢?

其次,如果说人的需要和人性的发展、人的自我发展和自我实现是历史进步的标准,那么,我们对一种历史境况的评价就应该以是否有利于人的需要和人性的发展、是否有利于人的自我发展和自我实现为根本依据。以此来看,既然异化可以使生产者在异化中拓展其活动、需要、期许、关系和视域,改变生产者自身,并因此"在人的自我发展过程中起到了决定性的作用,构成了这个过程中的一个必要阶段",既然相对于人类历史的最初统一状态,异化本身构成人的"一种完成、一种积极的发展"①,那么,异化就不应该只是如塞耶斯所说的那样"代表着解放过程的开始"②,而是解放过程本身。或者说,异化的过程等于解放的过程,异化本身就是解放。既然如此,我们就应该感谢异化,我们为什么还要批判异化呢?

如此说来,塞耶斯历史主义地批判异化的两种视角中的第一种,即基于人类历史发展的更高阶段反观此前的异化阶段并对其加以批判,就不成立了。我们既不能基于共产主义阶段反观和批判资本主义的异化,也不能基于资本主义阶段反观和批判前资本主义的异化。于是,塞耶斯的历史主义异化批判就只有在一种意义上是成立的。这就是历史主义地批判异化的第二种视角,即基于当下异化阶段中已经发展起来的否定当下阶段和发展未来阶段的条件,来反思当

---

① 肖恩·塞耶斯. 马克思与异化:关于黑格尔主题的论述[M]. 程瑶,译. 北京:中国人民大学出版社,2020:80,89.

② 肖恩·塞耶斯. 马克思与异化:关于黑格尔主题的论述[M]. 程瑶,译. 北京:中国人民大学出版社,2020:13,80.

下的异化阶段并对其加以批判。其最为主要也是最为典型的例证便是基于资本主义阶段中已经发展起来的未来共产主义的条件，来反思和批判资本主义的异化。用塞耶斯的话来说就是随着时间的推移，资本主义的异化将"失去其进步性并最终成为发展的障碍"，这时它将"因阻碍未来这些条件的出现而受到批判"①。

然而，且不说塞耶斯这种意义上的批判有一种"兔死狗烹鸟尽弓藏"的味道，至少资本主义的异化在什么时间点上已经"失去其进步性并最终成为发展的障碍"，并"因阻碍未来这些条件的出现而受到批判"，实际上这也是一个问题。众所周知，迄今离马克思恩格斯在《共产党宣言》中说"资产阶级的灭亡和无产阶级的胜利是同样不可避免的"已经170多年，离列宁在《帝国主义是资本主义的最高阶段》中说"帝国主义……是垂死的资本主义"已经100多年，离另一位辩证马克思主义者、美国纽约大学教授奥尔曼断言"当今的西方资本主义如同一只被割掉头的鸡，……很快就会倒下"②也已经近30年的时间。但是，至今资本主义所能容纳的全部生产力似乎还没有完全发挥出来，资本主义的异化似乎还没有失去其进步性并成为发展的障碍，资本主义的异化应该受到批判的时间点就还没有到来。因此，如果按照塞耶斯的逻辑，不仅是马克思、恩格斯、列宁、奥尔曼，也包括塞耶斯本人，对资本主义异化的批判都是在资本主义异化还不应该受到批判的时候进行的，因而是不合时宜和错误的。

可见，塞耶斯历史主义地批判异化的第二种视角，虽然是成立的，但在实践上是非常困难的。其困难并不在于对资本主义异化的批判难以进行，而在于难以准确界定资本主义异化丧失其进步性、转而成为人类发展的障碍，并因此应该受到批判的时机。

塞耶斯的历史主义异化批判之所以会陷入内在困境，其根源在于其异化观之非辩证的方法论。或许会令人深感疑惑的是，英美辩证马克思主义能够成为

---

① 肖恩·塞耶斯. 马克思与异化：关于黑格尔主题的论述［M］. 程瑶，译. 北京：中国人民大学出版社，2020：88.
② 孙援朝. 美国奥尔曼教授认为当今西方资本主义正在走向崩溃［J］. 国外理论动态，1995（1）.

一个独立的哲学流派并在当代国外马克思主义中具有重要影响，根本在于其对内在关系辩证法的界定和坚持①。那么，作为辩证马克思主义重要代表的塞耶斯，又怎么可能以非辩证的方法来认识和批判异化呢？可令人惊奇的是，塞耶斯的异化观恰恰就是非辩证的，这种非辩证性至少体现在以下两个方面。

其一，塞耶斯将一定历史阶段的客观境况同质化了。如前所述，塞耶斯秉承黑格尔的传统，将整个人类社会的历史划分为最初统一的非异化阶段、异化阶段、共产主义的非异化阶段。其中，异化阶段又分为前资本主义的异化阶段和资本主义的异化阶段。塞耶斯的确谈论了导致社会变迁和发展的内在矛盾和冲突，谈论了每一个社会阶段内部的肯定方面和否定方面，也谈论了否定当下阶段和发展未来阶段的条件以及基于这种条件对当下阶段的批判。但正如上文所示，要准确界定这种否定和批判当下阶段的条件产生的时间点是困难的。更为重要的是，塞耶斯的观点实际上意味着，假定我们能够准确界定这个时间点，则这个时间点之前的当下阶段之客观境况是同质的。比如，这个时间点之前的资本主义阶段之客观境况是具有资本主义历史意指的异化，而这些异化同时又意味着进步和解放。这就使这一阶段的资本主义成了异化与解放之间毫无差别的同一性社会。正因此，当下阶段的资本主义社会便成了符合其时代所要求的必然而且正确的"正义原则"，并因此不应该受到批判的正义的社会。

其二，塞耶斯抹杀了主客体之间的相互作用关系，使主体从属于客体并丧失了主体性。当塞耶斯反复强调特定历史条件必然导致特定历史意指的异化境况的时候，当他反复强调异化是必经阶段的时候，他似乎在劝导那些被异化的人、那些处于异化境况中的人心甘情愿地去顺从这种客观境况和必要阶段；当他说异化劳动将"创造出"终将废除资本主义并成就一个新社会的"行为主体"②的时候，他似乎在劝导那些将来的主体消极地等待着异化对其主体性的创造；当他说资本主义阶段发展出未来共产主义的条件，资本主义的异化将因阻碍这些条件的出现而受到批判的时候，他似乎在暗示人们只需消极地等待着

---

① 田世锭. 英美辩证法马克思主义哲学研究 [M]. 北京：中国社会科学出版社，2013：1-4.

② 肖恩·塞耶斯. 马克思与异化：关于黑格尔主题的论述 [M]. 程瑶，译. 北京：中国人民大学出版社，2020：79-80.

这种条件的出现。由此看来，尽管塞耶斯非常清楚克服异化既需要"主观的维度"（即个体的意志和选择），也需要"客观的维度"（即特定的客观社会条件)①，但他自始至终所关注和强调的其实没有前者，只有后者。因此，正如阿尔都塞所说，"人道主义的和历史主义的唯物主义又回到了第二国际经济主义和机械论解释的基本理论原则上面"②，塞耶斯的历史主义异化批判即是如此。

四、异化批判何以可能？

塞耶斯的异化观本身已经表明，即便异化是一种客观和历史的特殊境况、一个历史发展的必要阶段，但这种事实并不妨碍我们基于人类发展和人的实现的角度对异化进行反思和批判。另一方面，既然正是塞耶斯异化观之非辩证的方法论导致其历史主义异化批判陷入内在困境，那么，为了对异化进行正当和有效的批判，我们就应该辩证地认识和理解异化问题。

首先，马克思的确说过经济的社会形态发展是"一种自然史的过程"③，但同样的事实是，马克思一方面论述过资产阶级在人类历史上所起到的诸如消除封建的和宗法的传统羁绊、发展社会生产力、造就世界性普遍交往等非常革命性的作用，另一方面也论述过资本主义所造成的人丧失其本质等各种形式的"异化"。借用马克思的话说，前者是"资本主义制度所创造的一切积极的成果"，后者则是"资本主义制度所带来的一切灾难性的波折"④。如果套用塞耶斯的话说，作为历史的客观境况和必经阶段的资本主义社会，一方面为人类的

---

① 肖恩·塞耶斯. 马克思与异化：关于黑格尔主题的论述 [M]. 程瑶，译. 北京：中国人民大学出版社，2020：8.
② 路易·阿尔都塞，艾蒂安·巴里巴尔. 读《资本论》[M]. 李其庆，冯文光，译. 北京：中央编译出版社，2017：154.
③ 中共中央马克思恩格斯列宁斯大林著作编译局. 马克思恩格斯选集：第2卷 [M]. 北京：人民出版社，2012：83.
④ 中共中央马克思恩格斯列宁斯大林著作编译局. 马克思恩格斯选集：第3卷 [M]. 北京：人民出版社，2012：828-829，728.

解放和发展创造了积极的条件，另一方面又造成了人的异化。同样的逻辑对于前资本主义社会也是完全适用的。所以，前资本主义社会和资本主义社会，对于人类社会以及人本身的发展而言，都必然同时造成"积极的成果"和"灾难性的波折"。而异化只不过是"灾难性的波折"的另一种表达。这样，我们就可以在塞耶斯同质化的客观境况中辩证分析出"解放"与"异化"两种根本不同的境况，并在肯定前者的同时批判后者。

其次，按照马克思的论述，尽管人们只能在他们直接碰到的、既定的、从过去承继下来的条件下创造历史，但毕竟人们是"自己创造自己的历史"①，而且，历史从根本上讲也不过是"人通过人的劳动而诞生的过程"②。也就是说，人们自己既创造他们的历史也创造他们自身。因此，塞耶斯所强调的客观的历史境况虽然的确有其"客观性"，但同时也是人们自己的"主观创造"。而且，因为人不是抽象而是现实的人，他们具有不同的地位和不同的利益，并因此必然具有不同的价值立场和不同的道德原则，而具有不同价值立场和不同道德原则的人们必然会对同一种社会形态和历史境况有着不同的体验、认知和评价。所以，无产阶级和资产阶级对资本主义异化这一客观境况的体验、认知和评价就必然是不同的，当资产阶级力图将资本主义的异化境况客观化、正当化和永恒化的时候，无产阶级则将其视为不正义并力图将之消除。这样，我们就能克服塞耶斯历史主义异化批判的机械性，在主客体的相互作用中彰显无产阶级消除异化社会和异化之人、创造非异化的健全社会和健全之人的主体性。

概而言之，对"客观和历史的特殊境况"的辩证分析可以打破其同质化的神话，揭示其积极与消极、解放与异化的两面性，既使其不再具有"不可抗力"之合理性和不可批判性，也使对其中的消极和异化面的批判具有了合理性和正当性。这样，对一个异化的社会阶段的批判并不需要等到其中产生未来社会阶段的条件发展起来并因其对这种条件的阻碍才能得以进行，因而准确界定这种条件产生的时间点的困难也就不再构成一个问题。终将废除异化并成就一

---

① 中共中央马克思恩格斯列宁斯大林著作编译局. 马克思恩格斯选集：第1卷［M］. 北京：人民出版社，2012：669.
② 中共中央马克思恩格斯列宁斯大林著作编译局. 马克思恩格斯文集：第1卷［M］. 北京：人民出版社，2009：196.

个新社会的"行为主体"不是也不应该是消极等待各种主客观条件的发展和成熟,而是也应该是在主客体的相互作用中反思和批判异化,并积极创造主客观条件以便于最终完全克服异化。

比如,就当下世界上绝大多数人正在经历的资本主义异化来说,虽然资本主义是人类社会必须经历的一个阶段,也对人类的发展起到了非常革命的积极作用,但这些并不能证明资本主义造成的异化本身也是合理的和正当的。因此,与资产阶级力图将资本主义的异化境况客观化、正当化和永恒化的理论与实践相反,无产阶级应该充分发挥其创造历史和人本身的主体性作用,从外在和内在两个角度展开对资本主义异化的批判。

其一,外在批判意指基于后资本主义社会,即取代资本主义的社会主义和共产主义的角度,对资本主义异化进行的批判。这里的"外在"只是一种相对的表达,而不意味着完全的纯然外在,因为社会主义和共产主义是在继承资本主义"积极的成果"、克服其"灾难性的波折"基础之上发展起来的社会形态。对资本主义异化的外在批判可以从"事实"与"价值"两个层面展开。一是正如上文所引用的众所周知的马克思和恩格斯的论断所表明的,资产阶级和资本主义的灭亡与无产阶级和社会主义共产主义的胜利,是同样不可避免的历史必然。这意味着,资本主义的异化必将随着资本主义本身的灭亡而消亡。二是恰如马克思和恩格斯所言,社会主义和共产主义将以每一个人的自由和全面发展作为一切人自由和全面发展的条件,这种"自由人的联合体"将保证每一个人的自我发展和自我实现。这充分说明,社会主义和共产主义不仅将克服资本主义给人类造成的"灾难性的波折",克服资本主义的异化,而且将完全克服异化本身。因此,正如塞耶斯本人所说,"从这种更高社会的立场来看,资本主义的社会关系是人类发展的障碍,是不正义的"[①]。这种基于"事实"与"价值"对资本主义异化进行的双重批判,对于使人们正确认识资本主义异化的历史性和暂时性,强化其对于完全消除了异化的社会主义和共产主义社会的信念和信仰,具有十分重要的历史性作用。同时也有助于资本主义社会中的无产阶级形成阶级意识和社会主义共产主义意识,从而为最终展开推翻资本主

---

① SEAN SAYERS. Marxism and Morality [J]. Philosophical Researches, 2007 (9): 8-12.

义社会的"彻底的社会革命"① 以根本改变资本主义的异化境况,创造主观条件。毛泽东同志曾经指出:"主义譬如一面旗子,旗子立起来了,大家才有所指望,才知所趋赴。"② 可以说,基于社会主义和共产主义的角度对资本主义异化进行的外在批判,其意义正在于此。

其二,内在批判意指在资本主义所能容纳的全部生产力还没有完全发挥出来以前,在资本主义还能继续存在的"历史境况"中,基于无产阶级的价值立场和道德原则的角度,对资本主义异化进行的批判。这种角度的批判之所以具有道德的正当性,是因为如前所述,无产阶级的价值立场和道德原则比资产阶级的价值立场和道德原则具有道德的进步性。事实上,资本主义产生和发展的历程,也是资本主义的异化不断受到批判的过程。从空想社会主义者,到马克思、恩格斯、列宁等经典马克思主义者,再到卢卡奇、马尔库塞、奥尔曼等西方马克思主义者,都对资本主义的异化进行了深刻的批判。虽然由于资本主义的历史进步作用尚没有完全发挥出来,以致资本主义本身的生命力尚没有完全丧失,这种内在的批判不可能根本改变资本主义的客观境况,也不可能根本消除资本主义的异化,但这种批判可以促使资产阶级在资本主义的框架下,在可能的限度内,对资本主义的异化环境进行改良,从而在一定程度上减缓无产阶级和广大人民所遭受的异化。不可否认的是,资本主义社会中雇佣劳动者劳动条件的改善、劳动时间的缩短、社会福利制度的保障等,正是这种批判的结果。质言之,对资本主义异化的内在批判虽不能消除异化,但可以促使资本主义在为人类发展创造"积极的成果"的过程中,在其框架下尽可能减少其给人类发展造成的"灾难性的波折"。

从外在和内在两个角度批判资本主义异化的路径也同样适用于对前资本主义异化的批判。当然,对异化的内在批判和外在批判并不是相互对立的,而是内在关联的。正是在这种对异化进行的内在和外在的双重批判中,人们既改造着当下,又创造着未来。

---

① 肖恩·塞耶斯. 马克思与异化:关于黑格尔主题的论述 [M]. 程瑶,译. 北京:中国人民大学出版社,2020:61.
② 何明. 伟人毛泽东:上卷 [M]. 北京:中央文献出版社,2003:131.

第二章

帝国主义：资本主义的最高阶段

众所周知，列宁将资本主义划分为自由竞争资本主义与垄断资本主义，进而将垄断资本主义界定为"帝国主义"，并得出"帝国主义是资本主义的最高阶段"的结论。但著名的存在主义马克思主义哲学家列菲弗尔在其名著《论国家——从黑格尔到斯大林和毛泽东》中，对列宁的帝国主义理论提出了明确的疑问。根据列菲弗尔所述，第一，帝国主义有不同的内涵，比如，有基于商业资本主义的帝国主义，有基于资本输出的帝国主义，有新帝国主义，还有社会—帝国主义，等等，并由此构成帝国主义本身的不同阶段，而列宁所突出并加以论述的基于资本输出的帝国主义只是其中的"一个阶段"而已，有基于商业资本主义的帝国主义在其前，有新帝国主义在其后。第二，列宁基于资本输出所得出的帝国主义是寄生的资本主义，其本身的生产力发展将无以为继的结论，只不过是一种非常"鲁莽的结论"。因为，法国"飞快地增长"、美国"没有停止过"的"剧烈地增长"，都已经证明了列宁的错误。第三，列宁所描绘的帝国主义既不是资本主义的，也不是帝国主义的最后阶段。① 一句话，在列菲弗尔看来，列宁关于"帝国主义是资本主义的最高阶段"的结论是完全错误的。其实，对列宁以"帝国主义是资本主义的最高阶段"这一论断为核心的帝国主义理论质疑的人，除了列菲弗尔以外，还有很多，但其根本观点是基

---

① 亨利·列菲弗尔. 论国家——从黑格尔到斯大林和毛泽东［M］. 李青宜, 译. 重庆：重庆出版社, 1988：212.

19

本一致的。本章拟以列菲弗尔的论述为切入点，基于列宁的相关文本①，对有关问题加以论析。

一、资本主义的"特殊"阶段

实际上，关于帝国主义的不同内涵，列宁已经注意到了。他明确指出，"殖民政策和帝国主义在资本主义最新阶段以前，甚至在资本主义以前就已经有了。以奴隶制为基础的罗马就推行过殖民政策，实行过帝国主义"②；"在俄国，最新型的资本帝国主义已经在沙皇政府对波斯、满洲和蒙古的政策中充分显露了身手，但是总的说来，在俄国占优势的还是军事封建帝国主义"③。可见，列菲弗尔所说的"各种阶段"的帝国主义，列宁不仅注意到了，而且比列菲弗尔还要充分。因为列菲弗尔只看到资本主义社会的各种帝国主义，而列宁进而注意到了"甚至在资本主义以前就已经有了"的帝国主义。

但列宁认识到，我们不能"'泛泛地'谈论帝国主义而忘记或忽视社会经济形态的根本区别"，因为如此则"必然会变成最空洞的废话或吹嘘"④。也因此，"我们不得不在帝国主义的定义问题上……进行争论"⑤。正是基于这种考虑，列宁在《帝国主义和社会主义运动中的分裂》中给帝国主义确定了"一个尽量确切和完备的定义"："帝国主义是资本主义的特殊历史阶段。这个特点分三方面：（1）帝国主义是垄断的资本主义；（2）帝国主义是寄生的或腐朽

---

① 按照列宁本人的论述，他有关帝国主义问题的文本除《帝国主义是资本主义的最高阶段》以外，还包括他于1914—1917年在国外写的论文。我们这里的分析正是基于这些相关文本而进行的。
② 中共中央马克思恩格斯列宁斯大林著作编译局. 列宁选集：第2卷 [M]. 北京：人民出版社，2012：645.
③ 中共中央马克思恩格斯列宁斯大林著作编译局. 列宁选集：第2卷 [M]. 北京：人民出版社，2012：517.
④ 中共中央马克思恩格斯列宁斯大林著作编译局. 列宁选集：第2卷 [M]. 北京：人民出版社，2012：645.
⑤ 中共中央马克思恩格斯列宁斯大林著作编译局. 列宁选集：第2卷 [M]. 北京：人民出版社，2012：652.

的资本主义；(3) 帝国主义是垂死的资本主义。"垄断代替自由竞争，是帝国主义的根本经济特征，是帝国主义的实质。①

从这个定义中，我们至少可以得出三个结论：

第一，列宁界定"帝国主义"是以对资本主义经济形态的透视为前提的，帝国主义是资本主义经济形态演进历程中的一个"特殊阶段"。或者说，列宁不是将帝国主义作为一种"政策"，而是将其作为"历史阶段"加以论说的。而列菲弗尔的如上论述给我们的感觉恰恰是帝国主义是一种"政策"，虽然它是资本主义本身在不同历史条件下所采取的本质上相同的政策。列菲弗尔关于"罗莎·卢森堡对列宁的批评多么正确"②的论断也证明了这一点。因为，卢森堡恰恰是如同考茨基一样将帝国主义视为一种政策的，她说："帝国主义是一个政治名词，用来表达在争夺尚未被侵占的非资本主义环境的竞争中所进行的资本积累的。……是延长资本主义寿命的历史方法……"③ 实际上，对这种将帝国主义视为一种政策的主张，列宁提出过明确的批评。比如，他在《帝国主义是资本主义的最高阶段》中说：考茨基"说不应当把帝国主义了解为一个经济上的'时期'或阶段，而应当了解为一种政策，即金融资本'比较爱好的'政策"，但考茨基的定义是"错误的和非马克思主义的"。④ 可见，列菲弗尔基于作为"政策"的帝国主义所提出的前有商业资本主义的帝国主义，后有新帝国主义，列宁所谓基于资本输出的帝国主义就不是帝国主义最后阶段的判断，至少是以误解列宁为前提的。

第二，列宁所界定的"帝国主义"，其实质或其特殊性就在于"垄断"。关于这一点，列宁也做过反复的说明和强调。例如在《第二国际的破产》中，列宁说，"从前的'和平的'资本主义时代被当今帝国主义时代所代替的基础

---

① 中共中央马克思恩格斯列宁斯大林著作编译局. 列宁选集：第2卷 [M]. 北京：人民出版社，2012：704.

② 亨利·列菲弗尔. 论国家——从黑格尔到斯大林和毛泽东 [M]. 李青宜，译. 重庆：重庆出版社，1988：212.

③ 罗莎·卢森堡. 资本积累论 [M]. 彭尘舜，吴纪先，译. 北京：生活·读书·新知三联书店，1959：359.

④ 中共中央马克思恩格斯列宁斯大林著作编译局. 列宁选集：第2卷 [M]. 北京：人民出版社，2012：652, 654.

是什么，基础就是自由竞争已让位于资本家的垄断同盟，整个地球已被瓜分完毕"①；在《帝国主义是资本主义的最高阶段》中，列宁强调"垄断正是'资本主义发展的最新阶段'的最新成就"②，并批评了那种"忘记了最新资本主义的主要特点——垄断"③的做法，而这里的"资本主义发展的最新阶段"和"最新资本主义"指的就是帝国主义阶段；在《大难临头，出路何在？》中，列宁更是言简意赅，"大家都在谈论帝国主义。但是帝国主义无非是垄断资本主义"④。

在这里强调帝国主义的实质或其特殊性是"垄断"，这本身似乎并没有太大的意义，因为这一点已经成了众所周知的"事实"。恰如列宁所言："事实是顽强的东西，不管你愿意不愿意，你都得重视事实。"⑤但从列斐伏尔的上述论述来看，或许他的确重视了垄断这个事实，但可以肯定，他并没有重视列宁认为帝国主义的实质或其特殊性是垄断这一事实。而且列宁关于帝国主义的实质或其特殊性在于"垄断"的判断和强调，还可以用来反驳对列宁帝国主义理论的另一种质疑。大卫·麦克纳里在其《认识帝国主义：新老统治》的文章中认为，列宁等人的帝国主义理论"最大的局限性也许在于它们认为列强对领土的占领是全球资本主义的一个重要的特点"，因为历史已"出乎他们的预料。决定性的转变发生在第二次世界大战之后。与他们的预期相反，在随后的30年间，不仅几乎所有的殖民世界非殖民化，而且，对世界的统治越来越依赖于市场的力量，而不是领土征服"⑥。列宁在当时的条件下确实强调了帝国主义夺取殖民地、瓜分世界领土的斗争，但即便在那时，列宁也只是将其作为"垄

---

① 中共中央马克思恩格斯列宁斯大林著作编译局. 列宁选集：第2卷[M]. 北京：人民出版社，2012：472.
② 中共中央马克思恩格斯列宁斯大林著作编译局. 列宁选集：第2卷[M]. 北京：人民出版社，2012：597.
③ 中共中央马克思恩格斯列宁斯大林著作编译局. 列宁选集：第2卷[M]. 北京：人民出版社，2012：646.
④ 中共中央马克思恩格斯列宁斯大林著作编译局. 列宁选集：第3卷[M]. 北京：人民出版社，2012：264.
⑤ 中共中央马克思恩格斯列宁斯大林著作编译局. 列宁选集：第2卷[M]. 北京：人民出版社，2012：588.
⑥ 王音. 战后帝国主义的新特征[J]. 国外理论动态，2007（6）：17-21.

断制"的主要表现"形式"之一①。列宁还说:"几乎整个地球已被这些'资本大王'所瓜分,他们或者采取占有殖民地的形式,或者用金融剥削的千万条绳索紧紧缠绕住其他国家。"② 这里的"形式"和"或者……或者……"都足以表明,在列宁那里,殖民地本身只是帝国主义追求和实现"垄断"的手段,它的存在与否并不影响帝国主义的垄断实质。因此,殖民地本身的非殖民化,并不能证明列宁帝国主义理论具有重大局限。更何况,当今帝国主义的表现已经表明,殖民地的非殖民化并不必然意味着帝国主义垄断可以不为领土而展开斗争,可以不用实际地控制领土。③

第三,列宁所界定的帝国主义不仅是资本主义历程中的一个"特殊"阶段,而且是其"最高"阶段。

二、资本主义的"最高"阶段

那么,资本主义是什么时候进入其最高阶段即帝国主义阶段的呢?对此,在《社会主义与战争》中,列宁就做出了明确的回答:"帝国主义是资本主义发展的最高阶段,这个阶段只是在20世纪才达到的。"④ 在《帝国主义是资本主义的最高阶段》中,列宁更是多次阐明了这一点,并认为他的判断是"相当精确"的。⑤

---

① 中共中央马克思恩格斯列宁斯大林著作编译局. 列宁选集:第2卷[M]. 北京:人民出版社,2012:704-705.
② 中共中央马克思恩格斯列宁斯大林著作编译局. 列宁选集:第2卷[M]. 北京:人民出版社,2012:512.
③ 英美辩证马克思主义的重要代表哈维认为,新帝国主义是权力的领土逻辑与资本逻辑共同作用下的实践(参见田世锭. 戴维·哈维的新帝国主义理论探析[J]. 江海学刊,2010(4)55-60,238)。这既可以用来质疑麦克纳里的观点,更可以用来证明列宁的结论。
④ 中共中央马克思恩格斯列宁斯大林著作编译局. 列宁选集:第2卷[M]. 北京:人民出版社,2012:512.
⑤ 中共中央马克思恩格斯列宁斯大林著作编译局. 列宁选集:第2卷[M]. 北京:人民出版社,2012:588-590,612.

不过，从根本上讲，对本文的论题而言，重要的不是资本主义何时进入帝国主义阶段的问题，而是帝国主义为什么是资本主义的最高阶段的问题。根据列宁的论述，总体而言，其主要原因有两个方面。

一是帝国主义是寄生的、腐朽的、垂死的资本主义。在列宁看来，"垄断，寡头统治，统治趋向代替了自由趋向，极少数最富强的国家剥削愈来愈多的弱小国家"，"帝国主义的趋势之一，即形成'食利国'、高利贷国的趋势愈来愈显著，这种国家的资产阶级愈来愈依靠输出资本和'剪息票'为生"，而"这一切产生了帝国主义的这样一些特点，这些特点使人必须说帝国主义是寄生的或腐朽的资本主义"[①]。这里的"寄生的或腐朽的"说明，"寄生"意味着"腐朽"，而"腐朽"即意味着"垂死"。更有甚者，"垄断"本身即是"垂死"，因为列宁说得非常明确，"从资本主义中成长起来的垄断已经是资本主义的垂死状态"[②]。

二是帝国主义是过渡的资本主义。列宁说："帝国主义阶段的资本主义紧紧接近最全面的生产社会化，它不顾资本家的愿望与意识，可以说是把他们拖进一种从完全的竞争自由向完全的社会化过渡的新的社会秩序"；"帝国主义就其经济实质来说，是垄断资本主义。这就决定了帝国主义的历史地位，因为在自由竞争的基础上而且正是从自由竞争中生长起来的垄断，是从资本主义社会经济结构向更高级的结构的过渡"。[③] 可见，垄断本身意味着生产的社会化程度愈益提高，并因此与资本主义的生产资料私人所有制相矛盾，从而必将导致资本主义社会形态向更高的社会形态过渡。

实际上，列宁"根据以上对帝国主义的经济实质的全部论述可以得出一个结论，即应当说帝国主义是过渡的资本主义，或者更确切些说，是垂死的资本

---

① 中共中央马克思恩格斯列宁斯大林著作编译局. 列宁选集：第2卷 [M]. 北京：人民出版社，2012：684-685.
② 中共中央马克思恩格斯列宁斯大林著作编译局. 列宁选集：第2卷 [M]. 北京：人民出版社，2012：706.
③ 中共中央马克思恩格斯列宁斯大林著作编译局. 列宁选集：第2卷 [M]. 北京：人民出版社，2012：593，683.

主义"① 的论断表明，帝国主义是"垂死的资本主义"与帝国主义是"过渡的资本主义"，二者所表达的意义是完全相同的。但为了表明帝国主义是资本主义的"最高阶段"，垂死的资本主义要比过渡的资本主义"更确切些"。

在此我们必须强调的是，列宁所说的帝国主义是垂死的或过渡的资本主义，并非意味着帝国主义在列宁得出这个结论的时候就应该立即"寿终正寝"。恰恰相反，列宁所强调的是帝国主义寄生、腐朽、垂死和过渡的"趋势"。他说得非常清楚："帝国主义是寄生的或腐朽的资本主义，这首先表现在腐朽的趋势上"，它"决不排除资本主义在某些工业部门，在某些国家或在某些时期内惊人迅速的发展"②；"帝国主义的趋势之一，即形成'食利国'、高利贷国的趋势愈来愈显著，这种国家的资产阶级愈来愈依靠输出资本和'剪息票'为生。如果以为这一腐朽趋势排除了资本主义的迅速发展，那就错了。不，在帝国主义时代，某些工业部门，某些资产阶级阶层，某些国家，不同程度地时而表现出这种趋势，时而又表现出那种趋势。整体说来，资本主义的发展比从前要快得多，但是这种发展不仅一般地更不平衡了，而且这种不平衡还特别表现在某些资本最雄厚的国家（英国）的腐朽上面"③；"摆在我们面前的就是生产的社会化……；私有经济关系和私有制关系已经变成与内容不相适应的外壳了，如果人为地拖延消灭这个外壳的日子，那它就必然要腐烂，——它可能在腐烂状态中保持一个比较长的时期……，但终究不可避免地要被消灭"④。

概而言之，列宁实际上强调了三个方面的问题：一是帝国主义作为垂死的资本主义之"终究不可避免地要被消灭"的"趋势"；二是虽然是不平衡的，但作为垂死资本主义的帝国主义，仍然能够创造"比从前要快得多"，甚至是"惊人迅速的"发展；三是虽然是垂死的资本主义，但帝国主义"可能在腐烂

---

① 中共中央马克思恩格斯列宁斯大林著作编译局. 列宁选集：第2卷[M]. 北京：人民出版社，2012：686.
② 中共中央马克思恩格斯列宁斯大林著作编译局. 列宁选集：第2卷[M]. 北京：人民出版社，2012：705.
③ 中共中央马克思恩格斯列宁斯大林著作编译局. 列宁选集：第2卷[M]. 北京：人民出版社，2012：684-685.
④ 中共中央马克思恩格斯列宁斯大林著作编译局. 列宁选集：第2卷[M]. 北京：人民出版社，2012：687.

状态中保持一个比较长的时期"。应该说，这三个方面是内在关联的。以此来看，列菲弗尔仅仅因为法国"飞快地增长"和美国"没有停止过"的"剧烈地增长"，就认定列宁得出的只不过是一种"鲁莽的结论"，这使我们不得不说，真正"鲁莽的"不是列宁，而是列菲弗尔。进而言之，我们根本不能因当今资本主义的发展而认为它已经超越了列宁所说的"最高阶段"，并反而认为列宁所描绘的帝国主义根本就不是资本主义的"最高阶段"。实际上，当今资本主义的发展只是表明，列宁所界定的帝国主义迄今还"在腐烂状态中保持"着自身。

列菲弗尔还在上引那段文字之后补充道："这种新帝国主义适应了各种称之为跨国公司的出现……"[①] 前面所说的麦克纳里也认为：历史出乎列宁他们预料的"更为关键的是跨国公司（MNC）的出现"[②]。我们知道，跨国公司被普遍认为是资本主义进入国际垄断资本主义阶段的标志。可见，列菲弗尔和麦克纳里旨在以跨国公司的出现证明当今资本主义已经进入一个新的"阶段"，即国际垄断资本主义阶段，从而表明，列宁所描绘的帝国主义根本不是资本主义的"最高阶段"。

的确，人们在论述垄断资本主义的发展时，总是有这样的描述：自由竞争的资本主义发展到私人垄断资本主义，私人垄断资本主义又发展到国家垄断资本主义，而国家垄断资本主义进而又发展到了国际垄断资本主义。也许从逻辑上论证垄断资本主义的如此演进是对的，但在历史现实中这样看，也许就不准确了。至少对列宁而言是这样。

列宁说："在金融资本时代，私人垄断组织和国家垄断组织是交织在一起的，实际上这两种垄断组织都不过是最大的垄断者之间为瓜分世界而进行的帝国主义斗争中的一些环节而已"；"最新资本主义时代向我们表明，资本家同盟之间在从经济上瓜分世界的基础上形成了一定的关系，而与此同时，与此相联系，各个政治同盟、各个国家之间在从领土上瓜分世界、争夺殖民地、'争夺

---

① 亨利·列菲弗尔.论国家——从黑格尔到斯大林和毛泽东［M］.李青宜，译.重庆：重庆出版社，1988：212.
② 王音.战后帝国主义的新特征［J］.国外理论动态，2007（6）：17-21.

经济领土'的基础上也形成了一定的关系"①。

这充分表明：第一，在列宁那里，私人垄断与国家垄断根本不是前后相继的两个阶段，而只是同一垄断的不同"环节"；第二，列宁虽然没有使用跨国公司、国际垄断的概念，但资本家同盟、各个政治同盟、各个国家之间基于瓜分"世界"而形成"一定的关系"，这些都说明列宁已经注意到了国际垄断的事实。可以进一步认为，在列宁那里，国际垄断也只是同一垄断的"环节"，而不是与国家垄断相继的一个新的阶段。因此，跨国公司的出现并不能证明列宁"帝国主义是资本主义的最高阶段"的结论是错误的。

列宁在《帝国主义是资本主义的最高阶段》中指出："'普遍'迷恋于帝国主义的前途，疯狂地捍卫帝国主义，千方百计地美化帝国主义，——这就是当代的标志。"② 难道我们今天所面对的不正是这样的时代吗？③

三、帝国主义的未来

列宁说："旧资本主义已经过时了。新资本主义是向某方面的过渡。"④ 我们必须紧跟着列宁加以追问的是："这种最新的资本主义是在向哪里'过渡'呢？"⑤ "社会主义。"列宁的回答是清楚而又肯定的，也是众所周知的。他告诉我们：

"从资本主义中成长起来的垄断已经是资本主义的垂死状态，是

---

① 中共中央马克思恩格斯列宁斯大林著作编译局. 列宁选集：第2卷 [M]. 北京：人民出版社，2012：636，639.
② 中共中央马克思恩格斯列宁斯大林著作编译局. 列宁选集：第2卷 [M]. 北京：人民出版社，2012：670.
③ 生态马克思主义的重要代表福斯特对此作了很好的论述（参见 [美] 约翰·B. 福斯特. 重新发现帝国主义 [J]. 国外理论动态，2004（1）：6-10.）.
④ 中共中央马克思恩格斯列宁斯大林著作编译局. 列宁选集：第2卷 [M]. 北京：人民出版社，2012：611.
⑤ 中共中央马克思恩格斯列宁斯大林著作编译局. 列宁选集：第2卷 [M]. 北京：人民出版社，2012：606.

它向社会主义过渡的开始"①；"只有在资本主义发展到一定的、很高的阶段，资本主义的某些基本特性开始转化成自己的对立面，从资本主义到更高级的社会经济结构的过渡时代的特点已经全面形成和暴露出来的时候，资本主义才变成了资本帝国主义。在这一过程中，经济上的基本事实，就是资本主义的自由竞争为资本主义的垄断所代替"②；"社会主义无非是从国家资本主义垄断再向前跨进一步。换句话说，社会主义无非是变得有利于全体人民的国家资本主义垄断，就这一点来说，国家资本主义垄断也就不再是资本主义垄断了"③。"战争异常地加速了垄断资本主义向国家垄断资本主义的转变，从而使人类异常迅速地接近了社会主义，历史的辩证法就是如此。……帝国主义战争是社会主义革命的前夜。这不仅因为战争带来的灾难促成了无产阶级的起义……，而且因为国家垄断资本主义是社会主义的最充分的物质准备，是社会主义的前阶，是历史阶梯上的一级，在这一级和叫作社会主义的那一级之间，没有任何中间级"④；"帝国主义是无产阶级社会革命的前夜"⑤。

列宁在以上论述中，从两种意义上阐述了帝国主义向社会主义的过渡：

其一，帝国主义的形成和发展与社会主义的产生和发展是同一过程的两个方面，或者说，帝国主义的形成和发展过程本身就是社会主义的产生和发展过程。因为，帝国主义的实质是垄断，而"垄断"本身"已经……是"资本主义"向社会主义过渡的开始"；资本主义变成资本帝国主义之日，也正是资本

---

① 中共中央马克思恩格斯列宁斯大林著作编译局. 列宁选集：第2卷 [M]. 北京：人民出版社，2012：706.
② 中共中央马克思恩格斯列宁斯大林著作编译局. 列宁选集：第2卷 [M]. 北京：人民出版社，2012：650.
③ 中共中央马克思恩格斯列宁斯大林著作编译局. 列宁选集：第3卷 [M]. 北京：人民出版社，2012：265.
④ 中共中央马克思恩格斯列宁斯大林著作编译局. 列宁选集：第3卷 [M]. 北京：人民出版社，2012：266.
⑤ 中共中央马克思恩格斯列宁斯大林著作编译局. 列宁选集：第2卷 [M]. 北京：人民出版社，2012：582.

主义向社会主义过渡时代的特点"已经全面形成和暴露出来"之时。也许列宁后面的论述更能说明这一点,因为它表明,社会主义就是国家资本主义垄断,只不过它是"有利于全体人民的国家资本主义垄断"。

其二,随着帝国主义的终结而出现的是社会主义,或者说,帝国主义的终结与社会主义的出现是前后相继的。因为"国家垄断资本主义……是社会主义的前阶,是历史阶梯上的一级",而紧随其后的便是"叫作社会主义的那一级",这两级之间"没有任何中间级"。之所以紧随帝国主义这一级的是社会主义那一级,正是因为帝国主义为社会主义做了"最充分的物质准备",并由此成了"社会主义革命的前夜"。

当然,这两种意义上的"过渡"本身是内在关联的,只是同一问题的不同表达而已。它们所反映的都是帝国主义本身自我否定,并逐步向社会主义过渡的历程。

许多人会说,既然列宁早在差不多一百年前就认定,帝国主义是垂死的资本主义,它必然意味着向社会主义的过渡,那么,为什么直到今天,帝国主义依然健康地存在着,而社会主义作为帝国主义的未来,依然是一种幻想呢?这难道不能证明列宁错了吗?对这种质疑最好的解答还是列宁自己的论述。早在《第二国际的破产》中,针对革命形势的持续时间、尖锐程度以及是否会引起革命的问题,列宁就已经明确指出:"这里根本谈不上什么'幻想',也谈不上什么幻想被推翻的问题,因为,任何一个社会党人在任何地方和任何时候都没有保证过,正是目前这次(而不是下一次)战争,正是现在的(而不是明天的)革命形势将产生革命。"[①]

其实,列宁并不打算做算命先生。只要他揭示了帝国主义过渡到社会主义的必然"趋势",只要他坚守着社会主义这样"一种庄严的信念"[②],就足够了。

[①] 中共中央马克思恩格斯列宁斯大林著作编译局. 列宁选集:第2卷[M]. 北京:人民出版社,2012:463.

[②] 中共中央马克思恩格斯列宁斯大林著作编译局. 列宁选集:第2卷[M]. 北京:人民出版社,2012:454.

四、结语

总而言之，认真研读列宁论述帝国主义的相关文本可见，列宁基于社会经济形态对帝国主义的定义，对帝国主义垄断实质的洞见，对帝国主义垂死趋势的预见，对帝国主义在腐朽之中惊人发展和长期持续的透视，对私人垄断、国家垄断和国际垄断的指认及其均是垄断环节的判断等，都足以表明，帝国主义的确是资本主义的最高阶段。反观当今帝国主义的现实，足见列宁关于帝国主义是资本主义最高阶段的结论，不仅合乎逻辑，而且符合实际。列宁对帝国主义必将过渡到社会主义这一庄严信念的坚守，也足可借鉴。

列菲弗尔本人在分析理论与实践的分离时明确表示，即使存在理论与实践之间的分离，"理论对实践仍旧有激励作用，它带来实践的反映，至少可以说这种反映表现了理论的一种异乎寻常的灵验性"[1]。那么，列宁的帝国主义理论在根本不存在这种"分离"的条件下，难道不更是如此吗？

---

[1] 亨利·列菲弗尔. 论国家——从黑格尔到斯大林和毛泽东[M]. 李青宜，译. 重庆：重庆出版社，1988：206.

第三章

社会主义：一种庄严的信念

正如上一章已经提到的，列宁曾指出，"对于觉悟的工人来说，社会主义是一种庄严的信念"①。有学者曾经指出，"社会主义信念之所以庄严、不可动摇，是因为它的根深深地植于人类社会历史发展的客观规律之中"；"社会主义信念实质上是对社会主义社会必然代替资本主义社会的历史必然性的反映"②。也就是说，这里"庄严的信念"仅仅意味着社会主义取代资本主义的必然性。那么，列宁所说的"社会主义是一种庄严的信念"意味着什么？或者说，在列宁那里，社会主义究竟在何种意义上是一种"庄严的信念"呢？本章拟基于列宁本人的相关文本对此加以分析。

一、社会主义的必然性

在《国家与革命》中，列宁写道："马克思的全部理论，就是运用最彻底、最完整、最周密、内容最丰富的发展论去考察现代资本主义。自然，他也就要运用这个理论去考察资本主义的即将到来的崩溃和未来共产主义的未来的发展。……这里所根据的是，共产主义是从资本主义中产生出来的，它是历史地从资本主义中发展出来的，它是资本主义所产生的那种社会力量发生作用的结果。马克思丝毫不想制造乌托邦，不想凭空猜测无法知道的事情。马克思提

---

① 中共中央马克思恩格斯列宁斯大林著作编译局. 列宁选集：第2卷 [M]. 北京：人民出版社，2012：454.
② 启非. 社会主义是一个庄严的信念 [J]. 科学社会主义，1991（2）：54-55.

出共产主义的问题，正像一个自然科学家已经知道某一新的生物变种是怎样产生以及朝着哪个方向演变才提出该生物变种的发展问题一样。"①

列宁的这一论述与恩格斯在《反杜林论》中的一段话颇为相似。恩格斯说："现代资本主义生产方式所造成的生产力和由它创立的财富分配制度，已经和这种生产方式本身发生激烈的矛盾，而且矛盾达到了这种程度，以至于如果要避免整个现代社会毁灭，就必须使生产方式和分配方式发生一个会消除一切阶级差别的变革。现代社会主义必获胜利的信心，正是基于这个以或多或少清晰的形象和不可抗拒的必然性印入被剥削的无产者的头脑中的、可以感触到的物质事实，而不是基于某一个蛰居书斋的学者的关于正义和非正义的观念。"② 这说明，从"一般资本主义"的意义上讲，不仅作为"共产主义社会的第一阶段"③的社会主义是从资本主义中产生和发展出来的，而且资本主义因其内在矛盾而自我否定的结果也必然是社会主义。

而针对其所面对的"具体资本主义"即垄断资本主义（帝国主义），列宁在《大难临头，出路何在?》中明确指出："社会主义无非是从国家资本主义垄断再向前跨进一步。换句话说，社会主义无非是变得有利于全体人民的国家资本主义垄断，就这一点来说，国家资本主义垄断也就不再是资本主义垄断了。……在这里，中间道路是没有的。客观的发展进程是这样：不走向社会主义，就不能从垄断组织……向前进"④；"战争异常地加速了垄断资本主义向国家垄断资本主义的转变，从而使人类异常迅速地接近了社会主义，历史的辩证法就是如此。……帝国主义战争是社会主义革命的前夜。这不仅因为战争带来的灾难促成了无产阶级的起义（如果社会主义在经济上尚未成熟，任何起义也创造不出社会主义来），而且因为国家垄断资本主义是社会主义的最充分的物

---

① 中共中央马克思恩格斯列宁斯大林著作编译局. 列宁选集：第3卷 [M]. 北京：人民出版社，2012：186-187.
② 中共中央马克思恩格斯列宁斯大林著作编译局. 马克思恩格斯选集：第3卷 [M]. 北京：人民出版社，2012：537.
③ 中共中央马克思恩格斯列宁斯大林著作编译局. 列宁选集：第3卷 [M]. 北京：人民出版社，2012：196.
④ 中共中央马克思恩格斯列宁斯大林著作编译局. 列宁选集：第3卷 [M]. 北京：人民出版社，2012：265.

质准备，是社会主义的前阶，是历史阶梯上的一级，在这一级和叫作社会主义的那一级之间，没有任何中间级"①。

列宁在此的论证逻辑是：因为，第一，社会主义与国家垄断资本主义是内在关联的，一方面，只有社会主义才能使人类走出垄断并继续发展，这是"客观的发展进程"，不以人的主观意志为转移；另一方面，国家垄断资本主义又是社会主义"最充分的物质准备"，能够使社会主义"在经济上"趋于成熟。第二，战争恰恰"异常地加速了垄断资本主义向国家垄断资本主义的转变，从而使人类异常迅速地接近了社会主义"。所以，第三，帝国主义战争是社会主义革命的前夜。而且，这种逻辑所反映的是"历史的辩证法"，而非主观臆断。可见，社会主义与国家垄断资本主义之间的内在关系是列宁逻辑的根本前提，正是这种内在关系使国家垄断资本主义转变为社会主义成了历史的必然。

正因为无论是从"一般资本主义"的意义上讲，还是从"具体资本主义"即垄断资本主义的角度来看，社会主义都是资本主义本身发展的客观结果，所以，社会主义取代资本主义具有历史必然性。用列宁自己在《论面目全非的马克思主义和"帝国主义经济主义"》中的一句话来说，"一切民族都将走向社会主义，这是不可避免的"②。

二、社会主义的正当性

在《帝国主义是资本主义的最高阶段》中，列宁指出，在帝国主义条件下，"世界分为极少数高利贷国和绝大多数债务国"；"垄断，寡头统治，统治趋向代替了自由趋向，极少数最富强的国家剥削愈来愈多的弱小国家"；"以'剪息票'为生，根本不参与任何企业经营、终日游手好闲的食利者阶级，确切些说，食利者阶层，就大大地增长起来"；"帝国主义有一种趋势，就是在工

---

① 中共中央马克思恩格斯列宁斯大林著作编译局. 列宁选集：第3卷 [M]. 北京：人民出版社，2012：266.
② 中共中央马克思恩格斯列宁斯大林著作编译局. 列宁选集：第2卷 [M]. 北京：人民出版社，2012：777.

人中间也分化出一些特权阶层，并且使他们脱离广大的无产阶级群众"①。

从列宁的论述中我们至少可以看出帝国主义所造成的三种"剥削"和"不平等"现象：一是（民族）国家与（民族）国家之间的不平等，表现为极少数高利贷国"剥削"绝大多数债务国，并使前者"愈益富强"而后者却"愈益弱小"；二是阶级与阶级之间的不平等，表现为根本不参与任何企业经营、终日游手好闲的食利者阶级，以"剪息票"的方式"剥削"广大的劳动者阶级；三是无产阶级内部不同阶层之间的不平等，表现为工人中间一些被资产阶级利用高额垄断利润加以收买的"特权阶层"与"广大群众"的分化。

帝国主义不仅必然在经济上造成剥削和不平等，它还必然在政治上造成统治和压迫。

在《帝国主义是资本主义的最高阶段》中，列宁高度认同希法亭关于"金融资本要的不是自由，而是统治"的论断，认为他"说得很对"②。列宁还进一步论证道，既然"金融资本和垄断组织到处都带有统治的趋向而不是自由的趋向"，而"帝国主义"就是"金融资本和垄断组织的时代"，那么，"帝国主义在政治上的特点"，就是"由金融寡头的压迫和自由竞争的消除引起的全面的反动和民族压迫的加强"③。

而在《论民族自决权》中，列宁还针对"压迫其他民族的民族能不能获得解放"这一问题做出了明确的回答："不能"。列宁进而明确指出，"大俄罗斯居民要获得解放，就必须反对这种压迫"，否则，它"就不能替自己扫清走向解放的道路"④。不久以后，在《论大俄罗斯人的民族自豪感》中，列宁引用马克思和恩格斯关于"压迫其他民族的民族是不能获得解放的"论断，再次强调指出，"大俄罗斯无论如何要成为一个自由的和独立自主的、民主的、共

---

① 中共中央马克思恩格斯列宁斯大林著作编译局. 列宁选集：第2卷 [M]. 北京：人民出版社，2012：662，684，661，667.
② 中共中央马克思恩格斯列宁斯大林著作编译局. 列宁选集：第2卷 [M]. 北京：人民出版社，2012：647.
③ 中共中央马克思恩格斯列宁斯大林著作编译局. 列宁选集：第2卷 [M]. 北京：人民出版社，2012：681，671.
④ 中共中央马克思恩格斯列宁斯大林著作编译局. 列宁选集：第2卷 [M]. 北京：人民出版社，2012：386-387.

和的、足以自豪的国家"，也因此，它必须"按照平等这一人道的原则，而不是按照败坏伟大民族声誉的农奴制特权的原则对待邻国"①。

列宁的论述表明，帝国主义在政治上的显著特征便是"统治"和"压迫"。这种"统治"和"压迫"体现在两个方面：其一，帝国主义（民族）国家对非帝国主义（民族）国家的统治和压迫，或者说，非帝国主义（民族）国家所遭受的来自帝国主义（民族）国家的统治和压迫；其二，帝国主义（民族）国家本身因为统治和压迫非帝国主义（民族）国家而遭受的压迫。

那么，是否只是作为垄断资本主义的帝国主义才会造成经济上的剥削和不平等及政治上的统治和压迫呢？显然不是。列宁在《国家与革命》中明确指出了"无产阶级受资本主义的压迫，劳动群众受资本主义的奴役"②的一般事实。这充分说明，即使是资本主义没有发展到帝国主义即垄断资本主义阶段，它仍然会造成经济上的剥削和不平等及政治上的统治和压迫，只不过是其"剥削和不平等"及"统治和压迫"的具体形式会有所不同而已。

与之相反，不仅如上所述，列宁强调指出大俄罗斯必须反对民族压迫，必须"按照平等这一人道的原则……对待邻国"，而且，在《关于民族问题的批评意见》和《论面目全非的马克思主义和"帝国主义经济主义"》中，列宁还一般性地指出，"各民族的工人"必须"捍卫人类向不容许任何特权、任何剥削现象的新的生活制度发展的利益"；"所有的马克思主义者，不论是个人还是正式的统一整体，都非常明确而毫不含糊地斥责过哪怕是最轻微的民族暴力、压迫和不平等现象"；"'社会主义社会'不仅'不会占有'殖民地，而且也根本'不会占有'被压迫民族"③。简而言之，根据列宁的理论，马克思主义者和无产阶级必须坚决反对不同民族、不同国家之间存在特权、不平等和压迫现象，因此，社会主义必将实现各个民族、各个国家之间的完全平等。而一旦这种平等得以实现，因压迫其他民族（国家）而致某一民族（国家）自身

---

① 中共中央马克思恩格斯列宁斯大林著作编译局. 列宁选集：第2卷［M］. 北京：人民出版社，2012：451.
② 中共中央马克思恩格斯列宁斯大林著作编译局. 列宁选集：第3卷［M］. 北京：人民出版社，2012：216.
③ 中共中央马克思恩格斯列宁斯大林著作编译局. 列宁选集：第2卷［M］. 北京：人民出版社，2012：335，340，773.

所遭受的那种压迫也就不存在了。

进而言之,社会主义不仅会消除民族与民族之间、国家与国家之间的"剥削和不平等"及"统治和压迫",而且会消除阶级与阶级之间、阶层与阶层之间的"剥削和不平等"及"统治和压迫"。这是因为,在列宁看来,"社会主义就是消灭阶级",为此,它将"推翻地主和资本家"并"消灭工农之间的差别,使所有的人都成为工作者"①。

总之,社会主义将完成其"反对一切人剥削人的现象"② 的世界历史性任务,使全人类"摆脱……资本主义奴隶制,摆脱……资本主义剥削制所造成的无数残暴、野蛮、荒谬和丑恶的现象"③。

既然资本主义必然造成民族与民族之间、国家与国家之间、阶级与阶级之间、阶层与阶层之间经济上的剥削和不平等及政治上的统治和压迫,反之,社会主义能够实现各个民族、各个国家之间的完全平等,并消灭阶级和阶层本身,使所有的人都成为平等的工作者,那么,社会主义取代资本主义就具有了道德正当性。

三、社会主义必然性与正当性的内在关联

列宁在《论面目全非的马克思主义和"帝国主义经济主义"》中所说的"不实现经济变革,就不能消灭民族压迫。这是无可争辩的。但是,如果仅仅限于这一点,那就意味着陷入了可笑而又可怜的'帝国主义经济主义'"④,已经表明社会主义取代资本主义的历史必然性与道德正当性是内在关联的,二

---

① 中共中央马克思恩格斯列宁斯大林著作编译局. 列宁选集:第4卷[M]. 北京:人民出版社,2012:64.
② 中共中央马克思恩格斯列宁斯大林著作编译局. 列宁选集:第4卷[M]. 北京:人民出版社,2012:47.
③ 中共中央马克思恩格斯列宁斯大林著作编译局. 列宁选集:第3卷[M]. 北京:人民出版社,2012:191.
④ 中共中央马克思恩格斯列宁斯大林著作编译局. 列宁选集:第2卷[M]. 北京:人民出版社,2012:782.

者之间是一种内在的关系。换句话说，离开"道德正当性"谈"历史必然性"，就会陷入"经济主义"或者"经济决定论"；而离开"历史必然性"谈"道德正当性"，就会陷入"道德主义"，即恩格斯在《反杜林论》中所批评的那种"基于某一个蛰居书斋的学者的关于正义和非正义的观念"① 所进行的"空谈"。

具体地说，一方面，为了避免陷入"经济主义"或者"经济决定论"，至少早在《怎么办?》中列宁就已经强调指出，马克思主义者"应当是人民的代言人，他们要善于对所有一切专横和压迫的现象做出反应，不管这种现象发生在什么地方，涉及哪一个阶层或哪一个阶级。他们要善于把所有这些现象综合成为一幅警察暴行和资本主义剥削的图画，他们要善于利用每一件小事来向大家说明自己的社会主义信念和自己的民主主义要求，向大家解释无产阶级解放斗争的世界历史意义"②。

用我们今天的话来说就是马克思主义者应当作为"人民的代言人"，将"资本主义必然造成民族与民族之间、国家与国家之间、阶级与阶级之间、阶层与阶层之间经济上的剥削和不平等及政治上的统治和压迫"之事实和实质公之于众，将"社会主义能够实现各个民族、各个国家之间的完全平等，并消灭阶级和阶层本身，使所有的人都成为平等的工作者"的本质和信念公之于众。一句话，为了使"大家"认识到社会主义取代资本主义的历史必然性和道德正当性，马克思主义者应该"一分钟也不隐瞒自己的社会主义信念"③。

另一方面，为了避免陷入"道德主义"或者"道德空谈"，列宁在《全俄社会教育第一次代表大会上的讲话》中强调指出，任何自由和平等，"如果它同劳动摆脱资本压迫的利益相抵触，那就是骗人的东西"④。这是因为：

---

① 中共中央马克思恩格斯列宁斯大林著作编译局. 马克思恩格斯选集：第3卷［M］. 北京：人民出版社，2012：537.
② 中共中央马克思恩格斯列宁斯大林著作编译局. 列宁选集：第1卷［M］. 北京：人民出版社，2012：364-365.
③ 中共中央马克思恩格斯列宁斯大林著作编译局. 列宁选集：第1卷［M］. 北京：人民出版社，2012：367.
④ 中共中央马克思恩格斯列宁斯大林著作编译局. 列宁选集：第3卷［M］. 北京：人民出版社，2012：811.

第一，抽象的自由和平等掩盖着商品所有者和资本家"压迫劳动群众的自由"。因此，抽象地谈论自由和平等，就是在事实上为商品所有者和资本家"压迫劳动群众的自由"进行辩护；也因此，"谁要是大谈一般'自由'"和一般"平等"，"谁就不过是帮助剥削者，谁就是拥护剥削者"①。

第二，抽象地谈论自由和平等，根本改变不了资本主义的剥削关系，无法真正实现自由和平等。这是因为，"妨碍人们享受"自由和平等的是"生产资料、货币和资本的私有权"，所以，"当劳动者受资本奴役、为资本做工而被压得喘不过气来的时候"，自由和平等就是"骗人的东西"。如果不把自由和平等理解为"消灭阶级"，自由和平等就是"一句空话"②。因此，要想真正实现自由和平等，我们就不能抽象地谈论自由和平等，而是必须消灭资本雇佣奴隶制，将劳动者从"雇佣奴隶地位"③解放出来，从而根本改变资本主义的剥削关系。

总而言之，按照列宁的论述，社会主义取代资本主义的"历史必然性"与"道德正当性"之间是一种内在的关系，我们不能割裂这种内在关系并因而要么陷入"经济主义"，要么陷入"道德主义"。

四、社会主义既在未来又在现在

既具有取代资本主义之历史必然性，又具有取代资本主义之道德正当性的社会主义，在很大程度上还是属于人类社会发展的未来的。列宁的如下三段论述分别从三种角度充分说明了这一点。

其一，列宁在《大难临头，出路何在？》中所指出的，"帝国主义战争是社会主义革命的前夜。这不仅因为战争带来的灾难促成了无产阶级的起义（如

---

① 中共中央马克思恩格斯列宁斯大林著作编译局. 列宁选集：第3卷 [M]. 北京：人民出版社，2012：810.
② 中共中央马克思恩格斯列宁斯大林著作编译局. 列宁选集：第3卷 [M]. 北京：人民出版社，2012：815，815，816.
③ 中共中央马克思恩格斯列宁斯大林著作编译局. 列宁选集：第3卷 [M]. 北京：人民出版社，2012：814.

果社会主义在经济上尚未成熟，任何起义也创造不出社会主义来），而且因为国家垄断资本主义是社会主义的最充分的物质准备，是社会主义的前阶，是历史阶梯上的一级，在这一级和叫作社会主义的那一级之间，没有任何中间级"①。

这段论述表明，正如上一章所言，帝国主义的终结与社会主义的产生是"前后相继"的，帝国主义与社会主义是人类历史演进的两个彼此不同但紧密相连的阶段。其中，帝国主义在两个方面为社会主义的产生创造了前提，并因此成了"社会主义革命的前夜"。一是帝国主义为社会主义做了"最充分的物质准备"，使之"在经济上"趋于成熟；二是帝国主义战争所"带来的灾难促成了无产阶级的起义"。简而言之，无论是社会主义产生的客观条件，还是其主观条件，都有赖于帝国主义本身的发展和演变。

其二，列宁在《第二国际的破产》中针对"革命形势"问题所指出的，"这种形势是否能长久地持续下去，还会尖锐到什么程度？它是否会引起革命？这些我们不知道，而且谁也不可能知道。……这里根本谈不上什么'幻想'，也谈不上什么幻想被推翻的问题，因为，任何一个社会党人在任何地方和任何时候都没有保证过，正是目前这次（而不是下一次）战争，正是现在的（而不是明天的）革命形势将产生革命"，但是，"向群众揭示革命形势的存在，说明革命形势的广度和深度，唤起无产阶级的革命意识和革命决心，帮助无产阶级转向革命行动，并建立适应革命形势需要的、进行这方面工作的组织"，这是"一切社会党人的不可推诿的和最基本的任务"②。

这段论述表明，既然还存在是否具有革命形势、哪一次革命形势将产生社会主义革命的问题，既然"一切社会党人的不可推诿的和最基本的任务"还是建立革命组织、帮助无产阶级为革命做更为充分的准备，那么，很显然，不仅社会主义仍然是一种没有被实现的未来，而且社会主义将在何时被实现也还无法被完全预知。

---

① 中共中央马克思恩格斯列宁斯大林著作编译局. 列宁选集：第3卷 [M]. 北京：人民出版社，2012：266.
② 中共中央马克思恩格斯列宁斯大林著作编译局. 列宁选集：第2卷 [M]. 北京：人民出版社，2012：463-464.

其三，列宁在《论苏维埃共和国女工运动的任务》中指出的，"我们追求社会主义的理想，要为社会主义的彻底实现而奋斗"①。这段论述非常简单明了地告诉我们，尽管我们要不懈地为之奋斗，但毕竟社会主义还只是一种"理想"。由上可见，列宁分别从人类历史的发展路径及不同发展阶段之间的关系、不断适应革命形势并为社会主义革命做好准备、为社会主义理想而奋斗等三种不同的角度论证了社会主义"尚在未来"。

然而，列宁的如下论述又表明，社会主义并非"仅在未来"，相反，它"也在现在"。在《帝国主义是资本主义的最高阶段》中，列宁告诉我们，"只有在资本主义发展到一定的、很高的阶段，资本主义的某些基本特性开始转化成自己的对立面，从资本主义到更高级的社会经济结构的过渡时代的特点已经全面形成和暴露出来的时候，资本主义才变成了资本帝国主义"②。在《帝国主义和社会主义运动中的分裂》中，列宁指出，"从资本主义中成长起来的垄断已经是资本主义的垂死状态，是它向社会主义过渡的开始。帝国主义造成的大规模的劳动社会化……，其含义也是一样"③。在《大难临头，出路何在?》中，列宁说，"其实，社会主义现在已经在现代资本主义的一切窗口中出现，在这个最新资本主义的基础上前进一步的每项重大措施中，社会主义已经直接地、实际地显现出来了"；"社会主义无非是从国家资本主义垄断再向前跨进一步。换句话说，社会主义无非是变得有利于全体人民的国家资本主义垄断，就这一点来说，国家资本主义垄断也就不再是资本主义垄断了"④。

列宁的这些论述充分说明，首先，如前所述，"帝国主义的形成和发展与社会主义的产生和发展是同一过程的两个方面，或者说，帝国主义的形成和发展过程本身就是社会主义的产生和发展过程"。因为，帝国主义的实质是垄断，

---

① 中共中央马克思恩格斯列宁斯大林著作编译局. 列宁选集：第4卷 [M]. 北京：人民出版社，2012：48.
② 中共中央马克思恩格斯列宁斯大林著作编译局. 列宁选集：第2卷 [M]. 北京：人民出版社，2012：650.
③ 中共中央马克思恩格斯列宁斯大林著作编译局. 列宁选集：第2卷 [M]. 北京：人民出版社，2012：706.
④ 中共中央马克思恩格斯列宁斯大林著作编译局. 列宁选集：第3卷 [M]. 北京：人民出版社，2012：267，265.

而"垄断"本身的产生及其造成的"大规模的劳动社会化"已经是"资本主义的垂死状态"和"向社会主义过渡的开始"。而且,在资本主义变成资本帝国主义的同时,资本主义向社会主义过渡时代的特点也"已经全面形成和暴露出来"。其次,社会主义现在"已经直接地、实际地显现"在"现代资本主义的一切窗口中"。最后,帝国主义的国家垄断资本主义本身只要"向前跨进一步",变成"有利于全体人民"的国家垄断资本主义,它就不再是资本主义,而是社会主义了。

可见,列宁由点到面、从产生到部分显现再到完全形成,层层递进地论证了社会主义就在"最新的资本主义"①(即帝国主义)之中。

综上所述,根据列宁的论述,作为资本主义之必然和正当替代的社会主义,既在未来又在现在。

五、结语

奥尔曼曾在2003年的《辩证法的舞蹈》中指出,主要因为苏联社会主义的垮台,作为资本主义之替代的社会主义"突然丧失了它的可信性"②。可以认为,尽管中国特色社会主义已经取得举世瞩目的成就,并在一定程度上彰显了社会主义的可能性与现实性,但从全世界的角度来看,奥尔曼所说的那种社会主义可信性的缺失仍然是一种严重的现实。或许正是基于对这种现实的回应,国外马克思主义者才致力于寻找理论和现实依据,对社会主义取代资本主义进行必然性、正当性和必要性的论证③。

然而,在这种对社会主义进行论证的过程中,除塞耶斯等少数人是基于历

---

① 中共中央马克思恩格斯列宁斯大林著作编译局. 列宁选集:第2卷[M]. 北京:人民出版社,2012:606.
② 伯特尔·奥尔曼. 辩证法的舞蹈——马克思方法的步骤[M]. 北京:高等教育出版社,2006:204.
③ 田世锭. 英美马克思主义者对社会主义的三种论证[J]. 社会主义研究,2009(4):66-70.

史必然性与道德正当性对社会主义进行双重论证[①]之外,大多数理论家都是要么基于必然性,要么基于正当性来论证社会主义的,甚至将这种必然性与正当性对立起来。比如,当代英美分析马克思主义的主要代表科恩就明确否认社会主义的历史必然性,并致力于对社会主义进行道德论证[②];而奥尔曼,作为当代英美辩证马克思主义的主要代表,却认为"马克思没有一个伦理理论"[③],其对资本主义的批判和对社会主义的论证并不是一种"道德上的谴责"和道德上的论证,而只是在对资本主义"旧世界的批判"中,"把其中正在显示出来的向对立面(共产主义)转化的潜在凸显出来"[④],奥尔曼本人也因此致力于运用辩证法来对社会主义进行必然性论证[⑤]。

在这种背景下,作为马克思主义发展史上极为重要的理论家,尤其是作为使世界上第一个社会主义国家得以建立的主要领导者,列宁基于社会主义取代资本主义的历史必然性与道德正当性之间的内在关系,对社会主义进行的必然性与正当性之双重论证,就具有了十分重要的理论和实践意义。首先,列宁对社会主义的双重论证有助于启发我们进一步认识资本主义、社会主义及其相互关系;其次,列宁对"社会主义是一种庄严的信念"的确认和坚守,有助于激励我们在"一球两制、资强社弱"的客观条件下更加坚定社会主义的理想信念;最后,列宁对资本主义的批判、对社会主义的论证还可以启迪我们思考如何坚持和完善中国特色社会主义。

[①] 田世锭.肖恩·塞耶斯对社会主义的双重论证[N].中国社会科学报,2010-2-25.
[②] 田世锭.英美马克思主义者对社会主义的三种论证[J].社会主义研究,2009(4):66-70.
[③] 伯特尔·奥尔曼.异化:马克思论资本主义社会中人的概念[M].王贵贤,译.北京:北京师范大学出版社,2011:56.
[④] 伯特尔·奥尔曼.辩证法的舞蹈——马克思方法的步骤[M].北京:高等教育出版社,2006:205.
[⑤] 田世锭.英美马克思主义者对社会主义的三种论证[J].社会主义研究,2009(4):66-70.

第四章

资本主义批判的世界视域与落后国家的解放之路

在资本主义与社会主义的内在关系中批判资本主义、论证社会主义，是马克思主义社会哲学的核心论题。但马克思反对将其"关于西欧资本主义起源的历史概述彻底变成一般发展道路的历史哲学理论"① 及其俄国"有可能不通过资本主义制度的卡夫丁峡谷"的论述②，导致学术界的长期论争。按照一种颇有影响的观点，马克思是基于一种西欧视域展开资本主义批判的，因此，至少还存在一条与西欧资本主义发展道路不同或平行的社会发展道路，即俄国式的东方发展道路。然而，一个北方资本凭借"民族压迫""全球劳动力套利"掠夺南方活劳动的全球化时代③，使我们不能不对马克思的资本主义批判视域与落后国家的解放之路进行再思考。

一、资本主义批判的世界视域

马克思恩格斯在《共产党宣言》中已经明确指出，资产阶级在奔走于"全球各地"，把"一切民族甚至最野蛮的民族"都卷到文明中的过程中，按照他们

---

① 中共中央马克思恩格斯列宁斯大林著作编译局. 马克思恩格斯选集：第 3 卷 [M]. 北京：人民出版社，2012：730.
② 中共中央马克思恩格斯列宁斯大林著作编译局. 马克思恩格斯选集：第 3 卷 [M]. 北京：人民出版社，2012：828-829.
③ JOHN SMITH. Imperialism in the Twenty-First Century [J]. Monthly Review, 2015 (8)：82-97.

自己的面貌为他们自己创造了一个"世界"①。这充分说明,正如因坦·苏万迪所说,按照马克思恩格斯的观点,资本主义本身在本质上就是帝国主义的,在规模上则是"全球化的"②。这种帝国主义的全球性资本主义所创造的高度发展的巨大生产力,使人们得以建立普遍交往。正是基于这种普遍交往,第一,个人得以成为世界历史性、经验上普遍的个人③;第二,一个真正与整个旧世界相脱离和对立、没有民族独特性而在所有民族中都具有同样利益的无产阶级得以形成④;第三,每一民族都依赖于其他民族的变革,共产主义因而只有作为占统治地位的各民族"一下子"同时发生的行动,在经验上才有可能。正因此,马克思恩格斯断言,无产阶级只有"在世界历史意义上"才能存在,它的事业共产主义也只有作为"世界历史性的"存在才能实现⑤。

可见,根据马克思恩格斯所见,无论是资产阶级还是无产阶级,无论是资本主义还是共产主义,它们都是一种世界历史性的存在。马克思正是基于这种世界历史性而不是西欧式的视域来分析和批判资本主义的。因此,恰如露西娅·普拉德拉所说,"马克思的笔记和文章证明,19世纪40年代以来,马克思不是将英国资本主义作为民族体系,而是将其作为殖民体系来加以考察的"⑥。

资本主义批判的世界视域决定了,在马克思那里,落后国家的解放不可能是外在于而是内在于资本主义批判的逻辑的,落后国家的发展也不可能是外在于而是内在于资本主义的历史进程的。

首先,落后国家的解放内在于资本主义批判的逻辑。在《不列颠在印度统治的未来结果》中,马克思指出,"在大不列颠本国现在的统治阶级还没有被

---

① 中共中央马克思恩格斯列宁斯大林著作编译局. 马克思恩格斯选集: 第1卷 [M]. 北京: 人民出版社, 2012: 404.
② INTAN SUWANDI. Behind the Veil of Globalization [J]. Monthly Review, 2015: 37–53.
③ 中共中央马克思恩格斯列宁斯大林著作编译局. 马克思恩格斯选集: 第1卷 [M]. 北京: 人民出版社, 2012: 166.
④ 中共中央马克思恩格斯列宁斯大林著作编译局. 马克思恩格斯选集: 第1卷 [M]. 北京: 人民出版社, 2012: 195.
⑤ 中共中央马克思恩格斯列宁斯大林著作编译局. 马克思恩格斯选集: 第1卷 [M]. 北京: 人民出版社, 2012: 166–167.
⑥ LUCIA PRADELLA. Imperialism and Capitalist Development in Marx's Capital [J]. Historical Materialism, 2013, 21 (2): 117–147.

工业无产阶级取代以前，或者在印度人自己还没有强大到能够完全摆脱英国的枷锁以前"，印度人民根本不可能得到解放并根本改善他们的社会状况①；在《资本论》第1卷和《关于爱尔兰问题的未作的发言的提纲》中，马克思表明，今天的爱尔兰仅仅是一个为资本主义英格兰提供谷物、羊毛、牲畜、工业新兵和军事新兵的农业区②，"除了或者英国自愿给爱尔兰以自由，或者作一场殊死的决战之外，别的出路是没有的"③。马克思的论述表明，诸如印度和爱尔兰这样的落后国家，其命运与资本主义本身息息相关。落后国家的自由和解放只有在两种情况必居其一的条件下才有可能：一是资本主义国家的无产阶级战胜资产阶级并以社会主义取代资本主义；二是落后国家自身通过斗争战胜资本主义国家从而摆脱资本主义国家的枷锁。简而言之，落后国家的自由和解放是以批判和否定资本主义为前提的。

阿伦·盖尔正确地指出："马克思对资本主义的分析意味着帝国主义的必然趋势——将市场扩展到其他国家，直到整个世界被市场所支配。其结果是一个全球剥削体系，核心生产经济体在发展过程中权力增大并利用这一权力控制和剥削外围经济体。这些外围经济体沦落为'采掘经济体'，通过出口其矿物和破坏其生态系统来'发展'，从而变得越来越弱和更容易受到剥削。"④ 这充分说明，像马克思那样将落后国家的解放问题置于资本主义批判的逻辑之中，在今天依然是有效和必要的。如果不批判和否定资本主义的核心生产经济体及其全球剥削体系，落后的外围经济体就不可能得到解放。

其次，落后国家的发展内在于资本主义的历史进程。马克思在《给维·伊·查苏利奇的信》中指出，俄国的农村公社"和资本主义生产的同时存在"为它提供了集体劳动的一切条件，使它有可能"占有资本主义制度所创造的一

---

① 中共中央马克思恩格斯列宁斯大林著作编译局. 马克思恩格斯选集：第1卷[M]. 北京：人民出版社，2012：861.
② 中共中央马克思恩格斯列宁斯大林著作编译局. 马克思恩格斯文集：第5卷[M]. 北京：人民出版社，2009：808.
③ 中共中央马克思恩格斯列宁斯大林著作编译局. 马克思恩格斯全集：第16卷[M]. 北京：人民出版社，1964：507.
④ ARRAN GARE. Marxism and the Problem of Creating an Environmentally Sustainable Civilization in China[J]. Capitalism, Nature, Socialism, 2008, 19(1)：5-26.

切积极的成果"而不通过资本主义制度的卡夫丁峡谷①;而他在《给〈祖国纪事〉杂志编辑部的信》中又指出,如果俄国继续走1861年的路,那它将会失去最好的历史机遇,而遭受"资本主义制度所带来的一切灾难性的波折"②。马克思的论述表明,无论是在肯定的意义上还是在否定的意义上,俄国的发展都绕不开资本主义。它要么占有和利用资本主义所创造的一切积极成果而欣欣向荣,要么遭受资本主义所带来的一切灾难性波折而艰难前行。

因此,正如列宁所说,按照马克思的论述,共产主义及其低级阶段社会主义是"历史地从资本主义中发展出来的"③。说落后国家的自由和解放是以批判和否定资本主义为前提的,这并不意味着落后国家的发展就可以甚至必须独立和外于资本主义的历史进程。相反,落后国家的发展必须以资本主义的发展为基础。正是在这种意义上,马克思才说,一个社会"既不能跳过也不能用法令取消自然的发展阶段",因为,经济的社会形态发展是"一种自然史的过程"④⑤。

的确,马克思在《给〈祖国纪事〉杂志编辑部的信》中说过,如果一定要把其"关于西欧资本主义起源的历史概述"彻底变成"超历史的"历史哲学理论,从而坚持认为一切民族都"注定要走这条道路",以便达到社会生产力极高度发展和每个人最全面发展的经济形态,那将会使他受到"过多的侮辱"⑥。但是,马克思在这里表达的并不是他晚年的新发现,而是其一贯的观

---

① 中共中央马克思恩格斯列宁斯大林著作编译局. 马克思恩格斯选集:第3卷 [M]. 北京:人民出版社,2012:828-829.
② 中共中央马克思恩格斯列宁斯大林著作编译局. 马克思恩格斯选集:第3卷 [M]. 北京:人民出版社,2012:728.
③ 中共中央马克思恩格斯列宁斯大林著作编译局. 列宁选集:第3卷 [M]. 北京:人民出版社,2012:186-187.
④ 中共中央马克思恩格斯列宁斯大林著作编译局. 马克思恩格斯选集:第2卷 [M]. 北京:人民出版社,2012:83.
⑤ 李百玲不无道理地指出,马克思"大体说来,亚细亚的、古希腊罗马的、封建的和现代资产阶级的生产方式可以看作经济的社会形态演进的几个时代"中的"大体说来"表明,人类社会的发展规律在"世界各地都是一样的"。(参见李百玲. 马克思《历史学笔记》研究读本 [M]. 北京:中央编译出版社,2014:3)
⑥ 中共中央马克思恩格斯列宁斯大林著作编译局. 马克思恩格斯选集:第3卷 [M]. 北京:人民出版社,2012:730.

点。正如马克思自己紧接着所说的,《资本论》里的好几个地方都以古代罗马无产者为例说明了"极为相似的事变发生在不同的历史环境中就引起了完全不同的结果"①。其实,早在《德意志意识形态》中,马克思恩格斯就论述过"符合于一切殖民地"的跨越式发展②。然而,包括这种跨越式发展在内的特殊发展情形并没有否定整个人类社会发展的自然史过程。相反,特殊的发展必然内在于这种自然史过程之中。这是因为,无论其具体的发展过程如何特殊,它们依然要么是"奴隶制"生产方式③,要么是"封建"组织形式④,要么是"资本主义"生产方式⑤,而"奴隶制""封建""资本主义"恰恰是马克思所揭示的整个人类社会发展自然史过程的不同环节。可见,使马克思遭受侮辱的,是对任何环境中一切民族都注定要走资本主义这条道路的认定,而不是对落后国家发展必须以资本主义发展为基础的坚持。

二、"卡夫丁峡谷"问题与落后国家的双重困境

如上所述,马克思恩格斯是在批判资本主义的世界视域和资本主义批判的逻辑中探讨俄国跨越资本主义"卡夫丁峡谷"问题的。跨越资本主义"卡夫丁峡谷"意味着,可以不走资本主义这条道路,而直接达到共产主义的低级阶段社会主义社会。当时的俄国之所以有可能跨越资本主义"卡夫丁峡谷",一是因为它在全国范围内广泛地保存着"农村公社",二是因为与资本主义生产的同时存在使这种"农村公社"有可能"占有资本主义制度所创造的一切积

---

① 中共中央马克思恩格斯列宁斯大林著作编译局. 马克思恩格斯选集:第3卷[M]. 北京:人民出版社,2012:730.
② 中共中央马克思恩格斯列宁斯大林著作编译局. 马克思恩格斯选集:第1卷[M]. 北京:人民出版社,2012:205
③ 中共中央马克思恩格斯列宁斯大林著作编译局. 马克思恩格斯选集:第3卷[M]. 北京:人民出版社,2012:730
④ 中共中央马克思恩格斯列宁斯大林著作编译局. 马克思恩格斯选集:第1卷[M]. 北京:人民出版社,2012:205
⑤ 中共中央马克思恩格斯列宁斯大林著作编译局. 马克思恩格斯选集:第3卷[M]. 北京:人民出版社,2012:730.

极的成果"①。

因此，根据马克思恩格斯的观点，当时的俄国跨越资本主义"卡夫丁峡谷"必须具备两个前提条件：其一，农村公社的自由发展得以保证并成为新社会的支点②；其二，共产主义运动在占统治地位的各民族"一下子"同时发生，或者说，各发达资本主义国家的社会主义革命同时取得胜利，并给予俄国以无私的国际主义援助，以便俄国可以占有和利用资本主义制度所创造的一切积极成果。然而，历史的进程表明，这两个前提条件都没有成为现实，俄国因此也没有能够跨越资本主义"卡夫丁峡谷"。列宁在《俄国资本主义的发展》中基于大量的统计资料对资本主义生产方式已然在俄国占据统治地位、俄国已然是一个资本主义国家的指认③，无可辩驳地证明了这一点。④

事实上，无论俄国是否能够通过革命保证其农村公社的自由发展，只要各发达资本主义国家的社会主义革命没有能够同时取得胜利，并因此给予俄国以国际主义援助使之得以占有和利用资本主义制度所创造的一切积极成果，俄国就不可能跨越资本主义"卡夫丁峡谷"。可以说，马克思在1858年给恩格斯的信中对"由于在广大得多的地域内资产阶级社会还在走上坡路，革命在这个小小角落里不会必然被镇压吗？"这一"困难的问题"⑤的揭示和担忧，已经预示了在没有各发达资本主义国家社会主义革命的同时胜利和无私援助的条件下，俄国跨越资本主义"卡夫丁峡谷"的不可能性。进而言之，没有这一先决

---

① 中共中央马克思恩格斯列宁斯大林著作编译局. 马克思恩格斯选集：第3卷［M］. 北京：人民出版社，2012：828—829.
② 中共中央马克思恩格斯列宁斯大林著作编译局. 马克思恩格斯选集：第3卷［M］. 北京：人民出版社，2012：832，840.
③ 中共中央马克思恩格斯列宁斯大林著作编译局. 列宁全集：第3卷［M］. 北京：人民出版社，1984：Ⅵ.
④ 有学者认为，马克思既没有肯定也没有否定俄国可以跨越卡夫丁峡谷，而是持有谨慎态度和理智观点；后来的历史证明正是这种谨慎态度和理智观点使他的理论免于陷入十分被动的境地（参见俞良早. 马克思在俄国跨越卡夫丁峡谷问题上的谨慎态度和理智观点［J］. 思想理论教育导刊，2021（2））。为了避免以后的被动就模棱两可，这不是谨慎理智而是不负责任。这样的人肯定不是马克思。与之相反，马克思的态度是明确而又负责任的：条件具备，就可以跨越；条件不具备，就不能跨越。
⑤ 中共中央马克思恩格斯列宁斯大林著作编译局. 马克思恩格斯文集：第10卷［M］. 北京：人民出版社，2009：166.

条件，不仅俄国不可能，其他所有的落后国家都不可能。这也是阿伦·盖尔当今仍然在提出"如果是一个特定的共同体，无论是一个城市、一个国家还是一个大陆克服了雇佣劳动制度，它又将如何生存？"① 这一难题的原因。

不能跨越资本主义"卡夫丁峡谷"，意味着落后国家必然陷入双重困境。正如马克思在《资本论》第 1 卷第一版序言中所指出的，落后国家"不仅苦于资本主义生产的发展，而且苦于资本主义生产的不发展"；不仅"现代的灾难"，而且"许多遗留下来的灾难"都在压迫着落后国家；不仅"活人"，而且"死人"都在使落后国家的人民受苦②。其实，列宁不仅承认和论证了俄国资本主义的发展，也认识到了俄国"很多农奴制的直接残余"对俄国资本主义的阻碍。因此，同马克思一样，列宁也认为，俄国"不仅苦于资本主义，而且苦于资本主义生产的不够发达"③。

一方面，落后国家必然苦于资本主义生产的发展。一般而言，由于不能跨越资本主义"卡夫丁峡谷"而直接占有和利用资本主义所创造的一切积极成果，落后国家便不得不走上资本主义这条道路或者至少在一定程度上发展和利用资本主义。于是，为了"使资本主义生产方式的'永恒的自然规律'充分表现出来"，落后国家内部便开始了劳动者与劳动条件相分离，社会生产资料和生活资料转化为"资本"而人民群众则转化为自由的"雇佣工人"和"劳动贫民"的两极分化的苦难历程④。与此同时，处于帝国主义的全球性资本主义环境之中，落后国家也不得不经受来自其外部的资本主义苦难。正如马克思在《资本论》第 1 卷"所谓原始积累"中所说的，美洲土著居民"被剿灭、被奴役和被埋葬于矿井"、东印度被"征服和掠夺"、非洲黑人被"商业性地

---

① ARRAN GARE. Marxism and the Problem of Creating an Environmentally Sustainable Civilization in China [J]. Capitalism, Nature, Socialism, 2008, 19（1）：5-26.
② 中共中央马克思恩格斯列宁斯大林著作编译局. 马克思恩格斯选集：第 2 卷 [M]. 北京：人民出版社，2012：82-83.
③ 中共中央马克思恩格斯列宁斯大林著作编译局. 列宁全集：第 3 卷 [M]. 北京：人民出版社，1984：VI.
④ 中共中央马克思恩格斯列宁斯大林著作编译局. 马克思恩格斯选集：第 2 卷 [M]. 北京：人民出版社，2012：297.

猎获",这些都"标志着资本主义生产时代的曙光"①。然而,资本主义对落后国家的征服和奴役并非只是其原始积累的表现。乌特萨·帕特奈克和普拉巴特·帕特奈克在《全球化时代的帝国主义》中所说的"中心资本主义国家给外围国家的劳动人民带来收入紧缩"②,以及约翰·史密斯在《21世纪的帝国主义》中所说的当代资本主义凭借"民族压迫""全球劳动力套利"掠夺"新兴国家",由此造成"北方的资本家剥削南方的活劳动"③,是对资本主义在21世纪的今天依然在征服和奴役落后国家,从而使之遭受现代灾难的明证。

另一方面,落后国家还必然苦于资本主义生产的不发达。之所以说如果落后国家不能跨越资本主义"卡夫丁峡谷",它们一般就不得不走上资本主义这条道路或者至少在一定程度上发展和利用资本主义,是因为资本主义及其创造的一切积极成果,是人类社会发展之自然史过程中不可或缺的环节和基础。用马克思恩格斯的话来说,资本主义具有"非常革命的作用":一是对于过去,它将破坏"一切封建的、宗法的和田园诗般的关系",无情地斩断"把人们束缚于天然尊长的形形色色的封建羁绊"④;二是面向未来,它将发展社会劳动生产力,为"更高级的生产形式"创造"物质条件"⑤。为了赢得资本主义这种革命性的作用,落后国家不得不付出遭受资本主义发展之苦难的代价。但是,恰恰因为落后国家的资本主义生产尚不发达,资本主义的革命性作用还没有能够充分发挥出来,以至于"古老的、陈旧的生产方式以及伴随着它们的过时的社会关系和政治关系还在苟延残喘","死人"还在"抓住活人"⑥,落后

---

① 中共中央马克思恩格斯列宁斯大林著作编译局. 马克思恩格斯选集:第2卷[M]. 北京:人民出版社,2012:296.
② UTSA PATNAIK, PRABHAT PATNAIK. Imperialism in the Era of Globalization [J]. Monthly Review, July-August, 2015:68-81.
③ JOHN SMITH. Imperialism in the Twenty-First Century [J]. Monthly Review, 2015 (7): 82-97.
④ 中共中央马克思恩格斯列宁斯大林著作编译局. 马克思恩格斯选集:第1卷[M]. 北京:人民出版社,2012:402-403.
⑤ 中共中央马克思恩格斯列宁斯大林著作编译局. 马克思恩格斯选集:第2卷[M]. 北京:人民出版社,2012:511.
⑥ 中共中央马克思恩格斯列宁斯大林著作编译局. 马克思恩格斯选集:第2卷[M]. 北京:人民出版社,2012:83.

国家又不得不艰难承受着资本主义生产尚不发达之苦。

三、全球联合：落后国家的解放之路

如果说落后国家之所以不能跨越资本主义"卡夫丁峡谷"，并因此陷入了双重困境，遭受着双重苦难，关键在于各发达资本主义国家的社会主义革命没有能够同时取得胜利，那么，要想从这种双重困境和双重苦难中解放出来，其现实的路径就只能是整体消灭资本主义制度而占有资本主义的一切积极成果。

马克思恩格斯曾经从主观和客观两个方面论述了无产阶级将自己从资本主义中解放出来的可能性。首先，从主观上讲。无产阶级不仅对资本主义现代社会中一切生活条件极度的非人性产生了"愤慨"，而且"在理论上意识到了"资本主义现代社会对一切属于人的东西及其外观的彻底剥夺，以及由此导致的在无产阶级身上人失去自己的损失[①]。其次，从客观上讲。资产阶级生存和统治的根本条件是财富在私人手中的积累和资本的形成和增值，资本的条件是雇佣劳动，而雇佣劳动又完全是建立在"工人的自相竞争"之上的。然而，大工业的发展使"工人通过结社而达到的革命联合"取代了其分散竞争状态[②]。质言之，工人的自相竞争是资产阶级和资本主义生存和统治的根本条件，无产阶级的革命联合则是它将自己从资本主义中解放出来的必由之路。

由于资产阶级和资本主义、无产阶级和共产主义都是一种世界历史性的存在，因此，马克思恩格斯所说的无产阶级反对资本主义以便从中解放自己的"革命联合"，虽然必然意味着一个国家或一个民族区域之内的工人联合，但也必然意指超越单一国家或民族的范围而形成的国际性和世界性的工人联合。实际上，早在《神圣家族》中，马克思恩格斯就指出了英国和法国的工人联合所

[①] 中共中央马克思恩格斯列宁斯大林著作编译局. 马克思恩格斯文集：第1卷 [M]. 北京：人民出版社，2009：262.
[②] 中共中央马克思恩格斯列宁斯大林著作编译局. 马克思恩格斯选集：第1卷 [M]. 北京：人民出版社，2012：412.

产生的"不可估量"的"巨大"力量①。或许正是在这种意义上,马克思恩格斯才强调指出,"联合的行动,至少是各文明国家的联合的行动,是无产阶级获得解放的首要条件之一"②。如果恰如乌特萨·帕特奈克和普拉巴特·帕特奈克所说,当代资本帝国主义的根本特征在于中心资本主义国家给外围国家的劳动人民带来收入紧缩,或者,恰如苏万迪所说,当代资本帝国主义的特点在于全球资本对全球劳动者的剥削和统治,那就越发证明,在当代资本帝国主义的条件下,全球劳动者的联合是落后国家整体消灭资本主义制度、占有资本主义的一切积极成果,从而实现解放的必由之路。

然而,尽管大工业的发展为无产阶级的革命联合创造了客观条件,无产阶级对资本主义非人性的愤慨和理论认识为其革命联合创造了主观条件,但由于历史演变的复杂性和资产阶级的有意操控,要真正实现无产阶级的革命联合则是十分困难的。令人惊叹的是,马克思在1870年致齐格弗里德·迈耶尔和奥古斯特·福格特的信中就十分敏锐地指出了这种困难及其原因。马克思指出,爱尔兰不断为英国的劳动市场提供其过剩人口,因而压低了英国工人阶级的工资,使其物质状况和精神状况恶化。于是,英国工人憎恨爱尔兰工人,把他们看作降低自己生活水平的竞争者,并觉得自己是统治民族的一分子而对爱尔兰工人怀着宗教、社会和民族偏见,而爱尔兰人则把英国工人看作英国对爱尔兰统治的同谋者和愚笨的工具,并加倍地报复他们,以至于英国工人阶级分裂成"英国无产者和爱尔兰无产者这样两个敌对阵营"。在这种对立中,英国无产者不仅"把自己变成了本民族的贵族和资本家用来反对爱尔兰的工具",而且"巩固了贵族和资本家对他们自己的统治"。可见,英国无产者和爱尔兰无产者之间的对立是英国工人阶级"没有力量的秘密所在",也是"资本家阶级能够保持它的权力的秘密所在"。而资本家阶级自己对这一点也是非常清楚的。③

---

① 中共中央马克思恩格斯列宁斯大林著作编译局. 马克思恩格斯文集:第1卷 [M]. 北京:人民出版社,2009:273.
② 中共中央马克思恩格斯列宁斯大林著作编译局. 马克思恩格斯选集:第1卷 [M]. 北京:人民出版社,2012:419.
③ 中共中央马克思恩格斯列宁斯大林著作编译局. 马克思恩格斯文集:第10卷 [M]. 北京:人民出版社,2009:328.

简言之，资产阶级有意制造统治国家或民族的无产阶级与被统治的落后国家或民族的无产阶级之间的对立和斗争，是无产阶级的革命联合难以形成和资产阶级的统治权力得以维系的根本原因。

约翰·史密斯指出，当今"新帝国主义阶段"的利润并非来源于任何形式的垄断，而是来源于"帝国主义超级剥削"，即全球生产向低工资国家转移并使之普遍存在"高于全球平均水平的剥削率"，从而使得帝国主义国家、跨国公司、各种各样的服务提供商及其雇员都能够"共同分享超级剥削的战利品"，并被打上列宁所说的"寄生的烙印"[①]。因坦·苏万迪同样指出，当今的全球资本正在努力通过塑造"全球产业后备军"来对全球的劳动者进行"分而治之"[②]。这使我们不得不由衷地惊叹马克思的上述分析所具有的历史穿透力，似乎1870年的马克思正在点评21世纪的资本主义。用今天的流行词汇来说，正是资产阶级在有意制造全球无产阶级的"内卷"，以阻止全球无产阶级的革命联合。

因此，探讨全球无产阶级联合的路径是当务之急。针对当时英国工人阶级分裂成英国无产者与爱尔兰无产者这样两个敌对阵营的情况，马克思指出，至关重要的是要"唤醒英国工人阶级，使他们意识到：爱尔兰的民族解放对他们来说并不是一个抽象的正义或博爱的问题，而是他们自己的社会解放的首要条件"。正因此，这应当成为"伦敦中央委员会的特殊任务"。[③] 约翰·史密斯也非常正确地说，尽管"北方国家工人"消费的商品在更大程度上是由"南方国家低工资工人"生产的，也正是"南方国家工人"的生产率及其工资在根本上决定了"帝国主义国家的消费水平与剥削率"，但"帝国主义国家的广大劳动人民也面临着贫困境况"。因此，为了"确保人类文明的未来"，作为当今新帝国主义阶段之"第一受害者"的南方"半殖民地国家的无产阶级"，应

[①] JOHN SMITH. Imperialism in the Twenty-First Century [J]. Monthly Review，2015（7）：82-97.
[②] INTAN SUWANDI. Behind the Veil of Globlization [J]. Monthly Review，July-August，2015（7）：37-53.
[③] 中共中央马克思恩格斯列宁斯大林著作编译局. 马克思恩格斯文集：第10卷 [M]. 北京：人民出版社，2009：329.

该"与帝国主义国家的工人一道",埋葬资本主义。①

以此来看,在当今北方资本掠夺南方活劳动的全球化时代,为了解决全球无产阶级联合的路径这一当务之急,马克思主义者首先必须竭尽全力地做好以下三个方面"从外面灌输给工人"② 的工作:一是"唤醒北方"资本主义国家的工人阶级,使他们意识到南方国家的民族解放其实是他们自己社会解放的首要条件;二是"唤醒南方"落后国家的工人阶级,使他们意识到尽管他们是当今资本帝国主义的第一受害者,但北方资本主义国家的工人阶级其实也是受害者;三是"唤醒南方和北方"国家的工人阶级,使他们意识到只有南方和北方国家的工人阶级联合起来,方能埋葬资本主义,实现人类的解放,从而解放他们自己。唯有在这种"唤醒"的基础上,全球无产阶级的实际革命联合才是可能的。

---

① JOHN SMITH. Imperialism in the Twenty-First Century [J]. Monthly Review, 2015(7):82-97.
② 中共中央马克思恩格斯列宁斯大林著作编译局. 列宁选集:第1卷[M]. 北京:人民出版社,2012:363.

第二篇 社会—自然关系论

第五章

马克思恩格斯自然概念的双重意涵

按照马克思主义哲学的观点,正是人的实践将人类社会与自然界分离开来,又将人类社会与自然界统一起来。马克思还指出,社会是人与自然界完成了的"本质的统一",是"人的实现了的自然主义"和"自然界的实现了的人道主义"[1]。这说明,自然概念和自然观也是马克思主义社会哲学的题中应有之义。

一、问题的提出

法兰克福学派重要代表施密特在《马克思的自然概念》中指出,截至《关于费尔巴哈的提纲》,要"讲清楚"马克思与恩格斯理论观点的不同,"几乎是不可能的"[2],或者说,马克思和恩格斯的自然观是相同的,他们的自然概念具有相同的意涵,但晚年恩格斯转而主张"唯物主义自然观只是按照自然界的本来面目质朴地理解自然界,不添加任何外来的东西"[3],这就使自然脱离了人的生动实践,恩格斯的自然观因此倒退成了"素朴的实在论"[4]。与马

---

[1] 中共中央马克思恩格斯列宁斯大林著作编译局. 马克思恩格斯全集:第 3 卷 [M]. 北京:人民出版社,2002:301.
[2] A. 施密特. 马克思的自然概念 [M]. 欧力同,吴仲昉,译. 赵鑫珊,校. 北京:商务印书馆,1988:46.
[3] 中共中央马克思恩格斯列宁斯大林著作编译局. 马克思恩格斯选集:第 3 卷 [M]. 北京:人民出版,2012:896-897.
[4] A. 施密特. 马克思的自然概念 [M]. 欧力同,吴仲昉,译. 赵鑫珊,校. 北京:商务印书馆,1988:50.

克思视域中"难分难解地相互交织着"的自然和历史不同,晚年恩格斯视域中的自然和历史变成了唯物辩证法的"两个不同的'适用领域'",恩格斯的自然观也因此倒退成了"本体论"①;正因为恩格斯超出了马克思对自然与社会历史关系的解释范围,恩格斯的自然观倒退成了"独断的形而上学"②。至于马克思所讲的"外部自然界的优先地位",施密特说,其实马克思对此做了"批判性的保留",因为,在马克思那里,这种优先地位绝不是无中介的、客观主义的、本体论意义上的人之外的实在,马克思视域中的一切自然存在都是并且总是已经被人类"从经济上加工过"和"被把握了的"自然存在③。如此一来,施密特就造成了马克思与晚年恩格斯自然观的对立④。

施密特的观点得到了俞吾金教授的呼应和强化。俞吾金教授更是泾渭分明地指认道,马克思视域中的自然是被人的目的性活动所中介的"人化的自然界"⑤;相反,恩格斯视域中的自然则是撇开人的目的性活动而受到考察的"抽象的自然界"⑥。俞吾金教授由此所造就的就不仅仅是马克思与晚年恩格斯自然观的对立,而是马克思与恩格斯自然观的对立。

那么,是否果真如施密特所说,晚年恩格斯的自然观与马克思的自然观是相互对立的?甚至果真如俞吾金教授所说,恩格斯的自然观与马克思的自然观完全是相互对立的?解决这一问题的关键在于澄清,马克思在强调人化自然的同时,是否依然承认和坚持外在自然的存在;而恩格斯在承认和坚持外在自然之存在的同时,是否依然强调人化自然。

---

① A. 施密特. 马克思的自然概念 [M]. 欧力同, 吴仲昉, 译. 赵鑫珊, 校. 北京: 商务印书馆, 1988: 52.
② A. 施密特. 马克思的自然概念 [M]. 欧力同, 吴仲昉, 译. 赵鑫珊, 校. 北京: 商务印书馆, 1988: 44.
③ A. 施密特. 马克思的自然概念 [M]. 欧力同, 吴仲昉, 译. 赵鑫珊, 校. 北京: 商务印书馆, 1988: 14, 57.
④ 当然, 施密特由此还造成了青年恩格斯与晚年恩格斯在自然观上的对立。
⑤ 俞吾金. 问题域的转换: 对马克思和黑格尔关系的当代解读 [M]. 北京: 人民出版社, 2007: 445.
⑥ 俞吾金. 问题域的转换: 对马克思和黑格尔关系的当代解读 [M]. 北京: 人民出版社, 2007: 444.

二、马克思自然概念的双重意涵

马克思在《1844年经济学哲学手稿》中所说的"在人类历史中即在人类社会的形成过程中生成的自然界是人的现实的自然界;因此,通过工业……形成的自然界,是真正的、人本学的自然界"①,是被用以证明马克思的自然概念意指"人化自然"的最主要的文本依据。俞吾金教授正是据此才认为,"显然,按照马克思的看法,在一般唯物主义立场……上谈论与社会历史分离的、抽象的自然界是没有意义的"②。然而,马克思的这一论述虽然道出了一种事实,即人化自然才是人的现实自然,但并没有因此而否认先于人而存在的外在自然是人类得以产生和人化自然得以形成的先决条件。很显然,"意义"是人赋予的,是一种主观存在。如果人类能够充分认识到先于人而存在的外在自然是人类本身得以产生和人化自然得以形成的先决条件,那么,谈论这种先于社会历史、与社会历史"分离"③的自然界就不仅是有意义的,而且是有重大意义的。此其一。

其二,同样是在《1844年经济学哲学手稿》中,而且是在上述论断之前,马克思论述了人与自然之间的内在关系:一方面,"自然界,就它自身不是人的身体而言,是人的无机的身体",或者说,"自然界是人为了不致死亡而必须与之处于持续不断的交互作用过程的、人的身体",这是因为,"人靠自然界生活";另一方面,"所谓人的肉体生活和精神生活同自然界相联系,不外是说自然界同自身相联系,因为人是自然界的一部分"④。俞吾金教授也认为,马

---

① 中共中央马克思恩格斯列宁斯大林著作编译局. 马克思恩格斯全集:第3卷[M]. 北京:人民出版,2002:307.
② 俞吾金. 问题域的转换:对马克思和黑格尔关系的当代解读[M]. 北京:人民出版社,2007:79.
③ 当然,这里的"分离"是在外在于人的自然界"先于"人类及其社会历史的意义上讲的,而不是说两者是"完全隔离"的。因为,同样明显的是,如果两者"完全隔离",那就不存在人类及其社会历史,也就不存在"两者",而仅存在"一者"了。
④ 中共中央马克思恩格斯列宁斯大林著作编译局. 马克思恩格斯全集:第3卷[M]. 北京:人民出版,2002:272.

思的这一论述揭示了"人与自然的辩证关系"。不过,从俞吾金教授的论述中可以看出,这种"辩证关系"主要表现在自然界是人的无机身体,以及社会是人与自然界完成了的本质统一,所以,他认为,"离开社会,人与自然的关系便无法索解"。① 诚然,如果离开社会,那就无法理解"人与自然的关系",但这并不意味着不能离开社会而理解和谈论"自然"。其实,在马克思的上述论述中,"自然界……是人的无机的身体"与"人是自然界的一部分"具有同等重要的意义,因为,二者从两种反向向度表达了人与自然的内在关联。而俞吾金教授所揭示的"辩证关系",显然只注意到前者,而忽略了后者。换句话说,他只注意到自然界是人的身体,自然是社会的一部分,而没有注意到人和社会也是自然的一部分。如果我们认识到了人与自然之间"辩证关系"的两个方面,我们就应当承认,既然我们可以从人与自然的关系整体中抽象出人及人类社会,我们就同样可以合理地从这一关系整体中抽象出自然。

其三,施密特本人似乎没有意识到,他所说"把马克思的自然概念从一开始同其他种种自然观区别开来的东西,是马克思自然概念的社会—历史性质"②,并不能表明马克思的自然概念就"只有"社会—历史性质。而且,施密特本人后来还明确强调了将马克思与古代唯物主义者联系起来的诸要素,以及唯物史观与哲学唯物主义之间的关系③。但俞吾金教授高度评价了施密特关于马克思自然概念之"社会—历史性质"的论断,认为这一论断"表明了马克思自然观的本质"④。至于施密特所强调的马克思与古代唯物主义者的联系、唯物史观与哲学唯物主义之间的关系,以及施密特所注意到的马克思本人在1857年《〈政治经济学批判〉导言》中⑤关于唯物史观与"自然唯物主义"之

---

① 俞吾金. 问题域的转换:对马克思和黑格尔关系的当代解读[M]. 北京:人民出版社,2007:455.
② A. 施密特. 马克思的自然概念[M]. 欧力同,吴仲昉,译. 赵鑫珊,校. 北京:商务印书馆,1988:2.
③ A. 施密特. 马克思的自然概念[M]. 欧力同,吴仲昉,译. 赵鑫珊,校. 北京:商务印书馆,1988:6.
④ 俞吾金. 问题域的转换:对马克思和黑格尔关系的当代解读[M]. 北京:人民出版社,2007:455.
⑤ 中共中央马克思恩格斯列宁斯大林著作编译局. 马克思恩格斯选集:第2卷[M]. 北京:人民出版,2012:710.

间关系的明确见解①，俞吾金教授则不予承认。他坚持认为，成熟时期的马克思哲学就是历史唯物主义，"在马克思的哲学中，并不存在能够作为历史唯物主义基础的所谓'唯物主义辩证法'或'辩证唯物主义'"②。问题在于，尽管马克思没有展开论述历史唯物主义与自然唯物主义之间的关系，但他对二者之间关系的明确见解已经足以说明，即便于我们认可马克思哲学"就是"历史唯物主义的结论，我们也不能否认历史唯物主义的自然唯物主义基础，因为，如果离开自然唯物主义，历史唯物主义就不可能存在。因此，恰如生态马克思主义者、美国俄勒冈大学教授福斯特所正确指出的，虽然唯物史观认为"人与自然的关系从一开始"就是"实践的关系"，但在马克思"更普遍的唯物主义自然观"中，他既接受了"本体论的唯物主义"，又接受了"认识论的唯物主义"，这种唯物主义自然观对于科学是必不可少的。③④

由此可见，"外部自然界的优先地位"，或者说外部自然界的先在性，是马克思哲学的前提和基础。这充分说明，马克思在强调人化自然的同时，实际上依然承认和坚持外在自然的存在，马克思的自然概念具有外在自然与人化自然两种意涵。

三、恩格斯自然概念的双重意涵

在马克思和恩格斯"共同撰写"⑤的《德意志意识形态》中，有明确的关

---

① A. 施密特. 马克思的自然概念 [M]. 欧力同, 吴仲昉, 译. 赵鑫珊, 校. 北京：商务印书馆, 1988: 6.（不过, 施密特并没有因此得出马克思的自然概念具有双重意涵的结论。）
② 俞吾金. 问题域的转换：对马克思和黑格尔关系的当代解读 [M]. 北京：人民出版社, 2007: 81.
③ 约翰·贝拉米·福斯特. 马克思的生态学——唯物主义与自然 [M]. 刘仁胜, 肖峰, 译. 刘庸安, 校. 北京：高等教育出版社, 2006: 3.
④ 施密特本身也说过，"马克思坚持外部自然及其规律对社会的中介要因的先在性……这一事实在认识论上具有重大的意义"（A. 施密特. 马克思的自然概念 [M]. 欧力同, 吴仲昉, 译. 赵鑫珊, 校. 北京：商务印书馆, 1988: 23）。
⑤ 中共中央马克思恩格斯列宁斯大林著作编译局. 马克思恩格斯选集：第 1 卷 [M]. 北京：人民出版社, 2012: 886-887.

于人化自然的论述。比如：费尔巴哈"没有看到，他周围的感性世界绝不是某种开天辟地以来就直接存在的、始终如一的东西，而是工业和社会状况的产物，是历史的产物，是世世代代活动的结果"①；"这种活动、这种连续不断的感性劳动和创造、这种生产，正是整个现存的感性世界的基础，它哪怕只中断一年，费尔巴哈就会看到，不仅在自然界将发生巨大的变化，而且整个人类世界以及他自己的直观能力，甚至他本身的存在也会很快就没有了"②。

正如奥古斯特·科尔纽所指出的，在马克思和恩格斯共同撰写的《德意志意识形态》中，我们难以区分其中哪一部分思想是出于马克思的，而哪一部分思想又是出于恩格斯的③，因此，其中关于人化自然的思想就既属于马克思，也属于恩格斯。俞吾金教授虽然也同意科尔纽所指出的困难，但他仍然坚持认为，这种困难只是形式上的，在内容上进行这种区分则是可能的，并坚信"至少该书的第一卷第一章中的基本思想是属于马克思的"④，从而将上述有关人化自然的论述归于马克思一个人，并坚持主张恩格斯所持有的仅仅是费尔巴哈式的直观唯物主义。然而，为了论证恩格斯自然观与马克思自然观的对立，就将马克思和恩格斯"共同撰写"的《德意志意识形态》中有关人化自然的思想归于马克思一个人，这似乎是说不通的。⑤

---

① 中共中央马克思恩格斯列宁斯大林著作编译局. 马克思恩格斯选集：第 1 卷 [M]. 北京：人民出版社, 2012：155.

② 中共中央马克思恩格斯列宁斯大林著作编译局. 马克思恩格斯选集：第 1 卷 [M]. 北京：人民出版社, 2012：157.

③ 俞吾金. 问题域的转换：对马克思和黑格尔关系的当代解读 [M]. 北京：人民出版社, 2007：445.

④ 俞吾金. 问题域的转换：对马克思和黑格尔关系的当代解读 [M]. 北京：人民出版社, 2007：445.

⑤ 马克思和恩格斯在《德意志意识形态》中所说的 "当费尔巴哈是一个唯物主义者的时候，历史在他的视野之外；当他去探讨历史的时候，他不是一个唯物主义者。在他那里，唯物主义和历史是彼此完全脱离的"（中共中央马克思恩格斯列宁斯大林著作编译局. 马克思恩格斯选集：第 1 卷 [M]. 北京：人民出版社 2012：158），也是俞吾金教授用来证明马克思（而非恩格斯）批判直观唯物主义，主张人化自然的主要文本依据（参见俞吾金. 问题域的转换：对马克思和黑格尔关系的当代解读 [M]. 北京：人民出版社 2007：80, 256）。但在我们看来，马克思和恩格斯在此所要强调的不仅仅是人化自然，而是唯物主义与历史之间的内在关系，这种内在关系恰恰决定了外在自然与人化自然两种意涵之间的内在关系。

<<< 第二篇 社会—自然关系论

恩格斯在《路德维希·费尔巴哈和德国古典哲学的终结》中关于哲学家依照他们如何回答精神与自然界何为本原的问题而分成"唯物主义"和"唯心主义"两大阵营、在自然界中"全是没有意识的、盲目的动力"的论述①。在《反杜林论》中关于事情在于从自然界中找出辩证规律并从自然界出发加以阐发的论述②，以及在《自然辩证法》中关于唯物主义自然观只是"按照自然界的本来面目质朴地理解自然界"而"不添加任何外来的东西"的论述③，是恩格斯被解读为仅仅停留在与社会历史相分离的、费尔巴哈式"直观唯物主义"立场上，仅仅站在"一般唯物主义"立场上来建立其自然观的主要文本依据④。

然而，第一，恩格斯在划分"唯物主义"和"唯心主义"两大阵营的同时，明确指出，"唯物主义"和"唯心主义"这两个用语仅仅是在"本原"意义上被使用的，除此之外，它们"没有任何别的意思"⑤。这充分说明，如果以此断定恩格斯主张的是旧的直观唯物主义，那就是对恩格斯思想的严重误解。我们甚至可以说，鉴于恩格斯所标明的意义，"唯物主义"和"唯心主义"这两个中译术语本身就是值得商榷的，因为，一旦"唯"物主义或"唯"心主义，那就不再是恩格斯的本来意思了⑥。

第二，恩格斯在说自然界中完全是"没有意识的""盲目的"动力时，做了明确的补充说明，即这是"如果把人对自然界的反作用撇开不谈"所得到的结论。很显然，这只是暂时撇开人对自然界的反作用而对外在于人的自然的论

---

① 中共中央马克思恩格斯列宁斯大林著作编译局. 马克思恩格斯选集：第4卷 [M]. 北京：人民出版社，2012：231，253.
② 中共中央马克思恩格斯列宁斯大林著作编译局. 马克思恩格斯选集：第3卷 [M]. 北京：人民出版社，2012：387.
③ 中共中央马克思恩格斯列宁斯大林著作编译局. 马克思恩格斯选集：第3卷 [M]. 北京：人民出版社，2012：896.
④ 俞吾金. 问题域的转换：对马克思和黑格尔关系的当代解读 [M]. 北京：人民出版社，2007：71，82-83.
⑤ 中共中央马克思恩格斯列宁斯大林著作编译局. 马克思恩格斯选集：第4卷 [M]. 北京：人民出版社，2012：231.
⑥ 尽管在现有学术话语背景下，我们仍然可以甚至不得不继续使用"唯物主义"和"唯心主义"这两个中译术语，但对这两个术语的中译进行反思性探讨是必要的，而且具有重要的学术意义。

述，恩格斯在此并没有否定人对自然界的反作用及人化自然本身。至于恩格斯所说的从自然界中找出辩证规律并从自然界出发加以阐发，以及不添加任何外来的东西而只按照自然界的本来面目质朴地理解自然界，其意义也是如此。

第三，恩格斯在《自然辩证法》中还明确指出过，自然主义的历史观是片面的，因为它认为只是自然界作用于人，只是自然条件到处决定人的历史发展，而忘记了人也反作用于自然界，甚至改变自然界，从而为自己创造新的生存条件；迄今地球的表面、气候、植物界、动物界以及人本身都因"人的活动"而发生了无限的变化，以致"整个自然界"都"融解在历史中了"①。以此来看，恩格斯又怎么可能只是抽象地直观自然呢?②

概而言之，恩格斯在承认和坚持外在自然之存在的同时，实际上依然强调人化自然，恩格斯的自然概念同样具有外在自然与人化自然两种意涵。不过，令人奇怪的是，恩格斯具有两种意涵的自然概念在施密特那里变成了"被社会中介过的自然概念"与"独断的、形而上学的自然概念""毫无联系地并存着"的奇特现象③；在俞吾金教授那里，更是变成了恩格斯自相矛盾的证明：他有时希望"只考察自然界本身"，有时又把"人的实践活动"看作"考察自然界的出发点"④。

四、马克思恩格斯自然概念双重意涵的现实意义

上文表明，马克思对外在自然优先地位的承认与恩格斯在本原意义上区分

---

① 中共中央马克思恩格斯列宁斯大林著作编译局. 马克思恩格斯选集：第3卷[M]. 北京：人民出版社，2012：922，940.

② 这也充分说明，俞吾金教授通过比较《德意志意识形态》与马克思恩格斯的其他著作，而"认定"其第一卷第一章中的基本思想仅仅属于马克思（参见俞吾金. 问题域的转换：对马克思和黑格尔关系的当代解读[M]. 北京：人民出版社2007：445），其理由实际上是不成立的。

③ A. 施密特. 马克思的自然概念[M]. 欧力同，吴仲昉，译. 赵鑫珊，校. 北京：商务印书馆，1988：44.

④ 俞吾金. 问题域的转换：对马克思和黑格尔关系的当代解读[M]. 北京：人民出版社，2007：84.

唯物主义与唯心主义，其思想实质是完全相同的，而马克思所谓人化自然是人的现实自然与恩格斯所说整个自然都已融解在历史之中，其思想实质也是完全相同的。因此，并不存在马克思与恩格斯自然观的对立，他们的自然概念都具有外在自然与人化自然两种意涵。这两种意涵之间的关系也是一种内在关系，而不是如施密特所说的那样毫无联系地并存着，更不是如俞吾金教授所说的那样是马克思恩格斯自相矛盾的证明。当下全球气候变化和生态危机仍然十分严重，而我国正处在加强中国特色社会主义生态文明建设的背景下，马克思恩格斯自然概念的双重意涵具有十分重要的现实意义。

首先，马克思恩格斯对外在自然的承认，有助于告诫我们不要走入或者说必须走出强人类中心主义，从而能够敬畏自然。① 正如生态马克思主义者、英国牛津布鲁克斯大学教授佩珀所说，人类不可能不是人类中心论的，因为人类只能从人类意识的视角去观察自然②。换句话说，人类只可能基于人类自身的利益来思考和解决人与自然的关系问题。从这种意义上讲，生态中心主义因为忽视了人类本身的利益，反而无法达到保护自然的目的③。但另一方面，强人类中心主义又会因为仅仅关注人类自身的利益，而缺乏对自然的敬畏和保护，最终因损害自然而损害人类自身的利益。因此，人类不能持有生态中心主义，但也不能持有强人类中心主义，而是要坚持一种既基于人类自身的利益，又保有对自然之敬畏的弱人类中心主义，来思考和解决人与自然的关系问题。对此，马克思恩格斯对外在自然的承认就具有十分重要的启示意义。

马克思的确说过，"被抽象地理解的，自为的，被确定为与人分隔开来的自然界，对人来说也是无"④。但我们只能在"意义"是人所赋予的这种"意

---

① 侯惠勤教授深入分析了马克思主义自然观强调独立于人的外在自然对马克思主义实践观、认识论、历史观和价值观的基础性、决定性意义（参见王荣江. 正确的自然观是坚持马克思主义世界观的前提——访著名马克思主义理论家侯惠勤教授[J]. 自然辩证法研究, 2019, 35 (11): 106-112).
② 戴维·佩珀. 生态社会主义：从深生态学到社会正义[M]. 济南：山东大学出版社, 2005: 373.
③ 田世锭. 为什么要从"深生态学"转向"社会正义"?——戴维·佩珀的环境正义观论析[J]. 马克思主义哲学研究, 2015 (2): 235-241.
④ 中共中央马克思恩格斯列宁斯大林著作编译局. 马克思恩格斯全集：第3卷[M]. 北京：人民出版社, 2002: 335.

义"上来理解和把握马克思的这一论述。如果像施密特那样据此认为，外界自然本身只有在成为"为我之物"，只有在"组合进人与社会的目的之中"，"才成为重要的"①，那就是对外在自然的完全否定，并因此是强人类中心主义的表现。

其次，马克思恩格斯对人化自然的强调，有助于告诫我们重视人与自然的内在关系，并在这种内在关系中建设和发展社会，保护和完善自然。人与自然的内在关系意味着，一方面，从静态上看，自然是人的无机身体，人也是自然的一部分；另一方面，从动态上看，现实的自然是人实践活动的结果，人的实践活动必然导致自然的变化，而现实的自然又是人实践活动的基础和前提，自然的变化必然影响人的实践活动及人本身的存在和发展。如果我们能够以这样一种观点认识和处理人与自然、社会与自然的关系，并将其内化为每个人的思维方式，那么，我们就会以关心自我的方式，真切地关注自然的存在状况，就会在建设和发展社会的过程中，真正自觉地谋求自然的保护和完善②。

最后，马克思恩格斯自然概念的双重意涵是中国特色社会主义事业"五位一体"总体布局及生态文明双重内涵的哲学基础。一方面，中国特色社会主义经济建设、政治建设、文化建设、社会建设、生态文明建设"五位一体"总体布局，是习近平新时代中国特色社会主义思想的"核心内容"之一③。马克思恩格斯自然概念的双重意涵正是"五位一体"总体布局的哲学依据。因为，如果我们否定外在于人的自然，并因此将暂时撇开人的作用来质朴地理解自然作为旧的直观唯物主义而加以拒斥，那就否定了从人与自然的关系整体中抽象出自然的可能性，否定了生态文明建设成为"五位"之"一"的可能性。因为，尽管这里的"生态文明建设"已经蕴含着人对自然的作用，但它毕竟是以"自然"的可抽象性为前提的。

另一方面，人化自然作为人与自然的关系整体，作为施密特所说的"存在

---

① A. 施密特. 马克思的自然概念 [M]. 欧力同, 吴仲昉, 译. 赵鑫珊, 校. 北京：商务印书馆, 1988：54.
② 田世锭. 英美辩证法马克思主义哲学研究 [M]. 北京：中国社会科学出版社, 2013：200-201.
③ 中共中央宣传部. 习近平新时代中国特色社会主义思想学习纲要 [M]. 北京：学习出版社, 人民出版社, 2019：8.

着的万物的总体"① 或"全部实在"②，又使生态文明得以成为人类文明史上比工业文明更高的文明形态。我们将作为"五位"之"一"的生态文明称为狭义的生态文明，而将作为人类文明史上更高文明形态的生态文明称为广义的生态文明。可以说，马克思所说的社会是人与自然界完成了的"本质的统一"，是"人的实现了的自然主义"和"自然界的实现了的人道主义"③，这正是对广义生态文明的一种表达。上述论证充分说明，使生态文明的这种双重内涵④成为可能的，也正是马克思恩格斯自然概念的双重意涵。

---

① A. 施密特. 马克思的自然概念 [M]. 欧力同，吴仲昉，译. 赵鑫珊，校. 北京：商务印书馆，1988：15.
② A. 施密特. 马克思的自然概念 [M]. 欧力同，吴仲昉，译. 赵鑫珊，校. 北京：商务印书馆，1988：18.
③ 中共中央马克思恩格斯列宁斯大林著作编译局. 马克思恩格斯全集：第3卷 [M]. 北京：人民出版社，2002：301.
④ 关于生态文明的这种双重内涵及其相互之间的关系，尚需进一步研究和论述。

第六章

从深生态学转向社会正义

随着20世纪80年代西方环境正义运动的兴起和发展，环境正义成了西方经济学、政治学、社会学和法学等学科共同关注的重要理论和实践问题，由此，也成为社会哲学、政治哲学和环境哲学共同关注的重要论题。而今，鉴于气候变化、生态危机愈益严重，环境不正义愈益突出，环境正义更是成为一个重大的前沿问题。但究竟如何理解和界定环境正义，学术界并没有形成一致的看法。有学者主张环境正义就是一种社会正义，也有学者主张环境正义是生态正义，其关注点是生态学和环境保护，而不包含社会变革，还有学者主张环境正义是对社会正义与生态正义的包容。而如何界定环境正义，决定着其真正实现的可能性或不可能性。本章拟透过生态马克思主义者戴维·佩珀的有关思想，探讨马克思主义社会哲学视域中的环境正义问题。

一、生态中心主义：矛盾的环境正义观

在以深生态学为主要代表的生态中心主义那里，环境正义被赋予了两种不同甚至在一定意义上是相互对立的意义。

其一，环境正义仅仅意味着生态正义，其要旨在于保护外在于人类的自然环境。正如佩珀所正确地指出的，这种生态中心主义主张的最根本依据就是生命伦理学，其关键就在于"内在价值"[①]。按照这种伦理学观，"不论对人类有

[①] 戴维·佩珀. 现代环境主义导论 [M]. 宋玉波，朱丹琼，译. 上海：上海人民出版社，2011：229.

无价值，自然本身就具有内在价值。人类因而从道德上就负有尊重植物、动物以及整个自然的义务，它们有权存在并受到仁慈的对待"①。简而言之，保护外在的自然是人类的道德义务。

佩珀敏锐地认识到，这种只关注生态学和外在自然保护的环境正义思想，不仅无益于人类本身的存在和良性发展，也难以达到保护自然的目的。这是因为，第一，这种环境正义思想带有明显的反人类倾向，是反人类主义②的深生态学观。其生物区域主义诉求一种"自然的""有机的"秩序，并主张"人们必须使他们的社会模仿自然"，而这"包含着反动的含义"③。的确，如果认为外在自然是人类社会的"样板"④，那就表明，外在自然界适者生存的竞争法则或者说弱肉强食的生存之道不仅是合理的，而且是人类社会也应当遵循的规则。如此，则人类社会中的强权政治、种族灭绝等都具有了道德正当性。那么，人类社会的正义又何在呢？第二，正因为按照深生态学的反人类主张，人类社会本身的正义被有意无意地忽略，旨在保护外在自然的生态正义也成了无本之木。这是因为，"在基本的发展水平与社会正义获得之前，与自然之间的某种令人满意的关系，……是不可能出现的"⑤。

其二，环境正义内含着社会正义与生态正义。佩珀的如下论断很明显地揭示了生态中心主义环境正义概念的此种意蕴。他写道："生态中心主义声称使社会公正成为所有生命形式所要求的更宽泛公正的一部分……"；生态中心主义者"基于逻辑的理由认为，希望所有物种间的公正暗含着也希望人类的社会

---

① 戴维·佩珀. 现代环境主义导论 [M]. 宋玉波，朱丹琼，译. 上海：上海人民出版社，2011：6.
② 戴维·佩珀. 生态社会主义：从深生态学到社会正义 [M]. 刘颖，译. 济南：山东大学出版社，2005：334.
③ 戴维·佩珀. 生态社会主义：从深生态学到社会正义 [M]. 刘颖，译. 济南：山东大学出版社，2005：287.
④ 戴维·佩珀. 现代环境主义导论 [M]. 宋玉波，朱丹琼，译. 上海：上海人民出版社，2011：256.
⑤ 戴维·佩珀. 现代环境主义导论 [M]. 宋玉波，朱丹琼，译. 上海：上海人民出版社，2011：31.

公正。……社会主义应归入更综合的生态中心主义中"①;"生态中心主义所意欲要做的,是使社会正义成为所有生命体不可须臾分离的更广阔正义的一部分"②。

佩珀进一步指出:"生态中心主义者日益认为,消除第三世界贫穷的全球经济与社会公正,是生态可持续性的关键所在。"③ 这表明,持有上述观点的生态中心主义者不仅认识到环境正义应当包含社会正义,甚至认识到了社会正义在一定意义上是生态正义的前提。

然而,令人非常遗憾的是,且不说生态中心主义的此种观点本身正确与否,如果我们践行生态中心主义的主张,它所谓的生态正义和社会正义也没有真正实现的可能。首先,基于生态中心主义,真正的社会正义无以实现。这是因为,第一,生态中心主义旨在"保护资产阶级的利益"④,因而,其"分析中就没有消除资本主义发展的提议"⑤。既然生态中心主义旨在维护的是资产阶级的利益和资本主义的永恒存在,那么,对于无产阶级来说,社会正义又何以可能呢?第二,即使生态中心主义在一定程度上也意识到了对资本主义社会实行有限变革的必要,但由于它"缺失一种唯物主义的历史观点和一种阶级分析。他们把自己想象成'超越所有的阶级对抗',寻求'同时解放所有的人类',虔诚地希望所有阶级之间的合作。而且,他们的理论缺少一个自我意识的革命的无产阶级",并因此"体现了缺乏与资本或劳动的任何密切关系的立场,并坚决地拒绝了阶级政治"⑥,而将"社会变革的解决之道,集中在个体

---

① 戴维·佩珀. 生态社会主义:从深生态学到社会正义 [M]. 刘颖,译. 济南:山东大学出版社,2005:76,374.
② 戴维·佩珀. 现代环境主义导论 [M]. 宋玉波,朱丹琼,译. 上海:上海人民出版社,2011:43.
③ 戴维·佩珀. 现代环境主义导论 [M]. 宋玉波,朱丹琼,译. 上海:上海人民出版社,2011:110.
④ 戴维·佩珀. 生态社会主义:从深生态学到社会正义 [M]. 刘颖,译. 济南:山东大学出版社,2005:214-215.
⑤ 戴维·佩珀. 现代环境主义导论 [M]. 宋玉波,朱丹琼,译. 上海:上海人民出版社,2011:115.
⑥ 戴维·佩珀. 生态社会主义:从深生态学到社会正义 [M]. 刘颖,译. 济南:山东大学出版社,2005:214,201.

自觉层次的转变上",并"格外注重改变人们的观念、态度和价值的运作策略"①,其社会变革的愿景也只是一种虚无缥缈的乌托邦。其次,既然作为其前提的社会正义无以实现,那生态正义也即成了沙滩上的别墅。

二、生态健康与社会正义

作为生态马克思主义者,佩珀的论述体现了完全不同于生态中心主义的环境正义观,尽管他本人并没有明确提出这些观点并对其加以详细的论证。这主要表现在以下四个方面。

第一,生态中心主义旨在维护外在自然的"生态正义"不成立,我们追求的是"生态健康"而不是"生态正义"。

佩珀非常正确地指出:"自然的权利(生物平等主义)如果没有人类的权利(社会主义)是没有意义的。"②这表明,"自然的权利"对于自然本身而言完全是一个毫无意义的概念,因为自然根本不可能主张"权利",也不可能体验到人类针对它的各种作为是否"正义"。而佩珀的如下论断充分说明,人类对待自然的所作所为是否正义,完全是人类基于其自身的权利所做的单向判断。他写道:"人类不可能不是人类中心论的,人类只能从人类意识的视角去观察自然";"喜欢给予非人自然和人类自然同等的道德价值仍是人类的偏好"③;"即使希望不给予人类优先于自然的特权,结果也必然是一种人类的偏好:我们没有证据证明,非人物种能够如此无私地彼此理解"④。既然如此,生态中心主义的"生态正义",即便其旨在保护自然,也是不成立的。

---

① 戴维·佩珀. 现代环境主义导论[M]. 宋玉波,朱丹琼,译. 上海:上海人民出版社,2011:13,182.
② 戴维·佩珀. 生态社会主义:从深生态学到社会正义[M]. 刘颖,译. 济南:山东大学出版社,2005:"中译本前言"5.
③ 戴维·佩珀. 生态社会主义:从深生态学到社会正义[M]. 刘颖,译. 济南:山东大学出版社,2005:373.
④ 戴维·佩珀. 生态社会主义:从深生态学到社会正义[M]. 刘颖,译. 济南:山东大学出版社,2005:41,373.

当然，说"生态正义"不成立，并不意味着不要保护自然。它只是说明，我们保护自然并不是要实现基于自然内在价值的"生态正义"，而是要实现出于人类需要的"生态健康"。

应该说，佩珀所说的"'真正'的社会主义与共产主义的生态仁爱性的关键在于它的经济学。它被设计来实现社会公正，同时也力图避免……生态矛盾"①，以及他对高技术与适度技术何者服务于"一个社会公正的和生态健康的社会"②的追问。这些都说明，人类社会所追求的目标归根结底就是两个，即社会正义与生态健康。

第二，环境正义本质上就是社会正义。佩珀说："生态社会主义从广义上界定'环境'和环境议题，以包括大多数人的关切。他们以城市为基础，因此，他们的环境难题包括街道暴力、交通污染和交通事故、内部城市的衰败、缺少社会服务、共同体和乡村可接近性的丧失、健康和工作安全，而最重要的是失业和贫穷。"③ 在这里，从"广义"上界定的"环境"和"环境议题"，反映的都是人类社会中人与人之间的关系。以此而论，"环境正义"意指人与人之间平等的环境权利和义务，而环境不正义则意味着环境权利和义务的不平等分配。因此，环境不正义的实质是社会不正义，环境正义的实质是社会正义，而无论自然遭到了如何的损害，它都只是人与人之间不正义关系的延伸和表现。

第三，社会正义的真正实现有赖于历史唯物主义的分析框架和阶级分析方法。

佩珀的论述表明，只有历史唯物主义分析才能揭示出资本主义是"一个有着较高水平商品产量和较低水平人类需要满足的、享乐主义消费社会……在这样一种社会中，政治上无权和处于不利地位的人们在经济上日益地被边缘化，并且实现利润增长的环境成本也越来越大。但是，由于这些问题根植于资本主

---

① 戴维·佩珀. 生态社会主义：从深生态学到社会正义 [M]. 刘颖, 译. 济南：山东大学出版社, 2005：183.
② 戴维·佩珀. 生态社会主义：从深生态学到社会正义 [M]. 刘颖, 译. 济南：山东大学出版社, 2005：9.
③ 戴维·佩珀. 生态社会主义：从深生态学到社会正义 [M]. 刘颖, 译. 济南：山东大学出版社, 2005：356.

义政治和经济的现存根源，不存在从根本上加以分析与解决的希望，社会不公正和环境退化这两个祸害即使人们已经认识到它们的存在，也仍将继续扩大"，因此，"应该责备的不仅仅是个性'贪婪'的垄断者或消费者，而且是这种生产方式本身：处在生产力金字塔之上的构成资本主义的生产关系"①。简言之，要消除"社会不公正和环境退化这两个祸害"，唯有消除资本主义生产方式。

而要消除资本主义生产方式，必须依靠阶级分析方法。因为，只有运用阶级分析方法才能认识到，资本主义所导致的诸如全球变暖、水资源短缺和严重污染等"难题并不是不分阶级的——它们不平等地影响每一个人。富人比穷人更容易免除这些影响，而且更能够在面临危险时采取减缓策略以确保他们自己的生存"②。也只有充分认识到这一点，无产阶级"穷人"才会具有阶级意识，并在这种阶级意识的引领下根本改变资产阶级"富人"所主导的资本主义生产方式。

第四，社会正义是生态健康的前提和保证。按照佩珀的论述，"社会正义或它在全球范围内的日益缺乏是所有环境问题中最为紧迫的。……实现更多的社会公正是与臭氧层耗尽、全球变暖以及其他全球难题做斗争的前提条件"，因此，"我们应当从社会正义推进到生态学而不是相反"③。

正因为社会正义是生态健康的前提和保证，所以，在资本主义社会，"社会不公正和环境退化这两个祸害"都无法消除，反而会"继续扩大"，因为，如上所述，社会正义的真正实现在资本主义社会是根本不可能的。相反，"真正的共产主义社会当然也必定是一个生态健全的社会"④，因为，真正的共产主义社会必定是一个真正实现了社会正义的社会⑤。

---

① 戴维·佩珀. 生态社会主义：从深生态学到社会正义 [M]. 刘颖，译. 济南：山东大学出版社，2005：3，133.
② 戴维·佩珀. 生态社会主义：从深生态学到社会正义 [M]. 刘颖，译. 济南：山东大学出版社，2005："中译本前言" 2.
③ 戴维·佩珀. 生态社会主义：从深生态学到社会正义 [M]. 刘颖，译. 济南：山东大学出版社，2005："第一版前言" 2，"中译本前言" 5.
④ 戴维·佩珀. 现代环境主义导论 [M]. 宋玉波，朱丹琼，译. 上海：上海人民出版社，2011：64.
⑤ 这里 "真正的共产主义社会" 也意指 "真正的社会主义社会"，因为，佩珀明确表明，在这种背景下，"社会主义" 与 "共产主义" 可交换使用（参见：戴维·佩珀. 现代环境主义导论 [M]. 宋玉波，朱丹琼，译. 上海：上海人民出版社，2011：31)。

三、生态社会主义：社会正义的路径

佩珀"从深生态学到社会正义"的表达本身存在逻辑上的问题。因为，虽然"深生态学"作为一种理论和实践，或许包含着对作为目标的某种社会和自然的理想状态的思考、规划和追求，但它本身所具有的在更大程度上是"手段"的意义，而不是"目的"的意义；与之不同，"社会正义"则更主要地表达着一种"目的"本身的意义。所以，说"从深生态学到社会正义"，实际上是将"手段"层次的概念与"目的"层次的概念放到了一个层面加以比较和论述。尽管如此，我们仍然能够理解佩珀的这一论断旨在表达的真实意义。

因为，如前所述，深生态学旨在保护自然的"生态正义"不成立，"环境正义"的实质就是"社会正义"（我们甚至可以认为，社会正义的内涵要比环境正义的内涵更为丰富，环境正义只是社会正义的内在组成部分），所以，"从深生态学到社会正义"首先要表达的意义是，如果要讨论"正义"问题的话，我们应该从讨论"生态正义"转向对"社会正义"的讨论。这是在"目的"意义上的转变。

从"手段"意义上看，"从深生态学到社会正义"意味着从"深生态学"转向"生态社会主义"。因为，正如前文所言，深生态学要么具有反人类倾向，要么虽主张社会正义，但实际上维护资产阶级的利益，没有反思和批判资本主义生产方式，甚至反而去维护资产阶级"富人"的利益，并因此无法实现真正的社会正义，也无法真正达到其根本追求——生态健康。与之相反，"生态社会主义的立场是人本主义，而不是什么生态中心主义。它尤为留心资本主义的结构特征，并以此来解释当今生态问题存在的根源。与之相应，它要求推翻资本主义，建立起真正的社会主义……，以此来奠定一个生态社会的根基"[1]；"生态社会主义的增长必须是一个理性的、为了每个人的平等利益的有计划发

---

[1] 戴维·佩珀. 现代环境主义导论[M]. 宋玉波，朱丹琼，译. 上海：上海人民出版社，2011：31.

展。因而，它将是有益于生态的"①。概而言之，与深生态学相反，生态社会主义能够实现真正的社会正义，并因此真正达到生态健康的目标。

有必要强调说明的是，"生态社会主义"只具有"手段"的意义，而不是"目的"本身。这是因为，作为生态马克思主义的重要理论成分，表达社会理想的"生态社会主义"概念是不成立的。其一，生态马克思主义，作为马克思主义，其社会理想就是社会主义。正如陈学明教授所明确指出的，"在生态社会主义阵营中，生态学的马克思主义与其他人的最主要的不同之处在于，比较自觉地运用马克思主义的观点和方法，去分析当代资本主义的环境退化和生态危机，以及探讨解决危机的途径"；"生态学的马克思主义者一般说来都承认与马克思主义的渊源关系，承认生态社会主义是在马克思主义思想指导下形成的一种社会主义思想"②。因此，生态马克思主义的根本特征仅仅是以资本主义社会的生态矛盾和生态危机为切入点，来展开对资本主义的批判，并以此论证马克思主义的理想即社会主义的。资本主义社会中存在许多矛盾，如阶级矛盾、民族矛盾、宗教矛盾、性别矛盾、生态矛盾等。如果说以生态矛盾为切入点批判资本主义，论证社会主义，其理想就是"生态社会主义"，那么，以阶级矛盾、民族矛盾、宗教矛盾、性别矛盾等为切入点批判资本主义，论证社会主义，其理想岂不是应该分别被称为"阶级社会主义""民族社会主义""宗教社会主义""性别社会主义"吗？比如，女权主义马克思主义也是当代西方马克思主义中的重要流派，我们是不是应该将其在以女权为切入点批判资本主义的过程中所论证和追求的社会主义称为"女权社会主义"呢？进而言之，资本主义社会中的阶级矛盾、民族矛盾、宗教矛盾、性别矛盾、生态矛盾等本身都是内在关联的。换句话说，资本主义性质的阶级矛盾、民族矛盾、宗教矛盾、性别矛盾、生态矛盾等，都根源于并内在于资本主义的生产方式，都只不过是资本主义生产方式固有矛盾的不同方面或环节。因此，其中任一矛盾的最终解决都有赖于其他矛盾的解决，归根结底，都有赖于根本改变资本主义的生

---

① 戴维·佩珀. 生态社会主义：从深生态学到社会正义 [M]. 刘颖, 译. 济南：山东大学出版社，2005：336.
② 俞吾金，陈学明. 国外马克思主义哲学流派新编——西方马克思主义卷 [M]. 上海：复旦大学出版社，2002：575.

产方式，并以社会主义取而代之。因此，无论以哪种矛盾为切入点来批判资本主义，在根本上都是对资本主义生产方式的批判，都是对社会主义取代资本主义的论证。

其二，如果说"生态社会主义"概念是成立的，那就意味着"'非生态的'社会主义"[①]也是成立的，但是，真正的社会主义不可能是"非生态的"的。正如生态马克思主义者福斯特所说，马克思"人靠自然界生活。这就是说，自然界是人为了不致死亡而必须与之处于持续不断的交互作用过程的、人的身体。所谓人的肉体生活和精神生活同自然界相联系，不外是说自然界同自身相联系，因为人是自然界的一部分"[②]的论断，对"人类和自然之间复杂的相互依赖关系"的解释以及马克思的"新陈代谢"概念对"来源于人类劳动的人类和自然之间复杂的、动态的相互交换"关系的"更加完整而科学的表述"[③]都充分表明，马克思具有丰富、充分的生态哲学思想。既如此，以马克思主义为指导的社会主义本身就是"生态的"，而不可能是"非生态的"的。或许正因此，辩证马克思主义的重要代表哈维才明确指出："加入社会主义事业……的唯一有说服力的理由正在于，社会主义者最知晓如何进行环境—生态改造，从而实现社会主义的长期目标：丰衣足食、为每个人提供合理的生活机会、为人类多样性发展开辟道路。"[④]因此，福斯特没有使用"生态社会主义"概念。他反复强调的是，要想消除生态危机，必须以社会主义取代资本主义。也就是说，福斯特所使用的概念就是"社会主义"。他写道：生态"危机……的原因……是历史的生产方式，特别是资本主义的制度"，所以，以"社会主义——从正面而不是从负面取代资本主义——对任何转化过程都至关重要"[⑤]。

[①] 张一兵. 当代国外马克思主义哲学思潮：下卷 [M]. 南京：江苏人民出版社，2012：483.

[②] 中共中央马克思恩格斯列宁斯大林著作编译局. 马克思恩格斯全集：第3卷 [M]. 北京：人民出版社，2002：272.

[③] 约翰·贝拉米·福斯特. 马克思的生态学——唯物主义与自然 [M]. 刘仁胜，肖峰，译. 刘庸安，校. 北京：高等教育出版社，2006：176.

[④] 戴维·哈维. 正义、自然和差异地理学 [M]. 胡大平，译. 上海：上海人民出版社，2010：222.

[⑤] 约翰·贝拉米·福斯特. 生态危机与资本主义 [M]. 耿建新，宋兴无，译. 上海：上海译文出版社，2006：68，128.

另一位生态马克思主义的重要代表奥康纳，虽然明确使用了"生态社会主义"这个概念，但从他对"生态社会主义"的界定来看，"生态社会主义"概念的使用纯属多余。奥康纳说："我用'生态学社会主义'这个术语来界定这样一些理论和实践：它们希求使交换价值从属于使用价值，使抽象劳动从属于具体劳动，也就是说，按照需要（包括工人的自我发展的需要），而不是利润的需要来组织生产。"①借用佩珀的说法，奥康纳以"生态社会主义"界定的理论和实践，"不多不少"正是"社会主义"的理论与实践。

因此，如同生态马克思主义那样以"社会主义本质上应该是内在地包含了生态原则的，真正的社会主义必然是生态的"②来批判资本主义，论证社会主义，是理所应当的。但如果要在马克思主义视域下将"生态社会主义"作为社会理想，那可能就是不必要地使用了一个本来就难以成立的概念。

实际上，佩珀本人的如下论断也充分证明了这一点。他写道："实现共产主义的生态社会主义战略可能有所不同"；"生态社会主义试图证明"，绿色运动中"反复出现"的"主题不多不少也构成了一个社会主义社会的基础。它们是社会主义的原则与条件"；"最好的绿色战略是那些设计来推翻资本主义、建立社会主义/共产主义的战略"；"直到大多数人确实希望它被创造出来并坚持它的时候，一个生态健康的社会主义社会才会到来"③。由这些论断可见，佩珀所追求的"目的"不是"生态社会主义"，而是一个生态健康的"社会主义社会"④。

---

① 詹姆斯·奥康纳. 自然的理由——生态学马克思主义研究［M］. 唐正东，臧佩洪，译. 南京：南京大学出版社，2003：525-526.
② 张一兵. 当代国外马克思主义哲学思潮：下卷［M］. 南京：江苏人民出版社，2012：523.
③ 戴维·佩珀. 生态社会主义：从深生态学到社会正义［M］. 刘颖，译. 济南：山东大学出版社，2005：356，"中译本前言"3-4，337，357.
④ 戴维·佩珀. 生态社会主义：从深生态学到社会正义［M］. 刘颖，译. 济南：山东大学出版社，2005：357.

四、走向马克思：西方环境正义论的逻辑必然

正因为环境正义成了一个重大的前沿问题，美国、英国、德国、法国、日本和澳大利亚等诸多国家的诸多学者参与到了对环境正义广泛、深入且持续的研讨。概括而言，西方环境正义理论围绕以下核心论题进行了深入的研究和论争：第一，人权论、自由主义正义论、资源有限论和自然内在价值论，何者能够成为环境正义理论的理论基础？第二，环境正义是仅指分配正义或者既包含分配正义又包含承认和政治参与等方面的社会正义，还是仅仅关注环境保护而并不包含社会变革的生态正义，抑或是社会正义与生态正义的统一体？第三，环境正义能够超越民族、种族、性别和阶级等身份的限制吗？或者说，实现环境正义的主体是什么？未来人能够成为环境正义的权利主体吗？基于集体性、生成性权利对后代环境权利的辩护有效吗？第四，全球环境正义如何可能？国家主义、世界主义和集体主义，何者能够成为实现全球环境正义的有效模式？第五，人类与非人类能够以公正、持续的方式共处吗？环境正义适用于非人类吗？等等。

在对上述核心论题进行反思和论证的过程中，西方环境正义理论彰显了自身的理论逻辑，即以对环境正义的界定为逻辑起点，以对环境不正义的反思为逻辑中介，以消除环境不正义、实现环境正义的路径为逻辑结论。具体而言，按照西方环境正义理论，首先，环境正义意指每一个人都受到保护，以免遭受环境毁坏的权利。其次，基于这种"人的权利"可见，环境正义首先意味着居民对影响环境结果之决策的平等参与，以及有关环境问题决策过程的公平性和透明性；意味着免遭环境危害的权利、环境利益和环境风险在不同阶级、不同民族、不同种族、不同性别和不同年龄社会成员之间的平等分配；意味着居民对健康环境本身的平等权利，而不仅仅是对环境风险的平等分担，因此，在环境问题上，不平等地对待不同的种族或阶级，就是"环境歧视"；将一些人的家庭、学校、邻里和工厂置于有毒化学药品、杀虫剂及其他毒素的危害之下，将污染设施进行差别设置，将某些个人和团体排除在决策过程之外，等等，就

是"环境不正义"。最后，因为环境正义不仅仅是一种个人经历，它内含在一个人所属的共同体之中，所以，构建并基于共同体来寻求对环境不正义的消除及对环境正义的实现是根本出路。

从总体上讲，西方环境正义理论具有一定的和重要的理论和实践意义。其一，在方法论方面，西方环境正义理论不是从事实出发，而是从价值即"人的权利"出发来谈论环境治理和环境保护，并界定环境正义的。在众多所谓管理理论甚或治理理论仍然只关注各种具体的"事实"，仍然只注重"工具理性"。在超越事实与价值的二分，基于事实与价值之间的内在关系来研究、分析和解决社会问题已经十分重要和必要的今天，西方环境正义理论关注内含着"事实"的"价值"，弘扬内含着手段的"价值理性"，这本身就具有十分重要的价值。其二，鉴于其对环境不正义现象的深刻揭示以及对消除环境不正义、实现环境正义的共同体路径的明确论证，西方环境正义理论有助于进一步基于环境正义的视角来反思资本主义，尤其是有助于在资本主义条件下实现有限的环境正义。

但是，西方环境正义理论也有着其固有的历史限度。一是西方环境正义理论囿于资本主义生产方式，淡化阶级视域，无以实现充分的环境正义。虽然不乏基于环境正义的视角对资本主义的反思和批判，但西方非马克思主义学者基本上都是从民族、种族、性别等方面的差异来解释环境不正义的原因，即使他们谈到了环境不正义的阶级因素，也是将阶级与民族、种族、性别放到同一层面进行考量的。[①] 他们没有认识到，民族、种族和性别等方面的差异之所以会导致环境不正义，恰恰是因为人与人之间的阶级分化，而这种阶级分化的根源恰恰在于资本主义生产方式，以至于他们的反思总被禁锢于资本主义生产方式的框架之内，总停留于问题的表面，因而只有隔靴搔痒之功效。二是尽管有学者是从社会正义的角度理解环境正义的，但从整体上讲，西方环境正义理论并没有充分认识到社会正义才是环境正义的实质，甚至有学者将社会正义排除在环境正义之外。事实上，无论我们怎么界定环境，无论它是仅指自然的狭义环

---

① 例如，Rachel Stein 主编的 *New Perspectives on Environmental Justice*（Rutgers，2004）中多数作者的观点以及 Nicholas Powers 所论述的"宇航员的视角"（"Greening Our Desires"，*The Independent*，September 10-October 14），体现的都是这种超阶级的思考。

境，还是作为自然、技术和文化统一体的广义环境，环境都是我们作为人的内在部分；无论环境遭到了如何的不正义待遇，它都只是人与人之间不平等、不正义关系的延伸和表现。因此，环境不正义的实质是社会不正义，环境正义的实质是社会正义。

可见，只有运用马克思主义的内在关系辩证方法、历史唯物主义分析框架和阶级分析方法，才能认识到资本主义社会一切不正义的产生和存在都根源于以资本剥削雇佣劳动为核心的资本主义生产方式。要真正实现社会正义，就必须消灭资本主义，以社会主义取而代之。马克思主义才是社会正义的根本前提，社会主义才是实现社会正义的根本路径。一句话，只有马克思主义才能揭示和消除资本主义社会环境不正义的根源，并实现充分的环境正义。因此，走向马克思是西方环境正义理论的逻辑必然。

第三篇 社会主体论

第七章

意识困境与赖特矛盾的阶级定位论

众所周知，马克思恩格斯在《共产党宣言》中根据是否具有生产资料的所有权界定了"资产阶级"和"无产阶级"，并确认"资产阶级时代"的必然趋势是由这"两大相互直接对立的阶级"构成的"简单化"社会①。也正是基于此种判断，马克思恩格斯找到了变革资本主义、实现社会主义的历史主体。然而，第二次世界大战以来，发达资本主义社会的阶层和阶级结构发生了巨大的变化。最为明显的表现是：大公司中拥有资本所有权的资本家一般不再直接经营和管理，而是成为以剪息票为生的食利者；高级职业经理成为企业的实际控制者，并享有优厚的薪金、职务津贴和董事利润等，具有了与资本家高度一致的利益；蓝领工人越来越少而白领工人越来越多，越来越多的工人成了监督者、调节者和操作者②。于是，无产阶级丧失了阶级意识，发达资本主义社会的马克思主义者陷入了严重的意识困境。当代英美分析马克思主义者埃里克·欧林·赖特"矛盾的阶级定位论"正是这种困境的反映。

一、发达资本主义社会的意识困境

经典西方马克思主义创始人卢卡奇的告诫是振聋发聩的。他说："发展是不会自行发挥作用的，……客观的经济发展只能确立无产阶级在生产过程中的

---

① 中共中央马克思恩格斯列宁斯大林著作编译局. 马克思恩格斯选集：第1卷［M］. 北京：人民出版社，2012：400-401.
② 本书编写组. 马克思主义基本原理［M］. 北京：高等教育出版社，2021：242-243.

地位，这种地位决定了它的立场；客观的经济发展只能赋予无产阶级以改造社会的可能性和必要性。但是，这一改造本身却只能是无产阶级自身的自由的行动"①；"只有无产阶级的自觉意志才能使人类免遭灾祸。换言之，当最后的经济危机击中资本主义时，革命的命运（以及与此相关联的是人类的命运）要取决于无产阶级在意识形态上的成熟程度，即取决于它的阶级意识"②，因此，匈牙利等国的无产阶级革命之所以失败，不是因为客观条件不成熟，而是因为主观条件不具备，即无产阶级缺乏阶级意识③。

因此，难以实现发达资本主义向社会主义过渡的症结在于无产阶级没有阶级意识，而要成功实现这种过渡的突破口也就在于启发、唤醒和培育无产阶级的阶级意识。可以说，自"前列宁的列宁主义者"④ 德·利昂以及德布斯、鲍丁和弗雷纳等提出早期美国马克思主义理论以来，卢卡奇的物化理论、葛兰西的文化领导权理论、霍克海默和阿多诺的批判理论、马尔库塞的单向度理论、阿尔都塞的意识形态国家机器论等，所做的都是这件事。而当代英美马克思主义者认同并延续着经典西方马克思主义的这种判断和努力。

令辩证马克思主义者奥尔曼深感忧虑的是，资产阶级意识形态使发达资本主义社会的人民大众变成了罗马卡库斯神话⑤中牛的主人。他们往往只关注进入其生活的诸如一个人、一份工作、一个地方等具体的"脚印"，于是，他们看不见"阶级、阶级斗争、异化"⑥ 了，无产阶级以及无产阶级的阶级意识随

---

① 卢卡奇. 历史与阶级意识 [M]. 杜章智，任立，燕宏远，译. 北京：商务印书馆，2004：309-310.
② 卢卡奇. 历史与阶级意识 [M]. 杜章智，任立，燕宏远，译. 北京：商务印书馆，2004：131-132.
③ 张翼星. 为卢卡奇申辩 [M]. 昆明：云南人民出版社，2001：28-29.
④ ROBERT A G. Yankee Red: Nonorthodox Marxism in Liberal America [M]. New York: Praeger, 1989: 3-4.
⑤ 一半是人一半是魔鬼的卡库斯居住在一个洞穴中并且只在晚上出来偷牛。为了误导追他的人，卡库斯迫使牛倒着走进他的洞穴，以便于从它们的脚印来看，它们似乎从他的洞穴走出去了。第二天早上，在人们来寻找他们的牛时，他们所能发现的一切就是脚印。于是，他们根据这些脚印得出结论：他们的牛从洞穴出发，走到了地中央并消失了（参见马克思. 剩余价值理论：第3册 [M]. 北京：人民出版社，1975：596）。
⑥ 伯特尔·奥尔曼. 辩证法的舞蹈——马克思方法的步骤 [M]. 田世锭，何霜梅，译. 北京：高等教育出版社，2006：IV.

之消失；他们"没有看到资本主义，就更谈不上理解资本主义了"，也就无法认识到，社会主义已经以一种巨大的潜在形式存在于资本主义之中，反而误以为任何形式的社会主义都只是一种乌托邦①，社会主义意识同样随之消失。因此，恰如卢卡奇当年依靠总体性辩证法来启发、唤醒和培育无产阶级阶级意识一样，奥尔曼殚精竭虑地凭借其内在关系辩证法来启发、唤醒和培育无产阶级的阶级意识，启发、唤醒和培育人民大众的社会主义意识②。

虽然对分析马克思主义者科恩而言，当代资本主义社会也并不存在马克思所说的集社会赖以存在的生产者、受剥削、组成社会的多数和极为贫穷等四个特征于一体的无产阶级③，因而也就谈不上启发、唤醒和培育无产阶级阶级意识的问题，但他仍然知道，"如果没有外来影响，资本主义的动力是自我维持的，因此，社会主义者需要用组织起来的政治力量去反对它"④。可是，如果人民大众没有社会主义意识，这种反对资本主义的政治力量又在哪里呢？因此，科恩倾力而为的虽不是启发、唤醒和培育无产阶级的阶级意识，却也是启发、唤醒和培育人民大众的社会主义意识。他坚持"从哲学的高度对价值和原则进行阐述"⑤，以便向人民大众证明："从任何在道德上可接受的角度出发，从任何有吸引力的原则（无论是实用、平等、公正、自由、民主还是自我实现）出发，社会主义都明显地比资本主义优越。"⑥

我们深感困惑的是，如果从德·利昂那里开始计算，西方马克思主义者致力于启发、唤醒和培育无产阶级的阶级意识已将近120年，当代英美马克思主义致力于启发、唤醒和培育无产阶级阶级意识和社会主义意识也已将近半个世

---

① 伯特尔·奥尔曼. 辩证法的舞蹈——马克思方法的步骤 [M]. 田世锭，何霜梅，译. 北京：高等教育出版社，2006：V, 205.
② 在我于纽约大学访学期间，奥尔曼教授告诉我，他就是《皇帝的新装》中那个告诉人们真相的小男孩。实际上，这里的"小男孩"不是一个人，而是一个群体，即当代英美马克思主义者群体，甚至是整个当代国外马克思主义者群体。这个群体的理论家们都在基于不同的角度，运用不同的方式坚持不懈地告诉资本主义社会中的人们有关资本主义的真相。
③ G. A. 柯亨. 自我所有、自由和平等 [M]. 李朝晖，译. 北京：东方出版社，2008：9.
④ G. A. 科恩. 为什么不要社会主义 [M]. 段忠桥，译. 北京：人民出版社，2011：76.
⑤ G. A. 柯亨. 自我所有、自由和平等 [M]. 李朝晖，译. 北京：东方出版社，2008：9.
⑥ G. A. 柯亨. 自我所有、自由和平等 [M]. 李朝晖，译. 北京：东方出版社，2008：4.

纪，可为什么仍然不见太大的成效呢？奥尔曼本人一语惊醒了"梦中人"：在发达资本主义社会，市场"神秘化还会涌到生活的其他领域，涌到家庭、政治、文化和教育。试图对这时的人们进行社会主义核心价值观的教育也不会有什么大的结果，因为交换中的日常经历教育人们的是另一些东西"①。这恰恰表明，无产阶级丧失阶级意识和人民大众丧失社会主义意识，已经成为发达资本主义社会中的马克思主义者所面临的一个严重困境②。

二、矛盾的阶级定位论

尽管有诸如奥尔曼、哈维、塞耶斯和伊格尔顿等马克思主义理论家依然坚守着马克思恩格斯关于资本主义社会阶级结构越来越两极化的判断，但在赖特看来，坚守马克思恩格斯的这种主张是一种"灾难性失败"，因为它难以为解释发达资本主义社会的"阶级构成、阶级意识和阶级斗争"，提供令人满意的基础③。

赖特认为，"过去一百多年的历史事实已经使许多马克思主义者相信"，马克思恩格斯有关"资本主义社会中的阶级关系走向极端两极分化的普遍趋势的观念是不正确的"。因为，虽然自我雇佣者所占比例毫无疑问在稳定下降，但在工薪收入者中，专业和技术岗位的增加以及大型企业和政府内管理阶层的扩张④，至少已经使简单的两极分化结构产生了"巨大松动"⑤。正是基于这种判

---

① 伯特尔·奥尔曼. 市场社会主义——社会主义者之间的争论 [M]. 段忠桥, 译. 北京: 新华出版社, 2000: 118.
② 田世锭. 当代英美马克思主义的困境及其启示 [J]. 社会主义研究, 2015 (6): 36-41.
③ 埃里克·欧林·赖特. 阶级 [M]. 刘磊, 吕梁山, 译. 北京: 高等教育出版社, 2006: 42.
④ 埃里克·欧林·赖特. 阶级 [M]. 刘磊, 吕梁山, 译. 北京: 高等教育出版社, 2006: 10.
⑤ 赖特对瑞典和美国的"经验调查"表明，"从剥削的三个维度来讲"，作为"发达资本主义国家"，瑞典和美国"都是两极分化的"（参见埃里克·欧林·赖特. 阶级 [M]. 刘磊, 吕梁山, 译. 北京: 高等教育出版社, 2006: 280-281），但赖特没有对其两种论断之间的矛盾做出任何解释。

断，赖特提出，"中间阶级的困扰"以及将"中间阶级"的阶级特征予以理论化，是所有关注发达资本主义社会阶级结构问题的研究所面对的最为突出的重要问题①。

按照赖特的观点，诸如"新小资产阶级论""新阶级论"和"中间阶层论"等，都是应对这种"中间阶级困扰"，力图将"中间阶级"的阶级特征予以理论化的结果。然而，赖特认为这些应对都不成功。

第一，"新小资产阶级论"将"非生产性劳动"领域的商业雇工、白领工人、服务人员和脑力劳动者，以及"生产性劳动"领域的管理人员、监督人员和脑力劳动者全部划入"新小资产阶级"，却根本无法解释秘书、技术人员、管理者、政府中非生产性体力劳动者、售货员等不同类型的非生产性工薪收入者，"如何在阶级构成、阶级意识和阶级斗争问题上有任何实际意义的同质性"并属于"同一阶级"，也根本无法解释为什么"一个非生产性的银行雇员"与"一个自营的面包师"在社会生产关系中"处于相同的地位"②。

第二，"新阶级论"将各种"非无产阶级""非资产阶级"阶层构成"一个具有其自身权利的新阶级"，但不同类型的"知识分子"所处的地位并不一样。有的是资本主义公司的管理者，直接支配工人，甚至参与控制投资；有的只是资本主义公司中的技术雇员，处于管理阶层之外；有的是政府雇员，不可能对其他雇员实施控制。因此，难以主张他们"在生产关系中占据相同的地位，分享共同的剥削利益"，从而"构成一个单独的阶级"③。

第三，"中间阶层论"将"似乎不太适合资产阶级—无产阶级两极划分的阶级地位"都简单地标以"中间阶层"，使之"位于基本阶级关系之外"，在阶级斗争中被"夹在中间"，被迫选择站在资产阶级一边或无产阶级一边，但问题恰恰在于将"中间阶层"置于资本主义社会"基本阶级关系之外"。因为，其中许多身份都是直接由"生产体系中的支配和剥削关系"构造的，且

---

① 埃里克·欧林·赖特. 阶级 [M]. 刘磊, 吕梁山, 译. 北京：高等教育出版社，2006：14，40.

② 埃里克·欧林·赖特. 阶级 [M]. 刘磊, 吕梁山, 译. 北京：高等教育出版社，2006：43.

③ 埃里克·欧林·赖特. 阶级 [M]. 刘磊, 吕梁山, 译. 北京：高等教育出版社，2006：44-45.

"阶层"这一名称还会遮蔽其固有"阶级的特性"①。

于是，赖特提出了其"矛盾的阶级定位论"。这一理论以"剥削"为核心，基于"资本资产—资本剥削""组织资产—组织剥削""技术资产—技术剥削"的模式，确立发达资本主义社会的阶级结构。在这一结构中，"拥有足够的资本雇用工人而不工作"的资产阶级是"纯粹的剥削者"，而资本资产、组织资产、技术资产均一无所有的无产阶级是"纯粹的被剥削者"；"拥有足够的资本雇用工人但也必须工作"的小雇主是剥削者但不是被剥削者，"拥有足够的资本自己工作但不足以雇用工人"的"传统"中间阶级即小资产阶级既不是剥削者也不是被剥削者；而具有技术资产和组织资产的"专家管理者"、具有组织资产的"非专家管理者"和具有技术资产的"非管理者专家"构成的"新中间阶级"既是剥削者也是被剥削者。正是这种既是剥削者也是被剥削者的"在剥削关系中的矛盾地位"，使得"新中间阶级"处于"矛盾的阶级定位"②。

赖特指出，"中间阶级"概念的核心是这些阶级地位"同时既是剥削者又是被剥削者"，正是这种情况说明了他们阶级利益的复杂性，并使他们处于"剥削关系中的矛盾定位"。按照赖特的逻辑，其"矛盾的阶级定位论"应该是对"中间阶级困扰"的最好应对，也是对"中间阶级"阶级特征最好的理论化，因为这一理论非常清楚地揭示了不同于"传统中间阶级"的"新中间阶级""既是剥削者又是被剥削者""既不属于资产阶级又不属于无产阶级"的阶级特征③。

赖特说，对"中间阶级"的关注和界定就是要确立"区分工人阶级与非工人阶级工薪收入者之间的概念分界线"④，而其"矛盾的阶级定位论"正是

---

① 埃里克·欧林·赖特. 阶级[M]. 刘磊，吕梁山，译. 北京：高等教育出版社，2006：45.
② 埃里克·欧林·赖特. 阶级[M]. 刘磊，吕梁山，译. 北京：高等教育出版社，2006：90.
③ 埃里克·欧林·赖特. 阶级[M]. 刘磊，吕梁山，译. 北京：高等教育出版社，2006：288，29.
④ 埃里克·欧林·赖特. 阶级[M]. 刘磊，吕梁山，译. 北京：高等教育出版社，2006：14.

基于是否具有"组织资产"和"技术资产"所有权,将"工薪收入者"分割成了两个不同的阶级:无产阶级和"新中间阶级"。

三、矛盾阶级定位论的二重性

按照赖特的观点,一方面,虽然这一"新中间阶级""既不属于资产阶级又不属于无产阶级",但恰恰由于其"既是剥削者又是被剥削者","同时分享"着资本家与工人"固有地对立着的利益",因此,这一阶级同时"具有多重阶级的特征"并"处于多个阶级之中"①;但是,另一方面,处于矛盾地位的这一"新中间阶级"之阶级性质是"派生出来的","以它们所隶属的基本阶级为基础",因此,这种"矛盾的"地位"并没有否定资本主义阶级关系的基本矛盾",而是"来源于这种基本矛盾"。② 这导致了赖特"矛盾的阶级定位论"在无产阶级"主体性"和"阶级意识"问题上所具有的二重性。

具体而言,一方面,赖特"矛盾的阶级定位论"在主观上消解了无产阶级的主体性和阶级意识。

首先,赖特以"剥削形式的依次消亡"为根据,将"封建主义—资本主义—中央集权主义—社会主义—共产主义"的依次演进确认为"历史发展的总体道路"③,这种单线演进序列否定了作为资本主义直接替代物的社会主义,直接消解了无产阶级变革资本主义、实现社会主义的主体地位。虽然赖特也提出,发达资本主义社会有可能足够发达以致同时实现"生产资料的社会化"和"组织资产的民主化",从而"跳过"中央集权主义而直接进入社会主义,但

---

① 埃里克·欧林·赖特. 阶级 [M]. 刘磊,吕梁山,译. 北京:高等教育出版社,2006:29,288,47,46.
② 埃里克·欧林·赖特. 阶级 [M]. 刘磊,吕梁山,译. 北京:高等教育出版社,2006:46-47.
③ 埃里克·欧林·赖特. 阶级 [M]. 刘磊,吕梁山,译. 北京:高等教育出版社,2006:119,117,116.

他紧接着便否定了这两者"同时发生的逻辑必然性"①。

其次,赖特指出,"管理者/官僚"等处于"矛盾地位"的"新中间阶级"的存在充分表明,除了无产阶级以外,资本主义社会还存在"其他一些阶级力量",他们有可能提出替代资本主义的其他选择②。这样,在上述单线式"历史发展的总体道路"之外,赖特又描绘了取代资本主义的多种可能性。资本主义未来的这种"相对开放性"③,虽然没有像上述单线演进序列那样否定作为资本主义直接替代物的社会主义,但社会主义也只是资本主义众多直接替代物中的一种,无产阶级尽管还是变革资本主义、实现社会主义的主体,但它已不再是"唯一"④。如果其他阶级基于其在资本主义关系中虽然矛盾但必定优越于无产阶级的地位,完成了其变革资本主义、实现诸如中央集权主义之类的"革命任务",那么,无产阶级变革资本主义、实现社会主义的主体地位也就失去了意义。赖特以此弱化并消解了无产阶级变革资本主义、实现社会主义的主体地位⑤。

最后,按照赖特"矛盾的阶级定位论",只有极少数"纯粹的被剥削者"才是"无产阶级"。这意味着,"无产阶级"实际上只是资本主义社会中人数极少的纯粹弱势群体。如果仅仅依靠资本主义中的极少数"纯粹的被剥削者"来完成变革资本主义、实现社会主义的历史使命,理所当然是十分困难的。难怪赖特会说,在现实存在的资本主义社会,至少在发达资本主义社会,"如果没有相当部分的位于这些矛盾定位中的人的合作",要使社会主义"成为现实

---

① 埃里克·欧林·赖特. 阶级 [M]. 刘磊,吕梁山,译. 北京:高等教育出版社,2006:119.
② 埃里克·欧林·赖特. 阶级 [M]. 刘磊,吕梁山,译. 北京:高等教育出版社,2006:91.
③ 埃里克·欧林·赖特. 阶级 [M]. 刘磊,吕梁山,译. 北京:高等教育出版社,2006:119.
④ 埃里克·欧林·赖特. 阶级 [M]. 刘磊,吕梁山,译. 北京:高等教育出版社,2006:119.
⑤ 生态马克思主义者福斯特等人所说资本主义的未来"要么是毁灭性的野蛮主义,要么是人道的社会主义"(参见福斯特. 垄断资本和新的全球化 [J]. 陈喜贵,摘译. 国外理论动态,2003(6):6-8,似乎也显示了资本主义未来的"相对开放性",但这与赖特所说的"相对开放性"有着本质的区别。

的可能"是"难以想象"的。① 可见，赖特将绝大多数被经典马克思主义视为"无产阶级"的人们归入"新中间阶级"而排除在无产阶级之外，并以此弱化并消解了无产阶级变革资本主义、实现社会主义的主体地位。

另一方面，赖特"矛盾的阶级定位论"虽然在主观上消解了无产阶级变革资本主义、实现社会主义的主体性，但在客观上恰恰表明，要使无产阶级成为现实的主体，关键就在于激发无产阶级的阶级意识。

首先，"矛盾的阶级定位论"表明，在发达资本主义社会，占总人口"相当大的比例"的"新中间阶级"处在"阶级关系内的矛盾地位"，具有"多重阶级的特征"。② 这意味着，虽然他们在根本上仍然只是出卖劳动力的"工薪收入者"③，但他们未必认同无产阶级。而要使这些人认同无产阶级，并具有无产阶级的阶级意识，马克思主义者就亟须使他们认识到，他们矛盾的多重阶级性质只是"派生的"，资产阶级与无产阶级的矛盾仍然是资本主义阶级关系的"基本矛盾"，无产阶级才是他们"所隶属的基本阶级"④。因此，从根本上讲，他们的利益依赖于无产阶级的利益。这是因为，正如赖特本人所言，"要认同一个特定的阶级"，就必须认识到自身"至少在某种可估量的意义上具有依赖于该阶级的利益"⑤。

其次，"矛盾的阶级定位论"断言，在阶级斗争中高层管理者更有可能站在资产阶级而不是产业工人一边⑥。这与伊格尔顿有关高层经理人、管理者和

---

① 埃里克·欧林·赖特. 阶级[M]. 刘磊，吕梁山，译. 北京：高等教育出版社，2006：291.
② 埃里克·欧林·赖特. 阶级[M]. 刘磊，吕梁山，译. 北京：高等教育出版社，2006：46.
③ 埃里克·欧林·赖特. 阶级[M]. 刘磊，吕梁山，译. 北京：高等教育出版社，2006：14.
④ 埃里克·欧林·赖特. 阶级[M]. 刘磊，吕梁山，译. 北京：高等教育出版社，2006：46-47.
⑤ 埃里克·欧林·赖特. 阶级[M]. 刘磊，吕梁山，译. 北京：高等教育出版社，2006：256.
⑥ 埃里克·欧林·赖特. 阶级[M]. 刘磊，吕梁山，译. 北京：高等教育出版社，2006：42.

企业高管鉴于其社会地位和物质财富"更有可能认同当前体制"① 的判断是一致的。实际上，做出这样的判断并不是一件困难的事情，但是，这样的判断本身恰恰证明了激发无产阶级阶级意识的重要性和紧迫性。与此同时，"矛盾的阶级定位论"还表明，"一种地位的关系属性"只是决定着其占据者在关系中定位的"可能性"②。这不仅彰显了激发无产阶级阶级意识的重要性和紧迫性，而且指明了其可能性。马克思和恩格斯曾指出："现在资产阶级中也有一部分人，特别是已经提高到能从理论上认识整个历史运动的一部分资产阶级思想家，转到无产阶级方面来了。"③ 这说明，只要能够"从理论上认识整个历史运动"，资产阶级本身都可能而且可以站到无产阶级一边，更何况本来就属于无产阶级，只不过因其"矛盾的阶级定位"而没有正确认识到这一点的"工薪收入者"呢？

最后，赖特运用"矛盾的阶级定位论"对瑞典和美国的经验调查充分表明，"在瑞典阶级具有比美国明显更大的意识形态特征：阶级定位和阶级经验对阶级意识具有更大的影响；阶级在意识形态上更加两极分化；并且建立在更为两极分化的意识形态态势上的工人阶级联盟要大得多"④。这意味着，瑞典的阶级结构证明了马克思有关发达资本主义社会阶级结构日益两极分化的判断，瑞典的无产阶级不仅是人口中的绝大多数，而且具有明确的阶级意识。而美国的阶级意识形态却几乎与此相反。之所以会如此，关键就在于瑞典的工人运动有效地将白领雇员大量地组织起来，甚至将管理层雇员的一大部分也组织起来，从而使他们充分认识到，作为同样受到资本主义剥削的工薪收入者，他们的共同利益要比他们在组织和资格证书剥削方面的不同利益更为重要⑤。与

---

① 特里·伊格尔顿. 马克思为什么是对的 [M]. 李杨，任文科，郑义，译. 北京：新星出版社，2011：176.
② 埃里克·欧林·赖特. 阶级 [M]. 刘磊，吕梁山，译. 北京：高等教育出版社，2006：189.
③ 中共中央马克思恩格斯列宁斯大林著作编译局. 马克思恩格斯选集：第1卷 [M]. 北京：人民出版社，2012：410.
④ 埃里克·欧林·赖特. 阶级 [M]. 刘磊，吕梁山，译. 北京：高等教育出版社，2006：282.
⑤ 因此，需要进一步加以研究和解释的是，为什么瑞典的工人阶级仍然没有能够展开马克思意义上的社会主义革命？

此相反，美国的工人运动却是"无效"的，甚至大部分蓝领雇员都没有能够被组织起来，更不用说白领雇员了，以至于政党和工会有意无意地"参与了削弱工人阶级意识的行动"①。

四、矛盾阶级定位论的启示

赖特"矛盾的阶级定位论"之二重性表明，"矛盾的阶级定位论"本身也处在矛盾之中。但也正是这种内在的矛盾使我们能够从"矛盾的阶级定位论"中获得如下几点重要启示，以便为正确认识当代发达资本主义社会的阶级构成、阶级意识和阶级斗争奠定基础。

第一，"矛盾的阶级定位论"是对桑巴特、卢卡奇等人激发无产阶级阶级意识具有重要性和紧迫性思想的历史性呼应和实践性证明。

著名社会学家维尔纳·桑巴特1906年在其著名的《为什么美国没有社会主义》中明确表明，美国之所以没有社会主义，是因为美国的雇主及生意型政治家都深知怎样在保持所有剥削的前提下，使工人保持良好的情绪而不形成关于自己真实地位的意识。但是，如果无产阶级政党可以喊出"把白人奴隶从资本主义的锁链下解放出来"和"解放无产阶级"等"更广泛更有力的口号"，"把广大的工人团结到这个纲领下面，并且唤醒他们的阶级意识"，那么，所有迄今为止阻碍社会主义在美国发展的因素"都将消失或将转向它们的反面"，社会主义在美国就很有可能出现"最迅速的发展"②。同样众所周知的是，如前所述，西方马克思主义的开创者卢卡奇在写于1922年的西方马克思主义圣经《历史与阶级意识》中同样明确表明，当时发达资本主义社会的无产阶级革命之所以失败，不是因为革命的客观条件不成熟，而是因为无产阶级没有阶级

---

① 埃里克·欧林·赖特. 阶级 [M]. 刘磊, 吕梁山, 译. 北京: 高等教育出版社, 2006: 282.

② 维尔纳·桑巴特. 为什么美国没有社会主义 [M]. 赖海榕, 译. 北京: 社会科学文献出版社, 2003: 196, 78-79, 214.

意识而使主观条件不具备①。

赖特在1985年的《阶级》中所界定和阐发的"矛盾的阶级定位论",因为在客观上证明和彰显了激发无产阶级阶级意识的重要性和紧迫性,故而构成了时隔60~80年以后对桑巴特、卢卡奇等人思想的历史性呼应。尤其是赖特运用"矛盾的阶级定位论"对瑞典和美国的实证调查与分析充分表明,如果马克思主义者激发无产阶级阶级意识的实践是有效的,那么,结果就是瑞典式"有效的"工人运动,反之,则是美国式"无效的"工人运动。这正是对桑巴特、卢卡奇等人思想正确性的实践性证明。虽然自赖特的《阶级》出版以来,又过去了35年的时间,但激发发达资本主义社会中无产阶级阶级意识的重要性和紧迫性,迄今依然存在。

第二,"矛盾的阶级定位论"是对激发发达资本主义社会中无产阶级阶级意识之艰难的证明及其何以如此艰难的注解。

如上所述,自德·利昂、德布斯、鲍丁和弗雷纳等早期美国的马克思主义者以来,经典西方马克思主义者卢卡奇、葛兰西、霍克海默、马尔库塞、阿尔都塞及当代英美马克思主义者奥尔曼、塞耶斯等,都充分认识到了无产阶级阶级意识的重要性,都在致力于激发发达资本主义社会中无产阶级的阶级意识。然而,一个多世纪艰苦卓绝的努力,似乎收效甚微,以至于发达资本主义社会的马克思主义者陷入了严重的意识困境。这充分说明,激发发达资本主义社会的无产阶级使之形成阶级意识,是多么艰难的事情。

作为当代英美分析马克思主义的重要代表,赖特却在主观上以其"矛盾的阶级定位论"消解了发达资本主义社会中无产阶级的主体性和阶级意识。这不仅是对激发发达资本主义社会中无产阶级阶级意识之艰难的一种证明,更是对其何以如此艰难的一种注解。如果自称是"马克思主义者"的理论家都不能正确认识发达资本主义社会之现实变化的现象及其本质,不能"从理论上认识整

---

① 田世锭."内在关系的辩证法"与"总体性的辩证法"——奥尔曼与卢卡奇的辩证法思想比较[J]. 烟台大学学报:哲学社会科学版,2007(2):6-11.

个历史运动",反而对经典马克思主义有关资本主义的基本理论加以质疑和批判①,那又如何期望靠其自身只能形成"工联意识"的工人们形成无产阶级的阶级意识以及社会主义意识呢?列宁所说的"阶级政治意识只能从外面灌输给工人"②,是以能够向工人们"说明自己的社会主义信念和自己的民主主义要求""解释无产阶级解放斗争的世界历史意义"③ 的"灌输者"为前提的。奥尔曼曾指出,发达资本主义社会中市场的神秘化及其向家庭、政治、文化和教育等领域的渗透,是导致无产阶级阶级意识和社会主义核心价值观教育难以成功的重要原因④。但是,赖特"矛盾的阶级定位论"启发我们,缺少能够坚守马克思主义基本原理的"灌输者",或许也是激发发达资本主义社会中无产阶级的阶级意识迄今依然十分艰难的一个重要原因。

第三,"矛盾的阶级定位论"是对当代英美辩证马克思主义者积极展开马克思主义辩证法的宣传和教育之重要性和正确性的证明。

恰如当代英美辩证马克思主义的主要代表奥尔曼所指出的,资产阶级意识形态已经使发达资本主义社会中的无产阶级变成了罗马卡库斯神话中"牛的主人",他们往往只关注进入其生活的诸如一个人、一份工作、一个地方等具体的"脚印",而看不到"阶级、阶级斗争、异化",并因而丧失了其阶级意识⑤。正因此,经典西方马克思主义的创始人卢卡奇⑥以及奥尔曼⑦等人才强

---

① 当然,这并不意味着我们必须否定马克思主义与时俱进的理论品质,从而教条主义地搬用经典马克思主义的理论,而是说坚守马克思主义的基本原理是成为和作为"马克思主义者"的根本前提。否则,马克思本人又要否认自己是"马克思主义者"了。
② 中共中央马克思恩格斯列宁斯大林著作编译局. 列宁选集:第1卷[M]. 北京:人民出版社,2012:363.
③ 中共中央马克思恩格斯列宁斯大林著作编译局. 列宁选集:第1卷[M]. 北京:人民出版社,2012:364-365.
④ 伯特尔·奥尔曼. 市场社会主义——社会主义者之间的争论[M]. 段忠桥,译. 北京:新华出版社,2000:118.
⑤ 伯特尔·奥尔曼. 辩证法的舞蹈——马克思方法的步骤[M]. 田世锭,何霜梅,译. 北京:高等教育出版社,2006:Ⅳ.
⑥ 田世锭."内在关系的辩证法"与"总体性的辩证法"——奥尔曼与卢卡奇的辩证法思想比较[J]. 烟台大学学报:哲学社会科学版,2007(2):6-11.
⑦ 田世锭. 拨开当今资本主义迷雾的辩证之手——奥尔曼论马克思主义的唯物辩证法[J]. 思想理论教育导刊,2006(12):11-16.

调指出，只有马克思主义辩证法才能使无产阶级立足于资本主义的关系整体来审视当代发达资本主义，拨开当代发达资本主义社会的迷雾，正确认识其中的阶级关系，从而正确认识自身的阶级地位和阶级利益，并形成自身的阶级意识。

赖特"矛盾的阶级定位论"之二重性，一方面表明"新中间阶级"具有"多重阶级的特征"；另一方面又表明，"新中间阶级"的阶级性质依然来源并取决于"资本主义阶级关系的基本矛盾"。这恰恰表明，要使"新中间阶级"正确认识这种二重性以及资本主义阶级关系基本矛盾的决定性，从而正确理解当代发达资本主义社会最为根本的"阶级构成、阶级意识和阶级斗争"，就离不开马克思主义辩证法。具体地说，只有马克思主义辩证法才能使赖特所界定的"新中间阶级"超越"专家管理者""非专家管理者""非管理者专家"这样的"脚印"，立足于资本主义的关系整体，拨开当代发达资本主义社会的现象迷雾并揭示其"资本主义"实质，澄清他们自己因没有"资本资产"而依然只不过是"雇佣劳动者"的根本阶级性质和阶级地位及有赖于变革资本主义、实现社会主义的根本阶级利益，从而认同无产阶级的阶级意识和阶级斗争。

列宁曾明确指出，"向群众揭示革命形势的存在，说明革命形势的广度和深度，唤起无产阶级的革命意识和革命决心，帮助无产阶级转向革命行动，并建立适应革命形势需要的、进行这方面工作的组织"，是"一切社会党人的不可推诿的和最基本的任务"[①]。本章的论述表明，列宁所说的"不可推诿的和最基本的任务"，也正是当代发达资本主义社会中马克思主义者的历史责任。而赖特"矛盾的阶级定位论"启发我们，当代发达资本主义社会中的马克思主义者履行其历史责任、完成其历史任务的根本出路在于宣传和教育马克思主义辩证法，并运用马克思主义辩证法来认识发达资本主义社会的阶级构成、阶级意识和阶级斗争。这也充分说明，以奥尔曼、哈维、塞耶斯等为主要代表的当代英美辩证马克思主义者，在当代发达资本主义社会中积极展开马克思主义辩证法的宣传和教育的做法不仅是重要的，而且是正确的。

---

① 中共中央马克思恩格斯列宁斯大林著作编译局. 列宁选集：第2卷 [M]. 北京：人民出版社，2012：463-464.

第八章

单向度的人与马尔库塞的审美解放论

赫伯特·马尔库塞,作为法兰克福批判理论学派的重要代表之一,在谋求实现人的自由和解放的历程中,深刻揭示了发达资本主义社会的单向度性和压抑性,力图以艺术和审美来唤醒发达资本主义社会中被单向度化的人们之否定性和超越性,并以此推动内涵经济、政治和文化的总体革命,以社会主义社会取代资本主义社会。马尔库塞的这种主张被称为"审美解放论"或"审美救赎论"。如果说赖特主张的"矛盾的阶级定位论"充分表明,在发达资本主义社会的无产阶级丧失阶级意识和社会主义意识的背景下,发达资本主义社会的马克思主义者亟须用马克思主义辩证法激发无产阶级的阶级意识,使之成为变革资本主义、实现社会主义的现实主体,那么,马尔库塞的"审美解放论"或"审美救赎论"也具有同样的指向,是同一历史问题的另一种表达和另一种解决方式。

一、非压抑性文明与单向度的人

马尔库塞在《爱欲与文明》中所说其"目的是要解决一个'政治'问题,即把人从非人的生存状态中解放出来"[1],这不仅表明马尔库塞的美学思想"完全融合在他对资本主义及当代发达工业社会的批判理论中","始终是与人

---

[1] 赫伯特·马尔库塞. 爱欲与文明 [M]. 黄勇, 薛民, 译. 上海: 上海译文出版社, 2012: 170.

的解放学说联系在一起的"①，而且充分说明，马尔库塞的美学思想本身就是人的解放学说。可以说，作为一位马克思主义者，谋求和实现人的解放，是马尔库塞理论与实践的根本出发点和归宿。

正如马克思恩格斯所说，人的解放意味着"每个人"和"一切人"都能够在一个"联合体"中"自由发展"②。马尔库塞始终坚守着马克思恩格斯的这种解放理念。在《爱欲与文明》中，他指出，要"把人从非人的生存状态中解放出来"，使人们的劳动"完全服从于人和自然的自由发展的潜能"③。在《审美之维》中，他依然在强调："人所达到的最高目的，就是一个自由人和理性人的联合体。在这个联合体中，每一个人都有同样的机会，去展示和完善他所有的潜能。"④

马尔库塞非常清楚，人的解放只有在一种"非压抑性文明"中才是可能的。因为，人只有在"消遣"而不是"苦役"、在"表演"而不是"需要"中生活，才能真正自由地"消遣"他们自己的和自然的机能和潜能，才能实现自由和全面的发展；而只有在"非压抑性文明"中，"消遣和表演"才会成为"文明的原则"，"人的世界"才会成为"表演"的世界，这个世界的秩序才会成为"美的秩序"。⑤⑥

然而，发达资本主义社会的人们所生存的环境恰恰是一种"压抑性文明"。

---

① 赫伯特·马尔库塞. 审美之维 [M]. 李小兵，译. 桂林：广西师范大学出版社，2001："译序"1.
② 中共中央马克思恩格斯列宁斯大林著作编译局. 马克思恩格斯选集：第1卷 [M]. 北京：人民出版社，2012：422.
③ 赫伯特·马尔库塞. 爱欲与文明 [M]. 黄勇，薛民，译. 上海：上海译文出版社，2012：177.
④ 赫伯特·马尔库塞. 审美之维 [M]. 李小兵，译. 桂林：广西师范大学出版社，2001：12-13.
⑤ 赫伯特·马尔库塞. 爱欲与文明 [M]. 黄勇，薛民，译. 上海：上海译文出版社，2012：177，171.
⑥ 这种以"消遣"和"表演"为原则、以"美"为秩序的非压抑性文明，并非完全排斥理性的纯粹感性秩序。马尔库塞说得非常明确：在非压抑性文明中，"理性是感性的，而感性则是理性的"；提出"非压抑性文化观"，旨在"建立本能与理性的新联系"，以使本能摆脱"压抑性理性"的暴政，走向"自由的、持久的生存关系"（参见赫伯特·马尔库塞. 爱欲与文明 [M]. 黄勇，薛民，译. 上海：上海译文出版社，2012：163，179）。

其显著标志是充斥着作为"为社会统治所必不可少的约束"的"额外压抑"①。在发达资本主义社会中,这种"额外压抑"并不是一种因为物质匮乏而迫使人们对其物质需求施加的压抑,并不是一种迫使人们"返回健康的单调的贫困""返回道德的纯洁""返回简单性"的压抑。这里充斥的恰恰是一种基于"物质丰裕"之上的"奴隶式满足""毁灭性繁荣"和"奴役性的高生活标准"②,以至于发达资本主义社会的"自由与满足""本身成了压抑的工具"③。可见,发达资本主义社会中的压抑实质上是一种基于物质丰裕和虚假需求不断得到"奴隶式满足"之上的精神压抑。

与之相对应,因为非压抑性文明"产生的物质(技术)前提在当代的发达工业社会里不是已经确立,就是能够确立"④,而且"拥有和获得生活必需品乃是一个自由社会的前提,而不是其内容"⑤,所以"非压抑性文明"意指的也并不是物质方面的"非压抑",而是精神方面的"非压抑"。也因此,人的解放并非意指从物质匮乏的桎梏中解放出来,而是指"从压抑性的富裕中解脱出来"⑥,从精神奴役中解放出来。

不过,马尔库塞深知,压抑性文明的根源还在于资本主义的生产方式及由之决定的政治和意识形态上层建筑,个体及其权利和自由只有通过发展性质全异的社会关系和社会机构才能被创造出来,因此,"压抑性文明"向"非压抑性文明"的转变只能是"社会发生质变的结果"。这将意味着"资本主义的彻

---

① 赫伯特·马尔库塞. 爱欲与文明 [M]. 黄勇, 薛民, 译. 上海:上海译文出版社,2012:25.
② 赫伯特·马尔库塞. 审美之维 [M]. 李小兵,译. 桂林:广西师范大学出版社,2001:97.
③ 赫伯特·马尔库塞. 爱欲与文明 [M]. 黄勇, 薛民, 译. 上海:上海译文出版社,2012:80.
④ 赫伯特·马尔库塞. 爱欲与文明 [M]. 黄勇, 薛民, 译. 上海:上海译文出版社,2012:"1966年政治序言"4-5.
⑤ 赫伯特·马尔库塞. 爱欲与文明 [M]. 黄勇, 薛民, 译. 上海:上海译文出版社,2012:177.
⑥ 赫伯特·马尔库塞. 爱欲与文明 [M]. 黄勇, 薛民, 译. 上海:上海译文出版社,2012:"1966年政治序言"4.

底终结"①，以及"与现存社会具有质的差异的社会主义"② 的建立。

要而言之，《爱欲与文明》充分说明，要以社会主义的"非压抑性文明"取代资本主义的"压抑性文明"，将人们从发达资本主义社会的精神奴役中解放出来。但马尔库塞同样非常清楚，从发达资本主义社会的精神奴役中解放出来，"使想象得到解放"，这不是一个"心理"或"伦理"问题，而是一个实践意义上的"政治"问题，因为"只有在实践中，全社会性的基本体制才能得到发展、得到规定、得到保持以及得到改变"③。可见，在发达资本主义社会中寻找实施这种政治实践的主体，应该是接下来马尔库塞理论与实践活动的关键。

然而，马尔库塞不会为之感到吃惊但不得不面对的现实是，作为"压抑性文明"的发达资本主义社会已经成为一种新型的"极权主义"社会。其"突出之处"在于，不是依靠"恐怖"，而是利用"技术"所获得的"压倒一切的效率"和"日益提高的生活水准"，去"压服"那些离心的社会力量，并"为这个社会所获取的统治人的权力开脱"④，"在人们得到进一步满足的物质基础上"去"征服对立面、达到一体化"⑤。于是，技术的逻各斯成了"奴役的逻各斯"，技术的解放力量成了"自由的枷锁"；技术合理性又进一步清除了具有反思性和超越性的高级文化，使语言成了"奴役的载体"，哲学成了"证明性思想"⑥。总而言之，作为"压抑性文明"的发达资本主义，使发达资本主义社会成了单向度的社会，使发达资本主义思想成了单向度的思想。

单向度的社会和单向度的思想造就的只能是一种"单向度的人"。"单向

---

① 赫伯特·马尔库塞. 爱欲与文明 [M]. 黄勇，薛民，译. 上海：上海译文出版社，2012："1966年政治序言"8.
② 赫伯特·马尔库塞. 审美之维 [M]. 李小兵，译. 桂林：广西师范大学出版社，2001：100.
③ 赫伯特·马尔库塞. 单向度的人 [M]. 刘继，译. 上海：上海译文出版社，2008：198.
④ 赫伯特·马尔库塞. 单向度的人 [M]. 刘继，译. 上海：上海译文出版社，2008："导言"2，69.
⑤ 赫伯特·马尔库塞. 单向度的人 [M]. 刘继，译. 上海：上海译文出版社，2008：58.
⑥ 赫伯特·马尔库塞. 单向度的人 [M]. 张峰，译. 重庆：重庆出版社，1988：135，82，146.

度的人"最为根本的特质和表现在于：第一，他们不断受到的"残害内化到"他们自己的"自由和满足"之中，小轿车、高清晰度的保真装置、错层式家庭住宅以及厨房设备等，成了他们"生活的灵魂"①；第二，他们坚信现实的就是合理的，资本主义制度终会不负所望，因此，他们满怀"幸福意识"，并由此遵循着一种"新型的顺从主义"②；于是，第三，"异化了的主体被其异化了的存在所吞没"，他们丧失了"否定性思考的力量"和"理性的批判力量"③。

有鉴于此，马尔库塞不得不承认，发达资本主义社会已经"有效地窒息了那些要求解放的需求"，这也是发达资本主义社会的"显著特点"④。可见，单向度的人成了以社会主义的"非压抑性文明"取代资本主义的"压抑性文明"，将人们从发达资本主义社会的精神奴役中解放出来的首要障碍。

二、超越单向度的人与艺术审美

《单向度的人》充分表明，造就和培养能够"摆脱一切宣传、教义和操纵"，并"有能力知道和理解各种事实，有能力评价各种替代性选择"的"一种本质上新的历史主体"⑤，是实现资本主义"压抑性文明"向社会主义"非压抑性文明"过渡和转变的前提和关键。⑥ 在《审美之维》中，马尔库塞明确指出，"产生革命变革的需求，必须源于个体本身的主体性，植根于个体的理智与个体的激情、个体的冲动与个体的目标"⑦。可见，《审美之维》正是承续

---

① 赫伯特·马尔库塞. 单向度的人 [M]. 刘继，译. 上海：上海译文出版社，2008：198，9.
② 赫伯特·马尔库塞. 单向度的人 [M]. 刘继，译. 上海：上海译文出版社，2008：68.
③ 赫伯特·马尔库塞. 单向度的人 [M]. 刘继，译. 上海：上海译文出版社，2008：10.
④ 赫伯特·马尔库塞. 单向度的人 [M]. 张峰，译. 重庆：重庆出版社，1988：8.
⑤ 赫伯特·马尔库塞. 单向度的人 [M]. 刘继，译. 上海：上海译文出版社，2008：199.
⑥ 当然，造就和培养这种新的历史主体，既是将人们从发达资本主义社会的精神奴役中解放出来的前提，也是这种解放过程本身。
⑦ 赫伯特·马尔库塞. 审美之维 [M]. 李小兵，译. 桂林：广西师范大学出版社，2001：194.

着《单向度的人》，力图解决如何"超越单向度的人"①，造就和培养能够反思资本主义"压抑性文明"，理性认知和选择社会主义"非压抑性文明"，从而将人们从发达资本主义社会的精神奴役中解放出来的新历史主体的历史性难题。

既然单向度的人就是丧失了"否定性思考的力量"和"理性的批判力量"的人，那么，"超越单向度的人"就意味着要唤醒和恢复人的否定性、批判性和超越性，使之重新获得"否定性思考的力量"和"理性的批判力量"。而在一种总体压抑和总体异化的单向度化发达资本主义文明中，又如何能够唤醒和恢复人的否定性、批判性和超越性呢？马尔库塞以马克思主义哲学家深刻的洞察力指出，只能以艺术和审美的批判性和超越性来唤醒和恢复人的否定性、批判性和超越性。

按照马尔库塞的观点，之所以只能以艺术和审美来唤醒和恢复人的否定性、批判性和超越性，是因为，第一，"理性的历史作用"迄今还一直是"压抑甚至毁灭"人的求生存、求好生存和求更好生存的冲动，或者"延宕"这种冲动的实现并让它付出"极高的代价"，或者说，发达资本主义社会"压抑性文明"的专制体制正是以压抑性的"理性"去"压倒感性"②，所以，自由应当在"感性的解放"中而不是理性中去寻找，要唤醒和恢复人的否定性、批判性和超越性，首先就应该"恢复感性的权利"③。

第二，发达资本主义社会所实行的社会控制已达到空前的程度，"已深入到实存的本能层面和心理层面"，这就使"发展激进的、非顺从的感受性"具有了"非常重要的政治意义"，也使针对发达资本主义社会的反抗和造反"必

---

① 或许正是在这种意义上，《超越单向度的人》才会成为马尔库塞《论解放》的原标题（参见李义天，晏扩明. 马尔库塞的新人道主义历程及其启示 [J]. 福建师范大学学报：哲学社会科学版，2020（5）：10-18，27，168）。至于马尔库塞为什么没有一直坚持使用这个标题，需要另做专门的研究。
② 赫伯特·马尔库塞. 审美之维 [M]. 李小兵，译. 桂林：广西师范大学出版社，2001：84，55.
③ 赫伯特·马尔库塞. 审美之维 [M]. 李小兵，译. 桂林：广西师范大学出版社，2001：55-56.

须于这个层面展开和进行"①。当然,这种新感性并不仅仅是群体和个体中的一种"心理现象",而是使"社会变革"成为个人需求的中介,是在"改变世界"的政治实践与"个人解放"之间的调节者②。

第三,无论是"恢复感性的权利",还是"发展激进的、非顺从的感受性",都有赖于艺术和审美。这是因为,"艺术"③ 一直"固守着自己的天地和自己的权利",坚持着对"给定"现实的否定和抗议传统;在"艺术的领域","另外一种语言、另一种意向继续交往着、被听到和被看见"④。而"审美形式"作为"和谐、节奏、对比诸性质的总体",使"艺术作品"得以成为一个具有自身风格、结构和秩序的自足整体,并因此"改变着现实中支配一切的秩序";"审美道德"坚信"作为生物性必然性的自由",坚信除了那些保护和改善生命所必需的压抑之外,"不应该容忍任何其他形式的压抑",它不仅"要求在地球上清除由资本主义精神造成的物质垃圾",而且要求"清除这个资本主义精神本身"。"审美的天地"是一个生活世界,"自由的需求和潜能"依靠它"找寻着自身的解放"⑤。简而言之,艺术和审美领域是总体压抑和总体异化的发达资本主义社会的"世外桃源"。在几乎一切都已经单向度化的压抑性文明中,唯有艺术和审美还一直保有着其否定性、批判性和超越性。更为重要的是,艺术和审美不只是自身保持着与现实及其操作原则的批判性距离,而且能够致力于变革那些能够改变世界的"男人和女人的意识和冲动"⑥。

由此,通过"艺术审美"来唤醒人们的否定性、批判性和超越性,培育人

---

① 赫伯特·马尔库塞. 审美之维 [M]. 李小兵,译. 桂林:广西师范大学出版社,2001:124.
② 赫伯特·马尔库塞. 审美之维 [M]. 李小兵,译. 桂林:广西师范大学出版社,2001:120.
③ 马尔库塞所使用的"艺术"不仅包括文学和音乐,而且包括造型艺术(参见赫伯特·马尔库塞. 审美之维 [M]. 李小兵,译. 桂林:广西师范大学出版社,2001:140"脚注"1.)。
④ 赫伯特·马尔库塞. 审美之维 [M]. 李小兵,译. 桂林:广西师范大学出版社,2001:141.
⑤ 赫伯特·马尔库塞. 审美之维 [M]. 李小兵,译. 桂林:广西师范大学出版社,2001:141,102,104.
⑥ 赫伯特·马尔库塞. 审美之维 [M]. 李小兵,译. 桂林:广西师范大学出版社,2001:212.

们的"新感性",从而变革资本主义制度和生产方式,实现人们的自由和解放,就成了马尔库塞理论的"必然逻辑"①。换言之,审美救赎或者《审美之维》便成为马尔库塞审美解放论的逻辑结论。

综上所述,为了将人从发达资本主义社会的精神奴役中解放出来,必须以社会主义的"非压抑性文明"取代资本主义的"压抑性文明"。然而,正是发达资本主义社会的精神奴役使人们丧失了其否定性、批判性和超越性,从而变成了单向度的人。很显然,要想依靠已经单向度化的人来实现人类文明的变革,是根本不可能的。因此,为了实现社会主义"非压抑性文明"对资本主义"压抑性文明"的取代,首先就必须唤醒和恢复人们的否定性、批判性和超越性以"超越单向度的人"。乍看起来,这里的论证似乎已经形成一个死循环:超越了单向度的人才能把人从发达资本主义社会的精神奴役中解放出来,但正是发达资本主义社会的精神奴役造成了单向度的人。所幸的是,发达资本主义社会的精神奴役并没有能够完全渗透和淹没发达资本主义社会的一切领域,艺术和审美领域便是发达资本主义社会中唯一保持着否定性、批判性和超越性的领域。正因此,艺术和审美领域成了"超越单向度的人"的唯一希望之所在。于是,依靠艺术和审美来"超越单向度的人"便成了必然的结论。

然而,马尔库塞的审美解放论并非到此结束。作为马尔库塞审美解放论的逻辑结论,《审美之维》或者审美救赎又会成为内在于马尔库塞审美解放论的总体革命之"起点"。通过艺术和审美的启蒙,单向度的人被超越,具有反思性和批判性的历史主体被造就。他们将充分张扬自己的历史主体性和历史创造性,反思和揭示自己在发达资本主义社会的"压抑性文明"中被精神奴役的实质及其根源,并展开内涵经济、政治和文化的总体革命,以此"彻底终结"资本主义,实现与资本主义"具有质的差异的社会主义"②,以社会主义的"非压抑性文明"取代资本主义的"压抑性文明",从而将人们从发达资本主义社

---

① 王雨辰. 一种非压抑性文明何以可能——论马尔库塞对当代资本主义社会的伦理价值批判 [J]. 江汉论坛, 2009 (10): 54-59.
② 赫伯特·马尔库塞. 审美之维 [M]. 李小兵, 译. 桂林: 广西师范大学出版社, 2001: 100.

会的精神奴役中彻底地解放出来。①

要而言之,通过"审美救赎"唤醒和恢复人的否定性、批判性和超越性,以此超越"单向度的人",已然超越单向度的人展开"总体革命"消除"压抑性文明",实现和发展"非压抑性文明",从而实现"人的解放"。或许正是在这种意义上,马尔库塞宣称,"艺术代表着所有革命的终极目标:个体的自由和幸福"②。

其实,马尔库塞本人对此做过非常明确的说明。他在《爱欲与文明》"1961年标准版序言"中指出,"非压抑性生存",如果可能的话,也"只能是社会发生质变的结果",但是,"对这种可能性的意识及其要求的对价值的彻底重估,必须在一开始就为这样一种变化指明方向,因此,甚至在建设技术基础和物质基础时,就必须发挥作用。只是在这种意义上,关于压抑逐渐消除的观点才是社会变化的原因,而在所有其他方面,它都只能是结果"③。在《审美之维》中,他依然坚持强调,"人和自然的解放如果的确是可能的,那么,毁灭人和使人屈从的社会关系网络必须被打破",因此,虽然艺术是"解放的承诺",且这个承诺又是"审美形式的一个美的性质",但"无疑,在艺术的领域里,这个承诺并不能完全实现"④。

由此可见,马尔库塞的审美解放论并非是一种"只能停留于立足人性解放的抽象的伦理价值批判"和"抽象的爱欲解放"⑤;并非是一种"全面否定艺术、审美与现实的联系,完全排斥理性的介入,推崇艺术和审美作为解放之途

---

① 就此而言,王雨辰教授的如下论述是正确的。他说,如何唤醒沉睡于人们心灵深处对快乐原则的"记忆""幻想"和"希望",即马尔库塞所谓自主的"新感性"和"爱欲",从而恢复对现存社会秩序的批判否定能力,就成为"西方革命的前提和基础"(参见王雨辰. 一种非压抑性文明何以可能——论马尔库塞对当代资本主义社会的伦理价值批判 [J]. 江汉论坛, 2009 (10): 54-59)。
② 赫伯特·马尔库塞. 审美之维 [M]. 李小兵, 译. 桂林: 广西师范大学出版社, 2001: 236.
③ 赫伯特·马尔库塞. 爱欲与文明 [M]. 黄勇, 薛民, 译. 上海: 上海译文出版社, 2012: "1961年标准版序言" 2.
④ 赫伯特·马尔库塞. 审美之维 [M]. 李小兵, 译. 桂林: 广西师范大学出版社, 2001: 200, 220.
⑤ 王雨辰. 一种非压抑性文明何以可能——论马尔库塞对当代资本主义社会的伦理价值批判 [J]. 江汉论坛, 2009 (10): 54-59.

唯一道路的重要性","丝毫未触及资本主义的制度根源",并因此"最终只能停留在意识领域"的"诗意的浪漫和空想"①。恰恰相反,马尔库塞的审美解放论是在发达资本主义社会中人们津津乐道沉迷于"物化的幸福"和"奴役性的满足"时代,"发人深思"的"空谷足音"②。

三、马尔库塞审美解放论的当代价值

对于1978年《审美之维》出版以来的发达资本主义社会而言,《单向度的人》所论述的单向度的人依然是"单向度的人";《爱欲与文明》所展望的非压抑性文明和人的解放前景依然还是"前景"。这充分表明,当代发达资本主义社会的精神奴役依然十分严重。

罗默1988年在《在自由中丧失》中所说的当代资本主义社会主要通过"意识形态手段"维持资本主义财产关系③,奥尔曼2003年在《辩证法的舞蹈》指出的"资本家利用其控制宣传工具的权力设法使共产主义始终成为一种严加保守的秘密",以"确保没有人了解到共产主义实际上就是有关自由的东西"④,齐泽克2008年在《意识形态的崇高客体》所指认的当代资本主义社会的"极权意识形态",利用"简单的超意识形态暴力"和"对好处的承诺"来保证其"统治"和对他人的"操纵",以至于人们对其"虚假性""一清二楚"却依然对它"依依不舍"⑤,等等,便是这种严重性的证明。

可以说,思考和探讨如何实现发达资本主义社会向社会主义社会的过渡,一直是发达资本主义国家马克思主义者的核心主题,而他们遭遇的最大障碍和

---

① 刘同舫. 马克思人类解放思想史[M]. 北京:人民出版社,2019:195.
② 谭容培,刘永胜. 生命本然与审美存在之思:马尔库塞新感性实质[J]. 湖南师范大学社会科学学报,2008(2):121-126.
③ 约翰·E·罗默. 在自由中丧失[M]. 段忠桥,刘磊,译. 北京:经济科学出版社,2003:118.
④ 伯特尔·奥尔曼. 辩证法的舞蹈——马克思方法的步骤[M]. 田世锭,何霜梅,译. 北京:高等教育出版社,2006:"序言"Ⅱ.
⑤ 斯拉沃热·齐泽克. 意识形态的崇高客体[M]. 季广茂,译. 北京:中央编译出版社,2017:29,28.

严重困境便是主观条件的缺失。正因此,如前所述,自从德·利昂、德布斯、鲍丁和弗雷纳等早期美国的马克思主义者以来,经典西方马克思主义者卢卡奇、葛兰西、霍克海默、马尔库塞、阿尔都塞以及当代英美马克思主义者奥尔曼、塞耶斯、哈维、科恩、罗默等,都在致力于创造这种主观条件。然而,正是发达资本主义社会的严重精神奴役,致使这些努力收效甚微。①

从另一方面来看,也正是这一发达资本主义国家的马克思主义者所面临的"最大障碍和严重困境",反证了马尔库塞审美解放论极为重要的当代价值和现实意义。

马尔库塞的确说过,以为发达资本主义社会的无产阶级革命失败的原因在于"占统治地位的权力层、不成熟的生产力以及缺少阶级意识"等,这都"不是恰当的答案"②。在发达资本主义社会,"工人阶级已不再是一个革命的阶级"③。但如果因此认为马尔库塞不再重视作为革命主体的无产阶级及其阶级意识的启发,而是完全将希望转向了流浪汉和局外人,等等,似乎是不准确的。因为,马尔库塞很清楚,即使这些群体的反对是革命性的,他们的意识仍可能不是革命性的④。按照马尔库塞的逻辑,发达资本主义社会的工人阶级之所以不再是一个革命的阶级,恰恰是因为发达资本主义社会的严重精神奴役已经使工人们丧失了工人意识,更谈不上还具有什么工人阶级的阶级意识。因为他们看到的只是"工人和他的老板享受同样的电视节目并漫游同样的游乐胜地""打字员打扮得同她雇主的女儿一样漂亮""黑人也拥有凯迪拉克牌高级轿车""他们阅读同样的报纸"⑤;他们完全看不到"他们毕竟还是奴隶",虽

---

① 有关这一问题的详细论述,还可参见田世锭.当代英美马克思主义的困境及其启示[J].社会主义研究,2015(6):36-41;美国马克思主义者的理论宣传活动[M]//孙来斌,刘军主编.20世纪马克思主义发展史:第2卷.北京:中国人民大学出版社,2019:604-615。

② 赫伯特·马尔库塞.爱欲与文明[M].黄勇,薛民,译.上海:上海译文出版社,2012:78.

③ 赫伯特·马尔库塞.审美之维[M].李小兵,译.桂林:广西师范大学出版社,2001:153.

④ 赫伯特·马尔库塞.单向度的人[M].刘继,译.上海:上海译文出版社,2008:202-203.

⑤ 赫伯特·马尔库塞.单向度的人[M].刘继,译.上海:上海译文出版社,2008:8.

然是"受到抬举的奴隶"①；他们再也看不见"阶级、阶级斗争、异化及其他"②。

那么，如何才能使发达资本主义社会的工人们再次具有工人意识，并进而再次具有工人阶级的阶级意识，从而承担起其变革资本主义实现社会主义的历史性责任呢？马尔库塞指出，在一个"真正自由的文明"中，"整体的意志"只有借"个体的本性"才能实现；"人将真正作为个体而存在，人各自塑造着自己的生活"③。由此可见，必须首先使发达资本主义社会的工人们作为"个体"具有否定性、批判性和超越性，才可能使之作为一个阶级而存在，作为一个阶级而行动。以此来看，或许生活在底层的流浪汉、局外人，不同种族、不同肤色的被剥削者和被压迫者，失业者和不能就业者，只是促使那些"保守的公众"④不再保守的突破口。而解决问题的关键还在于唤醒作为"个体"的工人之否定性、批判性和超越性。于是，马尔库塞的《审美之维》的历史性意义再次得以凸显。

总之，当我们能够像马尔库塞那样充分认识到，当代发达资本主义社会的精神奴役如此之深，"已深入到实存的本能层面和心理层面"⑤的情况下，唯有依靠艺术和审美保有的否定性、批判性和超越性来唤醒"个体"的时候，我们便能够充分认识到马尔库塞审美解放论极为重要的当代价值和现实意义；也只有当我们能够像马尔库塞那样充分认识到，当代发达资本主义社会的问题症结在于其"物质丰裕"之上的"奴隶式满足""奴役性的高生活标准"⑥的时候，我们才能深刻体悟马尔库塞的良苦用心。

---

① 赫伯特·马尔库塞. 单向度的人 [M]. 刘继，译. 上海：上海译文出版社，2008：28.
② 伯特尔·奥尔曼. 辩证法的舞蹈——马克思方法的步骤 [M]. 田世锭，何霜梅，译. 北京：高等教育出版社，2006：IV.
③ 赫伯特·马尔库塞. 爱欲与文明 [M]. 黄勇，薛民，译. 上海：上海译文出版社，2012：174, 209.
④ 赫伯特·马尔库塞. 单向度的人 [M]. 刘继，译. 上海：上海译文出版社，2008：202.
⑤ 赫伯特·马尔库塞. 审美之维 [M]. 李小兵，译. 桂林：广西师范大学出版社，2001：124.
⑥ 赫伯特·马尔库塞. 审美之维 [M]. 李小兵，译. 桂林：广西师范大学出版社，2001：97.

第九章

女权马克思主义的女性解放论

在全球化新自由主义的冲击下,研究发达资本主义社会中女性问题的实质,寻求实现女性彻底自由解放的途径,是刻不容缓的需求。作为英美马克思主义学派之一的女权马克思主义,无不彰显着该学派的特征,致力于运用马克思主义理论来解决女性问题,从而实现女性的彻底解放,为女性的自由发展提供可能。

一、女性解放面临的新挑战

从远古的野蛮时代到当下的现代文明,社会的进程无不在更替与发展中向前推进。在现如今这个追求平等与自由的人类社会,虽然人们对女性的认可度越来越高且包容性越来越大,女性的境遇随之得到了很大程度的改善,女性身上曾经被奴役和压迫所束缚的枷锁也已慢慢地消失,"但女性的从属、屈从、依附地位并没有完全转变,职业选择和竞争、生育抚养孩子、传统性别观念等都还束缚着今天的女性"[1],在社会、生活、工作和家庭中她们仍然面临着许多新的问题以及多重的隐性约束压力,若想实现真正的两性平等可谓任重而道远。

根据 2020 年 3 月 5 日联合国妇女署发布的《北京会议召开 25 周年妇女权利评估》报告可以看出,一方面,自《北京行动纲领》被采纳以来,妇女和

---

[1] 陈培永. 女性的星空:恩格斯《家庭、私有制与国家起源》[M]. 广州:广东人民出版社,2016:9-10.

女童的权利都有所改善。当下，女童入学人数创有史以来新高，死于分娩的女性人数减少，世界各地女性参政成员比例翻了一番。近十年来，共有131个国家和地区通过了支持女性平等的法律。但另一方面，各国在实现性别平等方面的进展缓慢且不均衡。首先，在全球范围内，近20年来赋予女性有偿工作机会的比例一直停滞不前，其中年龄在25岁至54岁的女性只有不到三分之二（62%）的人进入了劳动力市场，相比之下，男性劳动力占比则超过了十分之九（93%）。其次，女性仍旧一直承担着生活中的大部分家务劳动和无偿护理工作，但获得的平均薪资比男性低16%。甚至在一些国家，男女薪资如此悬殊的差异之比达到了35%。另外，近一年来，大约五分之一（18%）的女性被亲密伴侣暴力对待，且在这些受害女性中，只有40%的人会选择寻求帮助或者报警。不仅如此，全球3200万女童仍然未能进入校园学习，处于失学状态。男性也仍然控制着四分之三的议会席位。

报告警示说，如果不承认和优先考虑最被排斥的妇女和女童，性别平等将永远无法实现。[1] 2022年9月8日联合国发布了以"不确定的时代，不稳定的生活，在瞬息万变的世界中塑造我们的未来"为题的《2021—2022年人类发展报告》，报告中明确指出："鉴于疫情已经进入第三个年头，人类发展报告将其描述为'通往新现实的窗口'，而不是回到老路。有效疫苗的开发被誉为一项里程碑式的成就，拯救了大约2000万人的生命，并展示了创新与政治意愿相结合的巨大力量。与此同时，疫苗的推出也暴露了全球经济的巨大不平等。在许多低收入国家，获得疫苗的机会微乎其微，而妇女和女孩遭受的伤害最大，她们承担着更多的家庭和护理责任，并面临着更多的暴力。"[2]

其实，随着女权主义的发展，女性解放面临的挑战从未停止过。一直以来，女权主义运动为消除两性不平等、寻求女性解放与发展、改善女性生活、提高女性地位等方面都做出了重大的贡献。放眼世界，第一次女权主义浪潮发生在19世纪中期至20世纪初，是为了争取女性拥有与男性相等的选举权和投

---

[1] 联合国妇女署.北京会议召开25年后妇女权利审查报告［EB/OL］.（2020-03-01）.https：//news.un.org/zh/story/2020/03/1052191.

[2] 联合国.联合国人类发展报告：90%的国家人类发展处于落后状态［EB/OL］.（2022-09-08）.https：//news.un.org/zh/story/2022/09/1108961.

票权而抗争；第二波女权主义浪潮是从20世纪60年代到70年代开始，女性力求性别平等，消除两性差别，获取与男性同等的就业机会与薪资报酬，拥有自主选择生育的权利，并且可以在政府部门和其他行业中崭露头角而斗争；第三波女权主义浪潮兴起于20世纪80年代的美国，女性不再只关注男女之间的差异，而是更多地认识到女性群体之间和个体之间的差异，并试图在阶级、种族、性别、性取向的复杂交叉性中寻求女性的平等地位，致力于让不同身份地位的女性都享有性别平等对待的权利。第四次女权主义浪潮的来袭可追溯到2008年，西方一些女权主义者们开始在网络上为女性发声，她们借助于网络工具，利用社交媒体来抗议对女性进行性骚扰和性暴力的恶劣行为，并一致呼吁全社会都应对女性公平以待。在这跨越世纪的起伏跌宕中，正是因为有这样一代又一代的女性同胞，她们奋力抗争，不畏牺牲，用她们的女性力量来打破传统的规矩，颠覆固有的形象，改变劣势的地位，争取平等的权利，她们的愤怒声、呐喊声、欢呼声在世界各地回荡着，在提醒着人们不要忘却了最初的那些斗争与苦难，也不要把当下来之不易的成就当作理所应当，更不要就此停驻对未来的追逐。经历了四次浪潮的女权主义，虽然已经取得了巨大的进步，已经享有同男性平等的法律地位和社会经济权利，拥有平等受教育的机会，但是在现实生活中，女权主义的许多目标还没有达成，现实社会中依然存在许多不平等不公正的事实现象，在社会上依旧属于"弱势群体"，男女工资的差距、会议成员中男女人数的差距、男性对女性的暴力侵害仍然存在，女性的性权力与生殖权力也没有完全实现。女性的价值诉求、女性对自由全面发展的追求都未能得以实现。由于女性的现实困境也是全球面临的治理难题，因此关注女性，维护和实现社会的公平与正义，寻求女性实现自由全面的发展途径，仍然是全人类的共同诉求。正如西尔维亚·沃尔拜（Sylvia Walby）所认为的那样，"虽然经过了几百年的努力，女权主义已经取得了很多局部性胜利，但是女权主义的目标尚未实现，许多目标仍然难以达成。在经济、政治、暴力和市民社会的制度领域里，仍然存在两性不平等的现象"[①]。

[①] 西尔维亚·沃尔拜. 女性主义的未来［M］. 李延玲, 译. 北京：社会科学文献出版社, 2016：40.

首先，随着女权主义运动与政府联系的加强，女权主义被纳入各种机构之中，并且以多种多样的组织形式出现，女权主义可以存在于基层组织、政府组织抑或是非政府组织，也可以存在于政府内部的不同部门之中，还可以是地区的、国家的或者是全球的。这说明"女权主义已不再支持牺牲主义、抗议活动和反对行为。女权主义的成功使其面临需要确定什么更优先、如何与政府及主流权力机构建立联系的困境"[1]。女权主义的特征和优势已经被分散化，并且随着全球化的发展，女权主义运动与其他主义运动的紧密性越来越强，比如女权主义与环保主义的结合、女权主义与社会民主主义的联合等，那么这种交叉式的项目，虽然在目标上可以相容、在行动上可以互相支持，但是也会在一定程度上削弱女权主义的独特性，降低女权主义的重要性，更严重的会让女权主义组织消失。因而，女性主义的未来可能会面临两种可怕的选择，要么继续联盟于其他政府部门或者运动之中，要么做好被边缘化的准备，选择独树一帜，保持女性主义的纯粹性。其实，无论如何选择，都会影响到整个社会的未来发展。面对全球化的不断加速推进，女权主义用反全球化女权主义运动做出了斗争形式的回应。

其次，随着新自由主义的不断冲击，随即带来了越来越多不平等、去民主化、全球金融危机等诸多困难，因而对女性造成了变本加厉的伤害，对女性主义实现性别平等的目标造成了更多威胁。这是由于新自由主义会带来金融危机，导致经济衰退，继而导致政府部门预算削减，从而就业机会与公共服务也会被降低，那么女性参加就业和公共服务的机会就会受到影响，以至于女性的福利、参加政治领域的机会就越来越少，减少性别不平等的目标更难以实现。可见，在深受新自由主义影响下的女性困境重重，一方面，她们要竭尽全力反抗性别不平等的局面，并要求加强民主化管理；另一方面，处于这一困境的她们，力求开展女权主义运动来反击之时，便会发现她们即将陷入更加艰难的境地，新自由主义的进一步扩张，会加速去民主化进程，以至于使一贯致力于走向民主化进程的女权主义将面临挑战与威胁。然而，当前的世界还是一个充满

---

[1] 西尔维亚·沃尔拜. 女性主义的未来 [M]. 李延玲，译. 北京：社会科学文献出版社，2016：15.

忧虑和不确定性的世界,全球社会危机不断,战争的入侵、疫情的危害、政治与社会两极分化的加剧、能源危机的频发、环境问题的危害等问题日益上演,并且世界可能面临日益严重的贫困与不公正。由于"女权主义的未来不仅取决于女权主义运动的内部资源,还取决于女权主义本身所处的更广泛的环境资源"[1],所以不难发现,当前女性所处的生存环境越来越不利于女性自身的发展,并对女性自身的发展构成了挑战。若是不能成功解决这些困难,那么消除女性不平等现象的目标将无法达成。而要实现女性解放、自由全面的发展这一目标,女权主义者就必须参与其中共渡难关。"女权主义运动无法独立于这些更为广泛的社会变革而存在。"[2] 全世界的女性仍然需要不遗余力地争取性别平等、寻求女性解放。

二、女权马克思主义的理论探索

女权主义的马克思主义与分析的马克思主义、后现代的马克思主义、市场社会主义、辩证法的马克思主义、生态学马克思主义,共属于20世纪70年代以来英美马克思主义的六种主要流派。[3] 鉴于"当代英美马克思主义又是马克思主义在发达资本主义条件下形成的独特马克思主义理论形态,如何在发达资本主义社会进行变革以使其过渡到社会主义社会,是其理论主题"[4]。因而不难发现,虽然每个英美马克思主义学派都有着各自的研究视角和领域,但是其共同点在于英美马克思主义者从不同方面对当代资本主义社会进行了反思与批判,且从不同角度对社会主义必然取代资本主义做了论证。当然,女性主义的

---

[1] 西尔维亚·沃尔拜. 女性主义的未来 [M]. 李延玲, 译. 社会科学文献出版社, 2016: 191.
[2] 西尔维亚·沃尔拜. 女性主义的未来 [M]. 李延玲, 译. 社会科学文献出版社, 2016: 192.
[3] 段忠桥. 20世纪70年代以来英美的马克思主义研究 [J]. 中国社会科学, 2005 (5): 47-56.
[4] 田世锭. 当代英美马克思主义的困境及其启示 [J]. 社会主义研究, 2015 (6): 36-41.

马克思主义者也毫不例外，她们"从女性主义的视角对当代资本主义展开批判，这一批判构成了当代西方左翼对资本主义批判的一个富有特色的方面，可以从一个特定的角度帮助人们认清当代资本主义的本质"①。这是女性主义的马克思主义共有的"批判性"，而不同的只是女性主义的马克思主义内部对如何理解和批判资本主义的非正义性具有不同的侧重点和理解方法。

而为了更好认清女性主义的马克思主义内部的差异性，在此之前必须明确女性主义的马克思主义这一概念。对这一概念的认识，国内学者有着不同的见解。秦美珠认为，女性主义马克思主义/女权主义马克思主义是一个统称，且是"以女性主义与马克思主义结合为分析框架的理论流派，这一流派在不同的背景下有不同的名称，如'马克思主义女性主义'（Marxist Feminism）、'社会主义女性主义'（Socialist Feminism）或'唯物主义女性主义'（Materialist Feminism）"②。其"从资本主义与父权制的制度批判相结合，从经济物质的分析与意识形态批判双重维度，将妇女问题与其他问题、妇女的共性与差异性相结合，对妇女受压迫与妇女解放进行了全方位的理论探讨"③。史巍、韩秋红指出，女性主义马克思主义是西方马克思主义诸多流派中的一个思想潮流，关于"'女性主义马克思主义是什么'的问题更应该放在全球化和人类性的背景上，将作为一个社会性别的女性的自由和解放问题放在整个人类的自由和解放的意义上，这样的女性主义马克思主义研究才更有研究的价值，也更有坚实的人类性思想理论基础"④。陈学明认为，"'女性主义马克思主义'是东欧剧变后在西方世界另一个发展比较迅速的马克思主义派别"⑤，且"它作为女性主义中的一个派别，与女性主义中的其他派别如自由主义的女性主义、激进女

---

① 陈学明. 西方女性主义的马克思主义对资本主义全球化的独特批判 [J]. 毛泽东邓小平理论研究，2007（1）：70-74.
② 秦美珠. 女性主义马克思主义：思想历程、理论特征及其意义 [J]. 当代国外马克思主义评论，2008（00）：144-161，405-406.
③ 秦美珠. 女性主义马克思主义：思想历程、理论特征及其意义 [J]. 当代国外马克思主义评论，2008（00）：144-161，405-406.
④ 史巍，韩秋红. 女性主义马克思主义研究的哲学思考 [J]. 学术交流，2009（10）：19-22.
⑤ 陈学明. 评20世纪90年代初以来的西方的马克思主义哲学研究 [J]. 当代国外马克思主义评论，2012（00）：14-53，400-401.

性主义和后现代女性主义的重大区别在于它把对现代社会妇女受压迫状况的揭露与对现代资本主义的批判紧紧地结合在一起,强调妇女受压迫的根源在于资本主义与父权制的结合,它既不同意那种认为妇女体力弱小是她们受压迫根源的观点,也不认可那种把妇女之所以受压迫归结于其生理结构的做法"[1]。田世锭将女性主义的马克思主义理解为以马克思主义作为分析工具,从女性受压迫问题出发,用来争取女性解放,以达到批判当代资本主义,以谋求资本主义向社会主义转变为根本目的。[2] 由此可见,虽然对于女性主义的马克思主义的理解方式各有侧重,但是可以肯定的是,女权主义的马克思主义者"在政治立场上她首先是一个马克思主义者,持有马克思主义阶级革命的立场"[3],其次才是一个女性主义者,试图把马克思主义与女性主义相结合,善于"将马克思主义原则(即唯物主义的)延伸至对女性受压迫的分析,从女性主义分析获得对资本分析的评论"[4],并且其宗旨目标并不只是关心女性主义和探究女性解放之路,而是致力于实现人类的自由和解放与社会主义变革。相比之下,马克思主义的女性主义者在政治立场上首先是女性主义者,坚持运用马克思主义来分析女性问题,以谋求女性解放作为根本目标,但同时并不反对通过社会主义革命来实现女性解放。简言之,"马克思主义的女权主义流派主要是一些信奉和研究马克思主义的女学者,用马克思主义的观点来阐述女权问题"[5]。

但"支持马克思主义女性主义模式的学者在承认马克思主义逻辑自洽性及其对建构女性主义理论的有效性的同时,多数都肯定社会主义革命对女性解放具有重要意义,因而多数马克思主义女性主义者同时也是女性主义马克思主义者"[6]。

---

[1] 陈学明. 西方女性主义的马克思主义对资本主义全球化的独特批判 [J]. 毛泽东邓小平理论研究, 2007 (1): 70-74.

[2] 田世锭. 辩证法: 西方马克思主义研究的新前沿——基于《新世纪的辩证法》的分析 [J]. 中国人民大学学报, 2012, 26 (3): 49-54.

[3] 陈英. 女性主义的马克思主义何以可能? [J]. 吉首大学学报(社会科学版), 2011 (5): 13-17.

[4] DELPHY C, LEOHARD D. A Materialist Feminism Is Possible [J]. Feminist Review, 1984 (4): 88.

[5] 段忠桥. 当代国外社会思潮(第3版) [M]. 北京: 中国人民大学出版社, 2020: 217.

[6] 鹿锦秋. 南希·哈索克的马克思主义女性主义研究 [M]. 北京: 中国社会科学出版社, 2015: 89-90.

例如，南希·哈索克、马撒·吉梅内斯等人，她们既是马克思主义女性主义者，同时又是女性主义的马克思主义者，研究她们的理论观点有助于我们更加全面、深刻地把握和理解女权主义的马克思主义和马克思主义女性主义流派的发展历程和思想精髓。

南希·哈索克（Nancy C. M. Hartsock，1943—2015）于1984年至2009年在美国华盛顿大学担任政治学和妇女研究的教授，是有代表性的"女权主义的马克思主义"[1]，也是"马克思主义女性主义理论流派的重要代表人物和主要创始人之一"[2]。其广泛涉及马克思主义、哲学、女性主义、政治学等多个研究领域，可以说为促进英美马克思主义发展和捍卫马克思主义正当性做出了不容忽视的贡献。

20世纪70年代以来，西方社会经历着从现代到后现代语境的转变再到全球化时代的加速到来，这一时代语境的变化对哈索克的女性主义理论研究产生了重大影响，其思想发展历程可分为认识论、辩证法和全球化三个主题。

首先，关于女权主义立场论。哈索克是"当代西方女性主义立场论的最早命名者和最早创建者之一"[3]，其女性主义立场论源于马克思主义，"相比于史密斯社会学进路的立场论、罗斯自然科学进路的立场论、哈丁科学哲学进路的立场论、贾格尔政治哲学进路的立场论、哈拉维后马克思主义进路的立场论，哈索克女性主义立场论的独特之处就在于将历史唯物主义视为建构女性主义认识论的方法论原则并力图从性别维度补充与发展历史唯物主义，以女性主义立场为基础建构一种特有的女性主义历史唯物主义"[4]。当马克思恩格斯的历史唯物主义理论遭遇后现代主义的冲击和鞭挞时，当像海迪·哈特曼（Heidi Hartman）这样的马克思主义女性主义者质疑马克思主义是"性别盲"，指责马

---

[1] 田世锭. 辩证法：西方马克思主义研究的新前沿——基于《新世纪的辩证法》的分析[J]. 中国人民大学学报，2012，26（3）：49-54.

[2] 鹿锦秋. 南希·哈索克的马克思主义女性主义研究[M]. 北京：中国社会科学出版社，2015：2.

[3] 鹿锦秋. 南希·哈索克的马克思主义女性主义研究[M]. 北京：中国社会科学出版社，2015：92.

[4] 鹿锦秋. 南希·哈索克的马克思主义女性主义研究[M]. 北京：中国社会科学出版社，2015：93-94.

克思恩格斯并没有把女性问题看作一个特定问题并放置在历史唯物主义分析的中心的，哈索克并没有摒弃它，她坚信："马克思思想分析的深刻性有赖于他对资本主义社会中阶级统治权问题所采用的历史唯物主义方法。他的成功隐含着一种建议：女性主义者应该采用历史唯物主义方法去理解男性霸权统治的优越性。"① 当然，哈索克的女性主义立场论并不是对历史唯物主义全盘照抄，而是对社会存在决定社会意识意识理论、阶级分析理论和意识形态理论等历史唯物主义观点和方法采取了批判性的继承，而且仍旧坚信历史唯物主义方法论是用来批判资本主义父权制社会、建构女性主义理论、推动女性解放运动而强有力的分析工具与理论武器。其次，关于内在关系辩证法，伴随着20世纪90年代初全球化浪潮的迅猛发展，"资本的全球化应该被重新理解为带有明显社会性别烙印的原始积累，它会给男女两性带来不同影响，会对他/她们的经济、政治参与带来不同的发展潜力"②。"全球化"这把双刃剑在给世界各国女性带来好处和便利的同时，也正在加深着对全球女性的歧视与偏见，两性之间的财富、机会、权力会显得越发不公平。"当代资本积累过程并不是性别中立的，而是建立在女性支撑的基础之上——依赖对女性的剥削及其伤害，甚至可能会公开利用和剥削女性。"③ 那么，找到一条在全球化语境下解放女性的出路就显得尤为重要。哈索克在马克思主义辩证法那里找到了答案。她认为马克思主义辩证法是"一种关注世界上所发生的一切变化和相互作用的思维方式"④，并坚信"我对马克思主义辩证法的理解将有益于发展我的女性主义理论"⑤。

---

① N HARTSOCK. The Feminist Standpoint Revisited and other Essays［M］. Boulder. CO：Westview Press，1998：105.
② N HARTSOCK. Globalization and Primitive Accumulation：The Contributions of David Harvey's Dialectical Marxism［M］. in Noel Castree and Derek Gregory（eds.），David Harvey：A Critical Reader. New York：Blackwell，2006：170.
③ N HARTSOCK. Globalization and Primitive Accumulation：The Contributions of David Harvey's Dialectical Marxism［M］. in Noel Castree and Derek Gregory（eds.）. David Harvey：A Critical Reader. New York：Blackwell，2006：170.
④ 伯特尔·奥尔曼. 辩证法的舞蹈——马克思方法的步骤［M］. 田世锭，何霜梅，译. 北京：高等教育出版社，2006：5.
⑤ NANCY CM. Hartsock. Marxist Feminist Dialectics for the Twenty‑first Century［J］. Science and Society，1998，63（3）：404.

虽然马克思主义辩证法，在后现代主义者、后马克思主义者那里遭到了前所未有的否定，但是哈索克认为马克思主义辩证法依旧具有强大的生命力和当代价值，依旧是马克思主义历史唯物主义的基本方法，依旧是认清资本主义最有力的理论武器。此外，哈索克积极借鉴了以伯特尔·奥尔曼和戴维·哈维为代表的辩证法马克思主义的内在关系辩证法，"即以'内在关系'为核心的辩证法"①。她表明："我甚为感激奥尔曼关于马克思主义辩证法以内在关系为基础的观点。我还分享了戴维·哈维关于辩证法极为相似的看法。"② 按照奥尔曼的内在关系辩证法来看，"内在关系辩证法的核心内容归根结底就是'关系'观，它将任何事物都视为包含着其历史和可能的未来及其与其他事物之间关系的'关系'，而整个世界只不过是这样一种'关系整体'"③。又因为有"内在关系，当我们考察整体的任何部分的时候，我们都能够看到整体，尽管只是看到了一个侧面"④。所以，哈索克"深谙内在关系辩证法关于部分反映整体的观点，并因而认为女权主义应该有利于分析作为整体的社会，而不只是研究女性"⑤。具体来看，首先，哈索克在为马克思主义真理观进行辩护时，把真理和实践、真理和权力的内在关系作为主线，来诠释马克思主义真理观，并且从女性的实践活动出发，增加了马克思主义实践真理观的女性视角，为女性主义立场论的正当性进行了有力辩护；其次，在为马克思主义主体观捍卫时，哈索克从质疑米歇尔·福柯话语/权力观着手，对这种后现代主义/后结构主义主体观进行了辩证理性的批判，并且运用内在关系辩证法，对女性主体的内在规定性做出了阐释。主要体现在以下三方面：第一，女性主体的物质实践性本质，是要把女性置于一定历史条件下和社会关系中从事社会实践活动的"现实的

---

① 田世锭. 辩证法：西方马克思主义研究的新前沿——基于《新世纪的辩证法》的分析[J]. 中国人民大学学报，2012，26（3）：49-54.
② BERTELL O, TONY S. Dialectics for the New Century [M]. New York: Palgrave Macmillan, 2008: 225.
③ 田世锭. 辩证法：西方马克思主义研究的新前沿——基于《新世纪的辩证法》的分析[J]. 中国人民大学学报，2012，26（3）：49-54.
④ 伯特尔·奥尔曼. 辩证法的舞蹈——马克思方法的步骤 [M]. 田世锭，何霜梅，译. 北京：高等教育出版社，2006：79.
⑤ 田世锭. 辩证法：西方马克思主义研究的新前沿——基于《新世纪的辩证法》的分析[J]. 中国人民大学学报，2012，26（3）：49-54.

人",正因为以此为出发点,才能把关于女性主体的相关性问题放置于历史唯物主义视域中审视,从而捍卫了女性主义的主体性。第二,女性主体从属性与能动性的辩证统一。在哈索克看来,资本主义父权制社会中的女性群体和无产阶级、被殖民者等边缘群体一样,属于从属地位,缺乏主体能动性和创造性,因而不能自由自主地发展,但"不能认为这些群体是由其自身处于某种特定社会位置而运用特定方式去(被迫去)看待世界所形成的某种屈从塑造成的"①。在看清这些边缘群体在整个社会中处于被压迫的依附地位的同时,也要意识到她/他们的反抗精神和觉醒意识,是敢于从当下被压迫被屈从的不公平关系中挣脱出来,为追求人类解放和平等公正的能动性的主体者。因而,女性若想得以解放,必须明白从属性到能动性转化的重要性,做到从属性与能动性的辩证统一。女性群体和无产阶级一样,"一旦被支配的主体地位被自觉地认识到了,就会被改造成更有效的反抗平台"②。因而,南希·哈索克"选择女权主义而不是妇女的立场来研究'21世纪马克思主义的女权主义辩证法',皆在支持当今资本主义社会中被压迫、被剥削、被边缘化的多数人的斗争,以谋求变革作为整体的资本主义社会"③,成为实现人类解放的历史主体。第三,女性主体的集体性与个体性的辩证统一。哈索克认为女性集体主体对于女性主体能动性的建构对社会历史的向前发展具有更重要的作用,她指出:"至关重要的主体不是指作为人类的简单的单个主体,而是指按照关系定义的更大的集体主体或群体。"④ 马克思认为人的本质是一切社会关系的总和,每个独立的个体都不是机械的孤立的存在,而是在社会关系中形成有机的统一,从而发展成了更为强大的集体力量。在女性群体中,只有增强女性集体的主体性,调动她们有意识且自主能动的团结集体意识,女性才有可能成为真正的能动性历史主体。当

---

① N HARTSOCK. Marxist Feminist Dialectics for the Twenty-first Century [J]. Science and Society, 1998, 62 (3): 407.
② N HARTSOCK. Marxist Feminist Dialectics for the Twenty-first Century [J]. Science and Society, 1998, 62 (3): 408.
③ 田世锭. 辩证法:西方马克思主义研究的新前沿——基于《新世纪的辩证法》的分析 [J]. 中国人民大学学报, 2012, 26 (3): 49-54.
④ N HARTSOCK. Moment, Margins, and Agency: An Engagement with Justices, Nature and the Geography of Difference [J]. Annals of the Association of American Geographers, 1998, 88 (4): 5.

然，相比单个主体，哈索克更重视集体主体，但不能说她否定了个人主体。整个现实社会是由一个个单独个体组成的，而个人也不是脱离现实社会关系而孤立存在的抽象的人，在社会关系中每个个人又都是相互联系相互发展着的，若离开了现实的个人，那么社会关系也就不复存在。因而可以发现，"主体构造就是'个体'与较大规模的社会力量之间复杂的相互作用的结果"[①] 被视作对集体主体和个体主体的辩证关系的合理诠释，哈索克把集体主体和个体主体的辩证统一关系应用于女性事业的发展，认为一方面要重视女性集体对于反抗女性被压迫，寻求女性解放这一诉求的一致性追求，另一方面也不能排斥女性群体中每个女性个体的差异性和多元性，要在两者之间寻求最佳的平衡。最后在此基础上，哈索克指出社会结构客观性与人的主观能动性是辩证统一的关系，既不能像卢卡奇、葛兰西那样一贯强调人的主体能动性，而忽视了社会结构客观性，也不能像阿尔都塞那样认为"历史是无主体过程"，只在乎社会结构客观性，而否定了人的主体能动性。其实这两种观点都具有片面性与不合理性，应当意识到人是社会发展的动力，也是社会发展的主体，人的主体能动性能够反作用于社会存在，能够对社会历史发展起到促进或者阻碍的作用。同时，人的主观能动性也不能随心所欲，也要遵循社会发展的客观规律，也要受到社会现实条件的限制。总之，既要重视人的主体能动性的发挥，又要尊重社会历史发展的客观规律，做到历史的具体的统一。对此，哈索克赋予了社会结构客观性和主观能动性的辩证统一关系以女性主义性别维度的底色，一方面女性收获的认知水平和知识经验的程度取决于物质生产方式及在此基础上形成的社会结构和社会制度，另一方面女性的地位与女性从事的活动息息相关，若想实现男女平等，获得女性解放，就应当揭露当代资本主义的丑恶面目，对资本主义父权制进行尖锐的批判和变革，并且在此过程中，女性需要肯定自身的重要价值，并在社会实践中充分的发动女性自身的主观能动性，为实现女性解放而创造有利的条件。总体而言，哈索克的马克思主义女权主义辩证法的最大理论贡献在于"一方面是通过辩证方法对女权主义进行马克思主义改造；另外一方面

---

① N HARTSOCK. Marxist Feminist Dialectics for the Twenty-first Century [J]. Science and Society, 1998, 62 (3): 408.

是通过辩证方法对马克思主义进行女权主义补充"[1]。最后,关于女性主义全球化理论。在哈索克看来,大卫·哈维"对社会性别的疏忽,这导致他最终遗漏了支配全球资本积累过程的某些核心特征"[2],继而"可能不会领悟到女性主义者、反种族主义者、女同性恋/男同性恋/双性恋/变性者工作及其著述的深刻的革命特征"[3]。而在大多数主流经济全球化理论中,与大卫·哈维拥有相同主张的学者并不少,可以说"有关全球化的文献,不管是受到马克思主义的影响,都没有对女性作用和女性如何被包含或被排除在全球化之外等问题进行重要思考。……在宏阔浩大的理论层面上,全球化经济话语消除了有助于完整理解全球化社会和经济维度的性别视域"[4]。因而在经济全球化话语体系中,性别视域的缺失只会越发凸显出"妇女/性别的话语在全球化研究领域是'少而弱',成了可有可无的因素"[5],还"严重影响着对有关全球化的发展动态和关键结果的理论化,同时也波及政策和实践的发展,并影响着开展集体赋权来促进有效的社会变迁,以减少人类的不平等、不安全和全球的不公正"[6]。之所以哈索克会立足于性别视角去探讨经济全球化问题,是由于"社会性别是一个至为关键的维度,必须被纳入对全球化的讨论之中,以审视全球化如何造成了女性和男性在机会、挑战、风险和困境上的差异,以及反过来它又如何改变了社会变迁的进程"[7]。

---

[1] 鹿锦秋. 当代马克思主义哲学的女权主义发展——南希·哈索克的辩证女性主义思想探析 [J]. 妇女研究论丛, 2012 (5): 69-77.
[2] N HARTSOCK. Globalization and Primitive Accumulation: The Contributions of David Harvey's Dialectical Marxism [J]. in Noel Castree and Derek Gregory (eds.), David Harvey: A Critical Reader New York: Blackwell, 2006: 170.
[3] N HARTSOCK. Globalization and Primitive Accumulation: The Contributions of David Harvey's Dialectical Marxism [J]. in Noel Castree and Derek Gregory (eds.), David Harvey: A Critical Reader New York: Blackwell, 2006: 172.
[4] N HARTSOCK. Women and/as Commodities [J]. Canadian Journal of Women's Studies, 2004, 23 (4): 14.
[5] 闵冬潮. 全球化与理论旅行:跨国女性主义的知识生产 [M]. 天津:天津人民出版社, 2009: 14.
[6] 周颜玲 (Esther Ngan-ling Chow). 至关重要的社会性——21 世纪如何开展全球化和社会变迁研究 [J]. 蔡一平, 谭琳, 编译. 妇女研究论丛, 2009 (3): 61-69.
[7] 周颜玲 (Esther Ngan-ling Chow). 至关重要的社会性——21 世纪如何开展全球化和社会变迁研究 [J]. 蔡一平, 谭琳, 编译. 妇女研究论丛, 2009 (3): 61-69.

马撒·E. 吉梅内斯（Martha E. Gimenez）是"当代英美女权主义马克思主义的重要代表"[1]，也是"当代美国马克思主义女权主义的代表人物"[2]。她作为美国科罗拉多大学教授，"反映了当前美国女权主义的马克思主义研究的代表性观点"[3]，试图在马克思主义理论那里发现资本主义是女性遭受压迫的根源。随着东欧剧变，社会主义阵营解体，出现了"马克思主义终结论""马克思主义过时论"等论调，马克思主义历史唯物主义、辩证法等基本思想遭到了后现代主义、后马克思主义等反马克思主义势力的否定和抛弃。面对"一边倒"的局势，吉梅内斯却"重新审视马克思主义对女性主义所具有的重要性是有意义的（尽管现在流行的学术界的看法认为它无足轻重），因为只要资本主义仍是占统治地位的生产方式，那么如果不以对马克思的研究的分析为基础，就绝不可能理解那些形成妇女压迫和男人与妇女之间种种关系的各种力量"[4]。就是说，吉梅内斯在马克思主义那里洞见了真相，来探究资本主义制度下的妇女压迫问题。她指出："为了分析女性受压迫，就需要理解马克思的辩证唯物主义本体论和方法论，以及历史唯物主义基本前提的相关性。"[5]而"要掌握女性受压迫的资本主义决定因素，就必须遵循马克思主义的方法论"[6]。她坚信："马克思对女性主义理论和政治最重要的潜在贡献正在于他的研究中被大多数女权主义者所忽视的一个方面：他的方法论。"[7]

而马克思的这一方法论主要体现在：第一，抽象的辩证理解。在吉梅内斯

---

[1] 田世锭. 英美马克思主义者对社会主义的三种论证 [J]. 社会主义研究, 2009（4）: 66-70.
[2] 虞晖. 马克思的方法论和女性的从属地位——马撒·吉梅内斯对当代女性受压迫问题的分析 [J]. 甘肃理论学刊, 2008（3）: 82-86.
[3] 段忠桥. 20世纪70年代以来英美的马克思主义研究 [J]. 中国社会科学, 2005（5）: 47-56.
[4] 马莎·希门尼斯. 马克思的方法论与女性主义 [M] //周守吾, 译. 申淼. 马克思主义与女性主义. 北京: 中国人民大学出版社, 2022: 46.
[5] 马莎·希门尼斯. 资本主义与对女性的压迫: 重访马克思 [M] //周守吾, 译. 申淼. 马克思主义与女性主义. 北京: 中国人民大学出版社, 2022: 53.
[6] 马莎·希门尼斯. 资本主义与对女性的压迫: 重访马克思 [M] //周守吾, 译. 申淼. 马克思主义与女性主义. 北京: 中国人民大学出版社, 2022: 53.
[7] 马莎·希门尼斯. 马克思的方法论与女性主义 [M] //周守吾, 译. 申淼. 马克思主义与女性主义. 北京: 中国人民大学出版社, 2022: 47.

看来,"当我们从这些'现象的具体概念'(如女性、男性、家庭、儿童保育等)推进到'越来越简单的概念'或抽象,意味着复杂现象的部分、单一方面,例如在家务劳动、性别分工、性别时,我们就会获得知识。然后,我们在这些抽象概念的历史社会关系或可能性的条件进行理论和实证的研究之后,回到我们所关心的现象,现在被理解为'一个包含许多决定和关系的整体'。这个概念现在是一个'真正的具体',因为它是'许多定义的综合,因此代表了不同方面的统一'"①。第二,对孤立地、先于分析现象背后的历史特定结构和关系以及起源的批判。从马克思的辩证本体论立场来看,"每一个抽象概念或分析范畴只捕捉复杂整体的一个时刻或一个方面。事物之所以是它们本身,是因为它们与其他事物的关系,这些关系并不总是可见的,但是能够被识别,我们不是把经验上可以观察到的事物本身视为理所当然,而是去探究它的可能性条件和变化。这种方法论的立场需要区分社会现实的可见和不可见的方面,并引导我们寻找使我们能够观察到的情况成为可能的基本条件和社会关系"②。"如果事物的外表和本质直接重合,那么所有的科学都将是多余的"③。也就是要求学会区分事物的本质与现象,靠思维去把握事物的内部联系和本质,去探寻这些现象背后的社会关系。吉梅内斯认为,我们可以透过一些显现的表现形式来意识到性别不平等,比如获取不平等的薪酬、享有不平等的受教育机会、遭遇男性对女性的家庭暴力、女性在家庭中承担主要的家务劳动、妇女对子女承担更多的抚养和教育职责等。面对这些不公平的社会现象,女性主义者利用社会科学的理论工具,构建出"简单的抽象概念",例如劳动性别分工、性别分层、社会性别、社会性别分层、父权制、性/社会性别体系、女性交换等。然而,这些抽象的概念,是在无视人类的多样性和忽视产生自我认同的历史条件中形成的,是在痛斥马克思主义的"经济决定论"和"阶级还原论"的基础上创造的,因而导致她们的女性主义理论是与马克思主义断裂的,例如凯

---

① 马莎·希门尼斯. 资本主义与对女性的压迫:重访马克思[M]//周守吾,译. 申森. 马克思主义与女性主义. 北京:中国人民大学出版社,2022:54.
② 马莎·希门尼斯. 资本主义与对女性的压迫:重访马克思[M]//周守吾,译. 申森. 马克思主义与女性主义. 北京:中国人民大学出版社,2022:54.
③ 马莎·希门尼斯. 资本主义与对女性的压迫:重访马克思[M]//周守吾,译. 申森. 马克思主义与女性主义. 北京:中国人民大学出版社,2022:54.

特·米利特（Kate Millett）、舒拉米斯·费尔斯通等激进女性主义者认为女性受压迫根源于父权制，"性别对立在社会发展中的首要地位，性行为和性偏好的关键作用，以及社会主义作品在女性问题上无法改变的缺陷"①，海迪·哈特曼（Heidi Hartmann）指出，"妇女在劳动力市场的从属地位加剧了她们在家庭内的从属性，在家里的从属性反过来又加剧了她们在劳动力市场的从属性"②。妇女要想获得自由解放，就必须既反对父权制又反对资本主义的社会制度。第三，历史概念以及一般与特殊的辩证法。马克思的历史唯物主义观告诉我们，历史的所有事件发生的根本原因取决于物质存在与发展的丰富程度，社会历史的发展有其自身固有的客观规律。马克思指出："把经济范畴按它们在历史上起决定作用的先后次序来排列是不行的，错误的。它们的次序倒是由它们在现代资产阶级社会中的相互关系决定的，这种关系同表现出来的它们的自然次序或者符合历史发展的次序恰好相反。问题不在于各种经济关系在不同社会形式的相继更替的序列中在历史上占有什么地位，更不在于它们在'观念上'（在关于历史运动的一个模糊的表象中）的顺序。而在于它们在现代资产阶级社会内部的结构。"③ 吉梅内斯认为，两性之间的不平等需要在历史背景下进行考察，首先应"阐明其在特定生产方式（如资本主义）中的可能性和支持条件，其次是调查导致其资本主义形态形成的历史过程"④。

其次，资本主义生产方式导致女性受压迫。吉梅内斯认为，"在资本主义制度下，生产方式决定了再生产方式，并由此产生的男女之间的明显不平等关系的观点，不是'经济主义'或'阶级还原'的形式，而是在宏观层面对男女关系影响的复杂网络的认识，一种由资本积累而不是由满足人民需要的目标

---

① 莉丝·沃格尔. 马克思主义与女性受压迫：趋向统一的理论 [M]. 虞晖，译. 高等教育出版社，2009：5-6.
② 李银河. 妇女：最漫长的革命：当代西方女性主义理论精选 [M]. 北京：中国妇女出版社，2007：61.
③ 中共中央马克思恩格斯列宁斯大林著作编译局. 马克思恩格斯文集：第8卷 [M]. 北京：人民出版社，2009：32.
④ 马莎·希门尼斯. 资本主义与对女性的压迫：重访马克思 [M] //周守吾，译. 申森. 马克思主义与女性主义. 北京：中国人民大学出版社，2022：55.

驱动的生产模式"①。而资本主义生产方式决定了社会组织和人类再生产或再生产模式的经济基础,从而导致了两性不平等的关系。资产阶级在资本积累的过程中,会选择实现利润最大化的商业决策,那么没有机会获得再生产条件的人们,当面临"无产化、商品生产普遍化以及长期失业和就业不足的综合影响,迫使男女出卖劳动力以赚取购买基本必需品所需的货币。就业是长期稀缺的,而且生产力的变化导致了以技能、报酬复杂分级为特点的社会和技术的劳动分工"②。因而,不管是男性还是女性,为了满足自己的基本生存需要,都要求竞争上岗,以至于两性在公共的工作领域会演变成竞争关系,女性会处于劣势地位。其实,女性的贫困化归根结底是由于资本主义生产方式导致的,"妇女的贫困是一个更广泛现象的一个方面:越来越多的无财产人口,无论男女,无法获得自身再生产所必需的最低条件"③。资本家通过遏制无产者,获取高薪的机会,从而能最大限度地支配他们廉价的劳动力,因而他们自己的再生产能力遭到打压,女性的从属地位很难被颠覆。此外,"在资本积累的限制范围内,男性工人有一个主要的经济生存来源——工资或有薪劳动,而女性工人除了有报酬的工作外,还有无报酬的家务劳动"④。不难发现,在家庭领域中,女性被迫属于从属地位。又由于"资本主义的结构限制影响到无财产男女如何谋生,以及他们是否有可能组成稳定的组合,这是男女之间结构性不平等的物质基础"⑤。而这一结构限制了"无财产男女的机会结构,使女性主要从事家庭/生殖劳动领域,其次从事有报酬(工资或薪水)劳动,从而为其相对

---

① 马莎·希门尼斯. 资本主义与对女性的压迫: 重访马克思 [M] //周守吾, 译. 申森. 马克思主义与女性主义. 北京: 中国人民大学出版社, 2022: 57.
② 马莎·希门尼斯. 资本主义与对女性的压迫: 重访马克思 [M] //周守吾, 译. 申森. 马克思主义与女性主义. 北京: 中国人民大学出版社, 2022: 58.
③ 马莎·希门尼斯. 资本主义与对女性的压迫: 重访马克思 [M] //周守吾, 译. 申森. 马克思主义与女性主义. 北京: 中国人民大学出版社, 2022: 59.
④ 马莎·希门尼斯. 资本主义与对女性的压迫: 重访马克思 [M] //周守吾, 译. 申森. 马克思主义与女性主义. 北京: 中国人民大学出版社, 2022: 59.
⑤ 马莎·希门尼斯. 资本主义与对女性的压迫: 重访马克思 [M] //周守吾, 译. 申森. 马克思主义与女性主义. 北京: 中国人民大学出版社, 2022: 60.

经济、社会和政治权力的差异奠定了客观基础"①。整体而言，女性在家庭和劳动领域都处于受压迫的境况，不仅如此，在各个不同领域的内部，比如家庭、企业、官僚等内部，对于男女不平等的具体情况分析，不仅要从微观基础上研究，还需要从整个社会结构中分析。再生产对生产的从属地位，不但构建了在资本主义社会形态中宏观层面和微观层面的不平等，而且也影响到人们的社会实践生活，同时也影响到他们的物质基础和意识形态。

最后，资本主义带来阶级分化，女性不再只是受制于男性的压迫，随着社会经济地位差异的变化，资产阶级女性与无产阶级女性之间、中产阶级女性与无产阶级女性之间都产生了利益矛盾与对立。虽然当前女性在经济水平、生活质量、政治权力等方面都争取到了很大的改善，但是由于"阶级分化的存在限制了资本主义制度下女性状况的实质性改变"②，因而在整体上也没有实质性地改变所有女性的不平等现状。"尽管国家可以废除阻碍所有公民充分参与政治的差别，但它并没有废除作为这些差别的基础并以国家的存在和特点为前提的社会关系。"③ 也就是说，只要资本主义的社会结构关系没有改变，资本主义统治依旧存在，那么女性与其他被压迫群体就会一直被不公平对待。因而，只有当资本主义社会消亡，社会主义取而代之时，全世界的女性才会完全摆脱剥削与压迫，才会得以彻底解放。

综上所述，马撒·E.吉梅内斯坚信马克思主义理论，运用马克思主义的方法论，来剖析在资本主义制度下男女不平等、女性受压迫的症结所在，让我们更加清楚资本主义是如何压迫女性的。判断生产、再生产与女性压迫之间的关系，不仅有助于厘清作者马撒·E.吉梅内斯本人的思想精髓，而且为更加全面地认识女权马克思主义理论提供了新的途径，同时为我们坚定社会主义信念给予了更加坚定的信心，为广大女性群体寻求女性解放带来了更多的期许。

---

① 马莎·希门尼斯.资本主义与对女性的压迫：重访马克思［M］//周守吾，译.申森.马克思主义与女性主义.北京：中国人民大学出版社，2022：60.
② 马莎·希门尼斯.资本主义与对女性的压迫：重访马克思［M］//周守吾，译.申森.马克思主义与女性主义.北京：中国人民大学出版社，2022：63.
③ 马莎·希门尼斯.资本主义与对女性的压迫：重访马克思［M］//周守吾，译.申森.马克思主义与女性主义.北京：中国人民大学出版社，2022：63.

三、女性解放何以可能？

新时代的车轮承载着亿万女性对美好生活的憧憬，它向前行驶着，一路上带来了许多新的机遇，同时也背负着新的挑战。虽然当代女性在政治、经济、文化、社会和家庭生活等各方面很大程度上都享有同男性平等的权利，并且在制度和法律上获取了应有的权利和保障，但是毋庸讳言，现实的社会中依然存在着直接或者间接歧视女性的现象，女性不管是在社会中还是在工作、家庭中，都面临着各种新的现实困境。可以说，女性尚未得到彻底解放是一个不争的事实。实际现实中，如联合国妇女署执行主任姆兰博·努卡所说："此次妇女权利审查的结果表明，尽管我们取得了一些进展，但没有任何一个国家实现了性别平等。平等并不仅仅体现于妇女占据了四分之一的重要职位。目前的真实情况是：男性占据了全球75%的国会议员席位，担任了73%的管理职位，在气候问题协商人员中所占的比例为70%，在和平缔造者中所占的比例则接近100%。当前的世界并不是一个包容和平等的世界，我们需要立即采取行动，创造一个不会歧视妇女的世界。只有一半才是平等的份额，这足以实现平等。"[1] 不难看见跨越时间与空间，对于处在不同时代和不同地方的女性而言，她们的经历却有着许多相同之处，男女不平等和性别歧视仍然是当下全世界女性正在面对的事实。男性早已不再是女性需要抗衡的唯一对象，现实又一次地警醒我们，女性遭受各方面性别不平等对待的事实已司空见惯，且不分时空、不分地域、不分种族地上演着，而"日益严重的不平等问题，气候变化紧急情况，国家冲突问题以及令人担忧的排除异己型政治趋势都威胁着我们未来在性别平等方面的进展"[2]。所以说，在这个全球化且多元发展的世界中，避免不了各种问题的出现。任何一个问题的存在都包含着必然，女性问题亦如此。它

---

[1] 联合国妇女署. 北京会议召开25年后妇女权利审查报告 [EB/OL]. (2020-03-10). https://news.un.org/zh/story/2020/03/1052191.

[2] 联合国妇女署. 北京会议召开25年后妇女权利审查报告 [EB/OL]. (2020-03-10). https://news.un.org/zh/story/2020/03/1052191.

反映出了女性生存中的困窘，也暴露出了人类发展的弊端。

那么，女性解放之路何以可能呢？笔者认为，需要解放的理论予以指导。"解放的思想需要解放的理论。缺少理论的思想只会陷入教条主义。宣称女性解放不需要理论的人，会被封闭在反智主义的笼牢之中。"① 可见，女性勇于争取获得解放的思想务必要在科学的解放理论之下指引前行，在马克思主义那里我们能找到出路。"女性解放的理论之所以没有脱离马克思主义的范畴，是因为基本上只有马克思主义阐明了（近代）工业社会对女性的压迫和今后的解放理论。"②

"马克思主义的产生离不开客观的社会历史条件，同样它也离不开一定的思想理论条件。"③ 马克思恩格斯不仅批判地汲取了"三大空想社会主义者"的理论学说，而且在新的时代下解决了由他们提出而又没能解决的重大理论课题。正如马克思所说，"第一批社会主义者（傅立叶、欧文、圣西门等人）由于当时的社会关系还没有发展到足以使工人阶级组织成为一个战斗的阶级，所以他们必然仅仅去幻想未来的模范社会，并谴责工人阶级旨在稍稍改善他们的状况的一切尝试，例如罢工、组织同盟和参与政治活动。虽然我们不应该否定这些社会主义的鼻祖，正如现代化学家不能否定他们的祖先炼金术士一样，但是我们应该努力避免重犯他们的错误，因为我们犯这样的错误将是不可饶恕的"④。虽然他们思想上的局限性让一切只能陷于空想，但是却体现出了当时的先进思想和时代精神，其中一些合理的思想观点也成了人类历史上的思想遗产，尤其是关于女性的思想内容。"三大空想社会主义者都把妇女解放作为人类解放的一个部分，不同程度地把妇女的处境和社会制度、婚姻制度联系起来，对资本主义制度下的妇女特别是贫困的劳动妇女怀有深切同情，提出了改

---

① 上野千鹤子. 父权制与资本主义 [M]. 邹韵，薛梅，译. 杭州：浙江大学出版社，2022：11.
② 上野千鹤子. 父权制与资本主义 [M]. 邹韵，薛梅，译. 杭州：浙江大学出版社，2022：11.
③ 庄福龄. 简明马克思主义史 [M]. 北京：人民出版社，2015：20.
④ 中共中央马克思恩格斯列宁斯大林著作编译局. 马克思恩格斯选集：第3卷 [M]. 北京：人民出版社，2012：280.

善妇女处境的具体条件和方法。"①

而关于女性解放问题，虽然马克思和恩格斯都没有进行过一套完整而系统的理论分析，但是对女性问题密切关注，在他们创建马克思主义哲学、政治经济学和科学社会主义理论体系的过程中都不同程度地涉及了女性问题。从他们的经典著作中可以看到大量涉及女性问题的论述，不仅继承了三大空想社会主义者关于女性的思想学说，而且运用辩证唯物主义和历史唯物主义的研究方法，"在一定程度上探索了人类社会历史发展中的性别不平等问题，阐述了妇女受压迫的根源、妇女解放的条件和途径、妇女解放与人类解放的关系等"②，并为女性发展问题的研究提供了有力的理论支持。

具体来看，关于女性解放理论，恩格斯并不是最早提出的第一人，他是在对圣西门、傅立叶和欧文思想观点的了解基础之上，批判地继承了其中正确且合理的思想观点。首先，对于傅立叶提出的女性解放观点，恩格斯给予了高度的赞同。在他看来，傅立叶的著作可以说是"科学的探讨，冷静的、毫无偏见的、系统的思考，简言之，那是社会哲学；而圣西门主义只能叫作社会诗歌"③。也正是鉴于傅立叶对资本主义制度的有力批判，使得在看待男女平等问题时，傅立叶比圣西门及其门徒们提出了更加有深度、有价值的理论观点。傅立叶"更巧妙地批判了两性关系的资产阶级形式和妇女在资产阶级社会中的地位"④。在《关于四种运动与普遍运动的理论》中，他表明："某一时代的社会进步和变迁是同妇女走向自由的程度相适应的，而社会秩序的衰落是同妇女自由减少的程度相适应的。……妇女权利的扩大是一切社会进步的基本原则。"⑤ 在傅立叶眼中，妇女的地位会随着社会制度的变化而发生改变。在蒙昧时期，妇女处于从属、依附的地位；在宗法制度下，妇女沦为了半奴隶状

---

① 彭珮云. 中国特色社会主义妇女理论与实践[M]. 北京：人民出版社，2013：19.
② 徐伟新. 马克思主义妇女解放与发展概论[M]. 北京：中国妇女出版社，2008：4.
③ 中共中央马克思恩格斯列宁斯大林著作编译局. 马克思恩格斯全集：第3卷[M]. 北京：人民出版社，2022：477.
④ 中共中央马克思恩格斯列宁斯大林著作编译局. 马克思恩格斯全集：第25卷[M]. 北京：人民出版社，2001：380.
⑤ 中共中央马克思恩格斯列宁斯大林著作编译局. 马克思恩格斯全集：第26卷[M]. 北京：人民出版社，2014：823.

态;在野蛮制度下,妇女已经被完全奴役;在文明制度下,形成了一夫一妻制的婚姻制度,但这种婚姻可以是一桩交易,非但不存在爱情,反而使妇女陷入受压迫的困境中,甚至还"要求所有的妇女爱好家务劳动,因为她们注定要结婚,注定要操持松松垮垮的家政"①。道德败坏的文明制度,让妇女成了道德的牺牲品,"侮辱女性既是文明的本质特征,也是野蛮的本质特征,区别只在于:野蛮以简单的形式所犯下的罪恶,文明都赋之以复杂的、暧昧的、两面性的、伪善的存在形式……对于使妇女陷入奴隶状态这件事,男人自己比任何人都更应该受到惩罚"②。然而在和谐制度下,双方的婚姻是建立在爱情之上,拥有婚姻自由和离婚自由,并且妇女不再被繁重的家务所困,也不再为孩子的教育问题和抚养问题而担忧,她们从家庭的束缚中完全解放出来,还能同男人一样参加各种劳动。因此,当社会制度走向文明之际,女性争取平等获得解放的机会也在向胜利迈进,同时,当发现女性走向自由、获得解放的道路更加通畅之时,社会的文明发展程度也必然向前演进着。

其次,恩格斯曾在《反杜林论》中宣称,"欧文的最重要的著作,即关于婚姻和共产主义制度的著作"③。其中,关于婚姻制度的看法,欧文指出,资本主义下的婚姻制度与资本主义社会一样,充斥着虚伪与欺骗。婚姻是在私有财产和宗教制度的基础上产生的,而非两情相悦的爱情,给妇女和儿童都带来了无尽的痛苦。面对如此可怕的婚姻,他坚定地认为应该像废除资本主义私有制一样,消灭掉资本主义现行的婚姻制度。他主张,"男女两性都应当受到同样的教育、享有同等的权利、优待和人身自由。婚姻决定于自然的互相爱慕,这种爱慕应该被正确地理解,摆脱人为障碍的影响。如果在某些情况下婚姻没有使结合的双方得到幸福,那么,那些使婚姻关系无法解除并使不满意婚姻状况的人遭到不幸的法律,就应该废除"④。在人类生存的新制度下,人们可以拥有结婚和离婚的自由,两人彼此间的"相亲相爱在得到外界的支持下将成为

---

① 傅立叶. 傅立叶选集:第1卷 [M]. 北京:商务印书馆,1982:50.
② 中共中央马克思恩格斯列宁斯大林著作编译局. 马克思恩格斯全集:第2卷 [M]. 北京:人民出版社,1957:250.
③ 中共中央马克思恩格斯列宁斯大林著作编译局. 马克思恩格斯选集:第3卷 [M]. 北京:人民出版社,2012:652.
④ 欧文. 欧文选集:第2卷 [M]. 北京:商务印书馆,1984:138.

白首之盟"①，但一旦不再相爱，又可以"使男女双方可以在丝毫不损害友谊的情况下离婚，而且要使当事人受到的损害极小，而社会得到的好处极大"②。

继而在《神圣家族》中，恩格斯才第一次提出妇女解放的观点，运用历史唯物主义的方法为女性解放的路径提供了思路与方法，把女性解放与人类解放联系在一起，如阿莉森·贾格尔所说，"马克思主义解决女性本质和女性压迫问题的方法自然是忠实于历史唯物主义的方法的"③，也正是这一方法为马克思恩格斯研究女性解放的问题确立了明确的方向。在这部著作的第八章第六篇《揭露妇女解放的秘密，或路易莎·莫莱尔》中，由于鲁道夫"还未能了解妇女在现代社会中的一般状况的非人性。他完全忠实于他以前的理论，所以，只感到缺少一条惩办诱奸者并把忏悔和赎罪跟严厉的惩治结合起来的法律"④。因而，也只是看到了主人对女仆路易莎·莫莱尔残虐的表象，这种压迫与被压迫的关系也只是困于主仆关系的观念领域之中，未能指出女性在现实社会中的一般状况实则是非人性的，也未能在资本主义制度下来剖析女性被羞辱被欺压的附属地位，因此也不可能找出女性被压迫的根本原因。由此，马克思恩格斯借用了傅立叶关于女性解放的观点论述，即"某一历史时代的发展总是可以由妇女走向自由的程度来确定，因为在女人和男人、女性和男性的关系中，最鲜明不过地表现出人性对兽性的胜利。妇女解放的程度是衡量普遍解放的天然标准"⑤，进而有力地回击了鲁道夫的论断。

不难发现，恩格斯与傅立叶在看待女性解放问题上达成了一致，视女性解放的程度为人类解放程度的刻度尺，女性解放与人类解放是一脉相承的。那么在明确私有制是造成两性不平等、女性从属于男性的根本原因时，女性解放的条件和途径又是什么呢？首先，马克思认为，原本"男人对妇女的关系是人对

---

① 欧文. 欧文选集：第 2 卷 [M]. 北京：商务印书馆，1984：40.
② 欧文. 欧文选集：第 2 卷 [M]. 北京：商务印书馆，1984：40.
③ 阿莉森·贾格尔：女权主义政治与人的本质 [M]. 孟鑫，译. 北京：高等教育出版社，2009：91.
④ 中共中央马克思恩格斯列宁斯大林著作编译局. 马克思恩格斯全集：第 2 卷 [M]. 北京：人民出版社，1957：249.
⑤ 中共中央马克思恩格斯列宁斯大林著作编译局. 马克思恩格斯全集：第 2 卷 [M]. 北京：人民出版社，1957：250.

人最自然的关系"①，然而当男人"把妇女当作共同淫欲的俘获物和婢女来对待"② 时，男人与女人的关系发生了异化，是一种欺压和被欺压的不对等关系。为了消除异化，马克思在私有制中找到了根源，又因为"共产主义是私有财产即人的自我异化的积极的扬弃"③，所以如果想要消除异化劳动，唯有通过消除资本主义私有制的社会主义革命，才能实现没有私有制和异化劳动的共产主义。其次，由于无产阶级"没有什么自己的东西必须加以保护，他们必须摧毁至今保护和保障私有财产的一切"④，因而，无产阶级成了资本主义私有制的掘墓人，"资产阶级的灭亡和无产阶级的胜利是同样不可避免的"⑤，但是无产阶级若要取得革命运动的胜利，必须由共产党人来组织和领导工人运动，不管是在实践方面还是在理论方面，共产党人都是无可挑剔的领导者，他们与其他一切无产阶级政党拥有着相同的目的，那就是"使无产阶级形成为阶级，推翻资产阶级的统治，由无产阶级夺取政权"⑥。而为了实现无产阶级革命的这一最终目的，必须付诸行动，因为"共产主义的特征并不是要废除一般的所有制，而是要废除资产阶级的所有制"⑦，所以共产党人必须消灭私有制。鉴于此，"资本主义必然灭亡和共产主义必然胜利是人类社会发展规律"⑧，也是人类社会发展的趋势和路径。最后，马克思还把每个人的自由发展视作为共产主义的重要特征和人类美好的价值理想，即共产主义新社会"代替那存在着阶

---

① 中共中央马克思恩格斯列宁斯大林著作编译局. 马克思恩格斯全集：第3卷 [M]. 北京：人民出版社，2002：296.
② 中共中央马克思恩格斯列宁斯大林著作编译局. 马克思恩格斯全集：第3卷 [M]. 北京：人民出版社，2002：296.
③ 中共中央马克思恩格斯列宁斯大林著作编译局. 马克思恩格斯全集：第3卷 [M]. 北京：人民出版社，2002：297.
④ 中共中央马克思恩格斯列宁斯大林著作编译局. 马克思恩格斯选集：第1卷 [M]. 北京：人民出版社，2012：411.
⑤ 中共中央马克思恩格斯列宁斯大林著作编译局. 马克思恩格斯选集：第1卷 [M]. 北京：人民出版社，2012：413.
⑥ 中共中央马克思恩格斯列宁斯大林著作编译局. 马克思恩格斯选集：第1卷 [M]. 北京：人民出版社，2012：413.
⑦ 中共中央马克思恩格斯列宁斯大林著作编译局. 马克思恩格斯选集：第1卷 [M]. 北京：人民出版社，2012：414.
⑧ 中共中央马克思恩格斯列宁斯大林著作编译局. 马克思恩格斯选集：第1卷 [M]. 北京：人民出版社，2012：906.

级和阶级对立的资产阶级旧社会的,将是这样一个联合体,在那里,每个人的自由发展是一切人的自由发展的条件"①。一方面,社会中的每个人都会拥有独立、平等、自由的个性;另一方面,每个人也会和他人产生自由的交换,形成"自由人的联合体"。因而,在"无产阶级的生活条件中,旧社会的生活条件已经被消灭了。无产者是没有财产的;他们和妻子儿女的关系同资产阶级的家庭关系在没有任何共同之处了"②。由于,无产阶级的家庭不会以金钱关系来维系,"使妇女不再处于单纯生产工具的地位"③,妇女也不再是被困于笼里的囚鸟,她们是一个个拥有独立自由和个性的鲜活的人,女性的解放与人类解放是一脉相承的,当共产主义到来时,女性才会得到自由而全面的发展。

由上,我们可以看到马克思主义理论中的诸多理论都可以作为"对女权主义者的问题进行马克思主义的回答"④。例如作为方法论的历史唯物主义,及其包含的社会存在决定社会意识、意识形态、阶级理论、异化、人的解放与自由全面发展、妇女解放等理论观点;唯物辩证法中的三大规律和五大基本范畴;马克思主义政治经济学中的剩余价值学说、原始积累、资本积累、资本流通和商品流通等理论的借鉴。比如,南希·哈索克宣称:"马克思主义理论,尤其是该理论所包含的对世界的辩证法理解,可以为当代的分析提供资源。"⑤马撒·E.吉梅内斯深信:"重新审视马克思与女权主义的相关性是有意义的——尽管现在流行的学术观点认为这无关紧要——因为只要资本主义仍然是占统治地位的生产模式,不以马克思著作的分析为基础,就不可能充分理解压迫妇女和塑造男女关系的各种力量。"⑥凯特·萨瑟兰指出:"麦金农通过将马

---

① 中共中央马克思恩格斯列宁斯大林著作编译局.马克思恩格斯选集:第1卷[M].北京:人民出版社,2012:422.
② 中共中央马克思恩格斯列宁斯大林著作编译局.马克思恩格斯选集:第1卷[M].北京:人民出版社,2012:411.
③ 中共中央马克思恩格斯列宁斯大林著作编译局.马克思恩格斯选集:第1卷[M].北京:人民出版社,2012:418.
④ 上野千鹤子.父权制与资本主义[M].邹韵,薛梅,译.杭州:浙江大学出版社,2022:26.
⑤ 申森.马克思主义与女性主义[M].北京:中国人民大学出版社,2022:124.
⑥ 马莎·希门尼斯.资本主义与对女性的压迫:重访马克思[M]//周守吾,译.申森.马克思主义与女性主义.北京:中国人民大学出版社,2022:51.

克思主义理论的关键组成部分与女性主义相应概念对应起来，建立了她的女性从属理论，例如：工作——性别；工人——女性；资本家——男性；商品——性/女性；价值/女性性欲；资本主义积累——男性性欲；阶层——异性恋；资本——性别和家庭；产品——再生产；等等。"① 雅克·德里达指出："不能没有马克思。没有马克思，没有对马克思的记忆，没有马克思的遗产，也就没有将来。无论如何得有某个马克思，得有他的才华，至少得有他的某种精神。"② 像这些女性主义者，选择了与马克思主义的"联姻"，特别是像哈索克和吉梅内斯，她们作为英美马克思主义流派的重要人物，其理论思想无不透露着英美辩证法的特征，其"正是秉承马克思关于'工人阶级不是要实现什么理想，而只是要解放那些由旧的正在崩溃的资产阶级社会本身孕育着的新社会因素'以及'共产主义对我们来说不是应当确立的状况，不是现实应当与之相适应的理想。我们所称为共产主义的是那种消灭现存状况的现实的运动'的论断所内含的精神，以这种历史主义的方法，基于资本主义整体中'内在的、历史的和相对的'价值标准来对资本主义的现在予以批判的"③，且"其根本目的都是完全相同的，那就是'改变世界'"④。由此，可以看出女权马克思主义者与马克思主义追求的根本宗旨不谋而合，都是力求实现全人类的解放，并且实现每一个人的解放。女权马克思主义运用马克思主义的辩证法来解答女性主义问题，把女性解放置于整个资本主义社会中，对女性问题的剖析可以有利于更加全面且深刻的理解资本主义制度。之所以选择基于内在关系辩证法的马克思主义女性主义来审视当代资本主义社会，这是因为，女性与整个社会之间的关系是内在的辩证统一。因而，一方面，当今的女性受压迫、两性不平等问题的根源无异于来自当代的资本主义制度；另一方面，由于女性与整个人类社会是处于内在关系之中，女性也是社会群体的一部分。因而，女性自身遭遇的不幸自然也反映出资本主义社会中的诟病，女性受剥削的问题也是整个社会的共同问

---

① 申森. 马克思主义与女性主义 [M]. 北京：中国人民大学出版社，2022：166.
② 雅克·德里达. 马克思的幽灵——债务国家、哀悼活动和新国际 [M]. 何一，译. 北京：中国人民大学出版社，2008：83.
③ 田世锭. 辩证法马克思主义的主题与方法论探讨 [J]. 科学社会主义，2012（6）.
④ 田世锭. 辩证法：西方马克思主义研究的新前沿——基于《新世纪的辩证法》的分析 [J]. 中国人民大学学报，2012，26（3）：49-54.

题，女性当下的发展状态也可以衡量出当前整个社会文明发展的程度。总之，女性解放的未来命运与资本主义社会的未来趋势密不可分，只有到资本主义被社会主义取而代之时，女性才会摆脱被压迫的境遇，以实现女性的彻底解放，走向真正的全面发展。

第四篇　社会规范论

第十章

何种道德：卢克斯的追寻

由"塔克-伍德命题"所引发的关于马克思主义是否是道德理论的争论，尽管迄今仍有学者在予以论述，但在绝大多数学者都认同了马克思主义道德论的结论，并指认了马克思主义对资本主义所做的事实判断与价值判断之间的内在关联的背景下，继续争论马克思主义是否是道德理论已经没有太大必要，更为重要的问题倒是要对马克思主义的道德观，即马克思主义视域中的道德究竟是何种道德，展开研究和讨论。分析马克思主义者、纽约大学卢克斯教授的创新之处就在于，他是以对这个问题的探求而出场的。

一、一种似是而非的矛盾

早在1985年的《马克思主义与道德》中，卢克斯就鲜明地指出，马克思主义拒斥道德而又极富道德判断的矛盾实际上只是一种"表面上的矛盾"，一种"似是而非的矛盾"[1]。解决这个矛盾的关键就在于搞清楚马克思主义拒斥的是什么道德，而其主张的又是什么道德。

卢克斯将道德划分为两大种类，即法权的道德与解放的道德。前者意指有关公平、正义、权利、义务等原则的道德，后者则意指有关社会统一、个人自我实现、自由、人类解放、未来理想社会等的道德。前者是阶级社会所特有

---

[1] 史蒂文·卢克斯. 马克思主义与道德 [M]. 袁聚录，译. 田世锭，校. 北京：高等教育出版社，2009：1.

的、维护阶级社会关系的道德，在本质上是意识形态的，也是即将被消除的，后者则是目的论的、至善论的道德。卢克斯继而认为，马克思主义"指责为意识形态和不合时宜的是法权的道德，而采纳为它自己的道德的是解放的道德"，并坚信如此则前述矛盾已然"迎刃而解"①。

卢克斯对马克思主义与道德关系中的矛盾仅仅是一种"似是而非"矛盾的指认和论证，及其基于"法权的道德"与"解放的道德"的区分对这种"似是而非"矛盾的解决，对我们思考相关问题具有极为重要的借鉴意义。②

但是，关于马克思主义中的道德究竟是何种道德的讨论并没有因此而结束。因为，卢克斯有关法权的道德与解放的道德的论述遭到了质疑。塞耶斯教授就认为，卢克斯所说的法权的道德是相对主义的道德，而解放的道德是绝对主义的道德，并且，卢克斯在二者之间做出的是非此即彼的错误选择。③

二、法权的道德

显然，卢克斯探讨马克思主义道德观的最好路径应该是继续寻着区分"法权的道德"与"解放的道德"的思路，着力论证"法权的道德"与"解放的道德"的性质。但令人遗憾的是，在2008年的《道德相对主义》中，卢克斯并没有继续其有关"法权的道德"与"解放的道德"的讨论，甚至对其只字未提，而是专注于论析"道德相对主义"和揭示"到底谁才是真正的野蛮人"。

不过，卢克斯在《道德相对主义》中所力图解决的问题，即寻求"道德绝对主义"与"道德相对主义"之间冲突的解决路径和"将道德统一性与道

---

① 史蒂文·卢克斯. 马克思主义与道德 [M]. 袁聚录, 译. 田世锭, 校. 北京：高等教育出版社, 2009：37.
② 田世锭. 马克思主义与道德关系的一种论争——塞耶斯对卢克斯的批评析论 [J]. 道德与文明, 2013 (5)：30-35.
③ 田世锭. 马克思主义与道德关系的一种论争 [J]. 道德与文明, 2013 (5)：30-35.

德多样性进行……结合"的最好解释①，的确也是道德理论研究中至关重要又难以解决的问题。而他对此的解答也有助于我们反思其"法权的道德"与"解放的道德"的论断。

卢克斯对道德相对主义提出了明确的批评。首先，道德相对主义会使人们"缺乏接受基本的道德原则的动力""丧失道德信念""对明显的道德冲突变得麻木不仁"，从而对"道德的严肃性"构成"一种威胁"②。其次，促成道德多元主义的恰恰是道德多样性这一事实图景，可是，正在争论中的行为可以被最佳地解释为对可怕必然性的一种反应，或者基本道德分歧的缺失，都足以证明我们面临的"不是真正的道德多样性情形"③。而且，即便存在"道德多样性"的事实，也不能不可阻挡地推导出道德相对主义的结论。很多接受"多样性"事实的人，在道德观与判断方面"仍坚持绝对主义与客观主义"④ 就是证明。最后，道德相对主义本身由于否认道德规范的理性基础与普遍适用性，也就不得不面对着"如何说明其具有毋庸置疑的权威"这一难题，因为其所主张的规范需要权威来加以支撑。⑤ 这说明，即使"法权的道德"是阶级社会的道德，它也不可能是相对主义的。

卢克斯所建议的作为进行道德判断和承认道德标准权威性依据的"康德的路线，即追问某种已知的实践是否可以向所有受其影响的人证明其是正当的"⑥ 也表明，"法权的道德"不是相对主义的。

按照卢克斯的观点，"从最广泛的意义上讲，道德既包括规范，又包括价

---

① 史蒂文·卢克斯. 道德相对主义 [M]. 陈锐，译. 梁西圣，黄辛，校. 北京：中国法制出版社，2013："序言" 2-3，58.
② 史蒂文·卢克斯. 道德相对主义 [M]. 陈锐，译. 梁西圣，黄辛，校. 北京：中国法制出版社，2013：19，1.
③ 史蒂文·卢克斯. 道德相对主义 [M]. 陈锐，译. 梁西圣，黄辛，校. 北京：中国法制出版社，2013：78.
④ 史蒂文·卢克斯. 道德相对主义 [M]. 陈锐，译. 梁西圣，黄辛，校. 北京：中国法制出版社，2013：130.
⑤ 史蒂文·卢克斯. 道德相对主义 [M]. 陈锐，译. 梁西圣，黄辛，校. 北京：中国法制出版社，2013：29.
⑥ 史蒂文·卢克斯. 道德相对主义 [M]. 陈锐，译. 梁西圣，黄辛，校. 北京：中国法制出版社，2013：158.

值：一方面是施加义务的规则，另一方面是价值或关于善的观念"①。黑格尔对道德与伦理进行了区分。其中，道德指"更严厉、更抽象的东西，它似乎是普适的，它将注意力引向我具有的、相对于他者的义务或责任，从法权的观点看，这一他者是一个权利持有人"；而伦理指"潜在于这种或那种特定生活方式之下的价值与理想"。这一区分的"关键"恰如德沃金所言，"伦理包括了对某个人将过的哪一种生活是好的或者坏的评判，而道德包括了某个人应当如何对待其他人的原则"。而这种与"伦理"区分开来的"道德"正是作为康德哲学核心的"狭义的道德"②。可见，最广泛意义上的道德正是包含了卢克斯所谓"法权的道德"与"解放的道德"的道德；黑格尔的所谓"伦理"正是卢克斯的所谓"解放的道德"，而与之区分开来的"狭义的道德"正是卢克斯的所谓"法权的道德"。

因此，既然对康德而言，"道德原则指出了什么是正确的，什么是错误的，这一道德原则是道德主体能够意愿成为一条普遍法则的原则"，既然我们能够按照康德的路线"追问某种已知的实践是否可以向所有受其影响的人证明其是正当的"③，那么，"法权的道德"就不是相对主义的，而是蕴含着普遍性的道德。可见，马克思主义拒斥"法权的道德"，并不是因为它是相对主义的道德。

当然，针对"法权的道德"进行的讨论并没有结束。正如卢克斯自己所说的，"然而，并不是每一个人都被说服了，都赞成说，为狭义道德规范找到普遍基础是一个令人钦佩的计划"，因为，狭义道德"将每一样东西都归入义务之中"，并倡导"仅仅只有一种义务才能够击败另一种义务"，这会使人们误以为狭义道德的作用"是为我们认为有价值的活动与实践提供一系列'边际限制'条件"，而且，"有时，核心道德提出的要求与某一特殊道德原则向其支

---

① 史蒂文·卢克斯. 道德相对主义 [M]. 陈锐，译. 梁西圣，黄辛，校. 北京：中国法制出版社，2013：134.
② 史蒂文·卢克斯. 道德相对主义 [M]. 陈锐，译. 梁西圣，黄辛，校. 北京：中国法制出版社，2013：135.
③ 史蒂文·卢克斯. 道德相对主义 [M]. 陈锐，译. 梁西圣，黄辛，校. 北京：中国法制出版社，2013：135.

持者提出的要求之间可能发生直接冲突"①。

更为重要的问题在于，第一，卢克斯建议相对主义者"采纳……区分道德的内在意义与外在意义"②。因为，外在意义是从人类学或社会学角度旁观所得到的关于道德的"描述性观点"，即因社会、文化甚至群体差异而不同的"相对主义"道德观；而内在意义是从道德活动行为人"道德实践"角度体悟所得到的"道德的规范性观点"，即对类似道德行为人都有约束力的"单一"而非"多元"的道德观。③ 可是，这种内在意义上的"道德推理能够延伸多远？能够证明我们用以判断道德规范的令人信服的理由无论何时何地都可以适用于所有人吗？"④ 等问题依然存在。换句话说，道德行为人基于自身道德实践所体悟的道德规范如何保证其具有普遍性呢？第二，既然有关公平、正义、权利、义务等的判断都是主观的，那基于康德路线对道德实践正当性的追问，又如何保证其客观性呢？更何况对"正当与否"的判断本身就没有客观的标准？换句话说，康德路线真的如同卢克斯所言是"行之有效"⑤ 的吗？

三、解放的道德

卢克斯所谓"解放的道德"是价值或关于善的观念，也即黑格尔意义上的伦理。那么，这种道德是绝对主义的吗？显然不是。因为，第一，价值本身在很大程度上具有主观性，而且有关个人自我实现、自由、人类解放和未来理想社会等的认识和判断本身还会经历不断变化的历程。第二，如果"解放的道

---

① 史蒂文·卢克斯. 道德相对主义 [M]. 陈锐，译. 梁西圣，黄辛，校. 北京：中国法制出版社，2013：143-144.
② 史蒂文·卢克斯. 道德相对主义 [M]. 陈锐，译. 梁西圣，黄辛，校. 北京：中国法制出版社，2013：61.
③ 史蒂文·卢克斯. 道德相对主义 [M]. 陈锐，译. 梁西圣，黄辛，校. 北京：中国法制出版社，2013：20-22.
④ 史蒂文·卢克斯. 道德相对主义 [M]. 陈锐，译. 梁西圣，黄辛，校. 北京：中国法制出版社，2013：22.
⑤ 史蒂文·卢克斯. 道德相对主义 [M]. 陈锐，译. 梁西圣，黄辛，校. 北京：中国法制出版社，2013：133.

德"是绝对主义的,那么,卢克斯就大可不必建议"采取亚里士多德的路线,即追问它是否将这些相关的人拉进了一个或多个人类具有的核心能力的门槛之内"①,来检验有关价值即"解放的道德"的判断和标准是否具有权威性了。第三,卢克斯提出的"价值相对主义才似乎最接近道德相对主义"②的论断说明,如果对社会统一、个人自我实现、自由、人类解放、未来理想社会等持相对主义的观点,还会使"解放的道德"成为相对主义的道德。这说明,马克思主义主张和信奉"解放的道德",并不是因为它是绝对主义的道德。

可是,如果"解放的道德"不是绝对主义的,甚至极有可能走向相对主义,那如何保证其不至于在事实上走向相对主义呢?用卢克斯本人的话来说,既然相对于狭义道德的"伦理"所意指的"价值与理想"当然"是多元的",而且有时"是不可相互化约的"③,而"不可化约的……神圣的价值"的存在就证明了价值相对主义的问题所在,因为"神圣的价值……可以毫无疑问地被人们作为一种信念而持有,或者以一种完全合理与反思性的方式持有"④,那"进一步的问题"就产生了,即作为主观性和主体间性的价值"也可能是客观的吗?""人们能够辨别那些出现在任何人生活中、起着好的作用而不是坏作用的幸福的成分(使人的生活变得兴旺发达的因素)吗?"。⑤

很显然,像以赛亚·伯林那样坚信并宣称"人们可能过分地渲染了共同基础的缺失这一情形。没错!绝大多数人相信大致相类的事情。在更多的时间里,在越来越多的国家里,有越来越多的人接受越来越多的共同价值,这比人们想象的情形更为普遍""所有的人一定有着共同价值,否则他们就不再是人

---

① 史蒂文·卢克斯. 道德相对主义 [M]. 陈锐, 译. 梁西圣, 黄辛, 校. 北京: 中国法制出版社, 2013: 158-159.
② 史蒂文·卢克斯. 道德相对主义 [M]. 陈锐, 译. 梁西圣, 黄辛, 校. 北京: 中国法制出版社, 2013: 128.
③ 史蒂文·卢克斯. 道德相对主义 [M]. 陈锐, 译. 梁西圣, 黄辛, 校. 北京: 中国法制出版社, 2013: 145.
④ 史蒂文·卢克斯. 道德相对主义 [M]. 陈锐, 译. 梁西圣, 黄辛, 校. 北京: 中国法制出版社, 2013: 128.
⑤ 史蒂文·卢克斯. 道德相对主义 [M]. 陈锐, 译. 梁西圣, 黄辛, 校. 北京: 中国法制出版社, 2013: 145.

了""这些价值是客观的、人的本质的一部分,而不是人的主观想象的任意创造物"[1],肯定是有重要意义的,但又是不够的。因为,它不足以指明这种"共同价值"是什么,以及为什么这种"共同价值"是"客观的"。

　　为此,卢克斯建议"采取亚里士多德的路线,即追问它是否将这些相关的人拉进了一个或多个人类具有的核心能力的门槛之内"[2]。但是,当努斯鲍姆论证使人成为"真正的人"的生命、身体健康和身体的完整性、判断力、想象力、思想、情感、实践理性、隶属关系和其他诸种关系、游玩以及控制自己所处环境的能力等"十种核心的人的能力"[3]的时候,卢克斯却表明,这种核心能力并不具有普遍性和客观性,只不过是"道德相对主义者信奉的疑云重重的结论的完美镜像"[4]。因为,"真正的人应具有什么样的能力"这一规范伦理理论是不能依据观察推导出来的,而只能"从伦理的视角"进行"评价"[5]。可是,从伦理视角进行的评价就能够保证普遍性和客观性吗?仅仅依靠"对于人的生命有着不同看法的部分人可以达成重叠共识"就能够保证"将价值多元主义与普遍主义结合起来"[6]吗?

　　如果说关于"真正的人应具有什么样的能力"的认识本身不能达成普遍的共识,那么,亚里士多德路线真的如同卢克斯所言是"行之有效"[7]的吗?

---

[1]　史蒂文·卢克斯. 道德相对主义 [M]. 陈锐,译. 梁西圣,黄辛,校. 北京:中国法制出版社,2013:151.

[2]　史蒂文·卢克斯. 道德相对主义 [M]. 陈锐,译. 梁西圣,黄辛,校. 北京:中国法制出版社,2013:158-159.

[3]　史蒂文·卢克斯. 道德相对主义 [M]. 陈锐,译. 梁西圣,黄辛,校. 北京:中国法制出版社,2013:147.

[4]　史蒂文·卢克斯. 道德相对主义 [M]. 陈锐,译. 梁西圣,黄辛,校. 北京:中国法制出版社,2013:149.

[5]　史蒂文·卢克斯. 道德相对主义 [M]. 陈锐,译. 梁西圣,黄辛,校. 北京:中国法制出版社,2013:150.

[6]　史蒂文·卢克斯. 道德相对主义 [M]. 陈锐,译. 梁西圣,黄辛,校. 北京:中国法制出版社,2013:150,151.

[7]　史蒂文·卢克斯. 道德相对主义 [M]. 陈锐,译. 梁西圣,黄辛,校. 北京:中国法制出版社,2013:133.

四、卢克斯的意义

在当今世界学术界,反对规律、反对真理的声音确实在不断高涨,道德真理的合法性也就在不断遭到质疑。因此,卢克斯所提出的问题,即"在一个后形而上学、无根基的世界里,人们如何证明赞成普遍的道德规范与价值(应用于相似情形下的所有人)是正当的呢?"①,就是一个亟须探讨和解答的问题。而卢克斯本人对此所做的孜孜探求本身就是值得肯定的。这是其一。

其二,虽然在卢克斯的论述中,我们可以看到,以康德精神检验"法权的道德"的权威性,以亚里士多德精神检验"解放的道德"的权威性,其效果都会在不同程度上受到损害,但是,事实上,既然无论是"法权的道德"还是"解放的道德"都不是绝对主义的道德,那检验其权威性的标准具有一定的限度就是必然的。客观地说,卢克斯所建议的这两条路线在一定限度内,仍然是非常有意义的。在现实生活中,我们可以利用其检验我们的生活方式。如果一定的实践可以向所有受其影响的人证明其正当性,或者将相关的人拉进一个或多个人类具有的核心能力的门槛之内,那就是符合道德规范的,反之,就是应当予以摒弃的。比如,打老婆,或者假借道德之名干涉他人生活方式,都是无法通过这种检验的,因此,其实践者就是"真正的野蛮人"。更为重要的是,它有助于我们思考和认识道德问题上的普遍性与特殊性、客观性与主观性、绝对性与相对性之间的关系,实现马克思主义道德观普遍性与特殊性、客观性与主观性、绝对性与相对性的内在统一。

其三,马克思针对人的本质问题做了两种经典表述,即"一个种的整体特性、种的类特性就在于生命活动的性质,而自由的有意识的活动恰恰就是人的类特性"和"人的本质不是单个人所固有的抽象物,在其现实性上,它是一切

---

① 史蒂文·卢克斯. 道德相对主义 [M]. 陈锐, 译. 梁西圣, 黄辛, 校. 北京:中国法制出版社, 2013:133.

社会关系的总和"①。我们可以将其简化为"自由自觉的活动"与"社会关系的总和"。两者反映了人的本质的绝对性与相对性、普遍性与特殊性之间的一种内在关系。一旦认识到"社会关系的总和"是"自由自觉的活动"的内在部分，并在不断变革社会关系的过程中追求并逐步实现人活动的自由和自觉，我们就能够自觉地努力去终结"人类社会的史前时期"，并实现"自由人联合体"。②③ 卢克斯有关"法权的道德"和"解放的道德"的论述，如果能够放到马克思关于人的本质是"社会关系的总和"和"自由自觉的活动"的论述视域中，则可能更具有吸引力和说服力。

---

① 中共中央马克思恩格斯列宁斯大林著作编译局. 马克思恩格斯选集：第 1 卷 [M]. 北京：人民出版社，2012：56，135.
② 中共中央马克思恩格斯列宁斯大林著作编译局. 马克思恩格斯选集：第 2 卷 [M]. 北京：人民出版社，2012：3，126.
③ 田世锭. 英美辩证法马克思主义哲学研究 [M]. 北京：中国社会科学出版社，2013：194-195.

第十一章

道德原则的历史性：
基于马克思恩格斯的分析

卢克斯对法权道德与解放道德的区分，意在探讨道德普遍性与特殊性、客观性与主观性、绝对性与相对性之间的关系，实现马克思主义视域中道德的普遍性与特殊性、客观性与主观性、绝对性与相对性的内在统一。不过，塞耶斯却坚持认为，马克思主义视域中的道德是一种历史主义的道德，因为"马克思的黑格尔式历史主义方法"[①]意味着，"马克思主义最根本的见解就是认为，道德是一种社会历史性的现象"[②]。按照这种观点，马克思主义视域中的道德是决定于经济基础的上层建筑，因而，道德原则是历史的，具有鲜明的历史性。实际上，这种主张不仅仅是塞耶斯个人的观点，而且是马克思主义哲学界非常普遍的观点。可以说，较多"马克思主义道德论"者所持有的是这种主张，"马克思主义反（非）道德论"者更是以这种主张为根据而否认马克思主义对资本主义进行道德批判的可能性。可是，问题恰恰在于应该如何理解这种"历史性"。

一、道德原则历史性的意涵

在《政治经济学批判（1857—1858 年手稿）》中，马克思写道："全面发展的个人……正是以建立在交换价值基础上的生产为前提的，这种生产才……

---

① SEAN SAYERS. Marxism and Morality [J]. Philosophical Researches, 2007 (9): 8-12.
② [英] 肖恩·塞耶斯. 马克思主义与人性 [M]. 冯颜利, 译. 北京：东方出版社, 2008: 150.

产生出个人关系和个人能力的普遍性和全面性。"① 在《资本论》中，马克思指出，资本主义生产方式及资本家的历史价值，恰恰在于"为一个更高级的、以每一个个人的全面而自由的发展为基本原则的社会形式建立现实基础"②。在《英国工人阶级状况》中，恩格斯论及了历史主义道德论者一般都会拒绝的"人类本性"。在这些论者看来，人性无所谓"本"什么，因为它是一定历史条件的产物。可恩格斯明确写道："伦敦人为了创造充满他们的城市的一切文明奇迹，不得不牺牲他们的人类本性的优良品质。"③ 在《反杜林论》中，恩格斯写道："只有在不仅消灭了阶级对立，而且在实际生活中也忘却了这种对立的社会发展阶段上，超越阶级对立和超越对这种对立的回忆的、真正人的道德才成为可能。"④ 在此后的论述中，恩格斯也谈到了基于一定生产力之上的"这样一种社会状态，在这里不再有任何阶级差别，不再有任何对个人生活资料的忧虑，并且第一次能够谈到真正的人的自由……"⑤。恩格斯继而认为，"一旦社会占有了生产资料，商品生产就将被消除，而产品对生产者的统治也将随之消除。……于是，人在一定意义上才最终地脱离了动物界，从动物的生存条件进入真正人的生存条件"⑥。

马克思和恩格斯的上述论断表明，道德原则的历史性并不意味着道德原则只能具有特殊性和相对性，而不能具有普遍性和绝对性。相反，这些论断为论证道德原则的普遍性和绝对性提供了一种可能性。因为，如果道德只能是特殊的和相对的，而不具有普遍性和绝对性，那么，上述"个人关系和个人能力的

---

① 中共中央马克思恩格斯列宁斯大林著作编译局. 马克思恩格斯文集：第8卷[M]. 北京：人民出版社，2009：56.
② 中共中央马克思恩格斯列宁斯大林著作编译局. 马克思恩格斯文集：第5卷[M]. 北京：人民出版社，2009：683.
③ 中共中央马克思恩格斯列宁斯大林著作编译局. 马克思恩格斯全集：第2卷[M]. 北京：人民出版社，1957：303.
④ 中共中央马克思恩格斯列宁斯大林著作编译局. 马克思恩格斯选集：第3卷[M]. 北京：人民出版社，2012：471.
⑤ 中共中央马克思恩格斯列宁斯大林著作编译局. 马克思恩格斯选集：第3卷[M]. 北京：人民出版社，2012：492.
⑥ 中共中央马克思恩格斯列宁斯大林著作编译局. 马克思恩格斯选集：第3卷[M]. 北京：人民出版社，2012：671.

普遍性和全面性""全面而自由的发展""人类本性""真正人的道德""真正的人的自由"和"真正人的生存条件",如何可能被提出?又何以被认识和实现呢?

恩格斯的如下论断还提出了论证道德原则普遍性和绝对性的一种必要性。在《反杜林论》中,就在否认"一切以往的道德论"的普遍性之前,恩格斯列举了三大道德论,即封建的道德、现代资产阶级的道德和未来的无产阶级道德,并断定,"现在代表着现状的变革、代表着未来的那种道德,即无产阶级道德,肯定拥有最多的能够长久保持的因素",尽管他似乎也否认了无产阶级道德之"绝对的终极性"①。在《家庭、私有制和国家的起源》中,恩格斯指出,"最卑下的利益——无耻的贪欲、狂暴的享受、卑劣的名利欲、对公共财产的自私自利的掠夺——揭开了新的、文明的阶级社会;最卑鄙的手段——偷盗、强制、欺诈、背信——毁坏了古老的没有阶级的氏族社会,把它引向崩溃。而这一新社会自身,在其整整两千五百余年的存在期间,只不过是一幅区区少数人靠牺牲被剥削和被压迫的大多数人而求得发展的图画罢了,而这种情形,现在比从前更加厉害了"②,"由于文明时代的基础是一个阶级对另一个阶级的剥削,所以它的全部发展都是在经常的矛盾中进行的。生产的每一进步,同时也就是被压迫阶级即大多数人的生活状况的一个退步。对一些人是好事,对另一些人必然是坏事,一个阶级的任何新的解放,必然是对另一个阶级的新的压迫。……它几乎把一切权利赋予一个阶级,另一方面却几乎把一切义务推给另一个阶级"③。

正如杰拉斯所说,如果不是通过诉诸一定意义上"超历史的标准",马克思何以认为,在设想的无阶级社会中,生产资源、自由和自我实现机会的分配

---

① 中共中央马克思恩格斯列宁斯大林著作编译局. 马克思恩格斯选集:第3卷 [M]. 北京:人民出版社,2012:470.
② 中共中央马克思恩格斯列宁斯大林著作编译局. 马克思恩格斯选集:第4卷 [M]. 北京:人民出版社,2012:110-111.
③ 中共中央马克思恩格斯列宁斯大林著作编译局. 马克思恩格斯选集:第4卷 [M]. 北京:人民出版社,2012:194.

以及有利和不利的普遍分配,"都优于它们在资本主义和其他阶级社会中的分配"?① 同样,如果道德只能是特殊的和相对的,而不具有普遍性和绝对性,那么,恩格斯凭什么认定无产阶级道德"代表着现状的变革、代表着未来",并因此"肯定拥有最多的能够长久保持的因素"?他凭什么指责"无耻的贪欲、狂暴的享受、卑劣的名利欲、对公共财产的自私自利的掠夺"是"最卑下的利益",而"偷盗、强制、欺诈、背信"又是"最卑鄙的手段"?他又凭什么断言"阶级社会……只不过是一幅区区少数人靠牺牲被剥削和被压迫的大多数人而求得发展的图画","对一些人是好事,对另一些人必然是坏事,一个阶级的任何新的解放,必然是对另一个阶级的新的压迫"呢?他依据什么来批判"几乎把一切权利赋予一个阶级,……却几乎把一切义务推给另一个阶级"的事实呢?

的确,马克思和恩格斯的如下论断往往使人们以为,在马克思和恩格斯那里,道德原则只具有特殊性而不具有普遍性,只具有相对性而不具有绝对性。马克思论述道:"这个内容,只要与生产方式相适应,相一致,就是正义的;只要与生产方式相矛盾,就是非正义的。在资本主义生产方式的基础上,奴隶制是非正义的;在商品质量上弄虚作假也是非正义的。"② 恩格斯也有如下论断:1."我们拒绝想把任何道德教条当作永恒的、终极的、从此不变的伦理规律强加给我们的一切无理要求,这种要求的借口是,道德世界也有凌驾于历史和民族差别之上的不变的原则。相反我们断定,一切以往的道德论归根到底都是当时的社会经济状况的产物"③。2."只有当这种生产方式已经走完自身的没落阶段的颇大一段行程时,当它多半已经过时的时候,当它的存在条件大部分已经消失而它的后继者已经在敲门的时候——只有在这个时候,这种越来越不平等的分配,才被认为是非正义的,只有在这个时候,人们才开始从已经过

---

① 诺曼·杰拉斯. 将马克思带向正义:补充与反驳 [M]//李惠斌,李义天. 马克思与正义理论. 北京:中国人民大学出版社,2010:245,247.
② 中共中央马克思恩格斯列宁斯大林著作编译局. 马克思恩格斯文集:第7卷 [M]. 北京:人民出版社,2009:379.
③ 中共中央马克思恩格斯列宁斯大林著作编译局. 马克思恩格斯选集:第3卷 [M]. 北京:人民出版社,2012:471.

时的事实出发诉诸所谓永恒正义"①。3. "在共产主义制度下和资源日益增多的情况下，经过不多几代的社会发展，人们就一定会达到这样的境地：侈谈平等和权利就像今天侈谈贵族等等的世袭特权一样显得可笑。……那时，平等和正义，除了在历史回忆的废物库里可以找到以外，哪儿还有呢？由于诸如此类的东西在今天对于鼓动是很有用的，所以它们绝不是什么永恒真理"②。

但是，就马克思的论断而言，胡萨米早就做出过恰当的说明——马克思在此"实际上是在以一种简化的形式说，这些交易符合有产阶级的利益，这就是从有产阶级立场来看问题的方式"③ 而已。进而言之，这一论断恰恰是对资产阶级相对主义道德观的批判，而不是对道德原则之普遍性和绝对性的拒斥。

就恩格斯的论断而言，首先，论断 1 虽然拒绝将任何道德教条当作永恒的、终极的、不变的伦理规律强加于人的一切无理要求，但接下来的论述表明，这只是因为"一切以往的道德论"仅仅是当时社会经济状况的产物，"还没有越出阶级的道德"。恩格斯意在指出的是，"只有在不仅消灭了阶级对立，而且在实际生活中也忘却了这种对立的社会发展阶段上，超越阶级对立和超越对这种对立的回忆的、真正人的道德才成为可能"。恩格斯拒绝将其作为永恒、终极、不变的道德教条的是"一切以往的道德论"，而不是在高度发展的生产力基础之上，已经"越出阶级的道德"，实现了"真正人的生存条件"和"真正的人的自由"的"真正人的道德"论。或者说，恩格斯拒绝的是以道德原则的普遍性和绝对性为"借口"而将"以往的"某一种道德教条当作伦理规律强加于人的"无理要求"，而不是道德原则的普遍性和绝对性本身。其次，论断 2 只不过表明，一种生产方式的非正义只有在一定的条件下才能被认识。但这并不意味着，在其非正义性还没有被认识之前，这种生产方式本身就是正义的。最后，论断 3 只出现在"《反杜林论》的准备材料"中，而并没有被写

---

① 中共中央马克思恩格斯列宁斯大林著作编译局. 马克思恩格斯选集：第 3 卷 [M]. 北京：人民出版社，2012：528.
② 中共中央马克思恩格斯列宁斯大林著作编译局. 马克思恩格斯文集：第 9 卷 [M]. 北京：人民出版社，2009：354.
③ 齐雅德·胡萨米. 马克思论分配正义 [M] //李惠斌，李义天. 马克思与正义理论. 北京：中国人民大学出版社，2010："脚注" 50.

进《反杜林论》的正文中。而且，如果我们接受杰拉斯的观点，即"利益的分配"包括"自由时间和自由发展"的分配，"'分配'的范围"应该"被扩大到足以覆盖社会利益的一般性，尤其是自由时间的相对有效性"①，以及尼尔森的观点，即在"不存在阶级冲突"的社会，"可能仍然存在一些利益冲突，因此我们不可能完全超越正义的环境"②，情况又会如何呢？

可见，"道德原则的历史性"意指道德原则的特殊性和相对性中蕴含着普遍性和绝对性，道德原则是普遍性与特殊性、绝对性与相对性的统一。

二、克服相对主义的路径

相对主义是任何道德哲学都要力求超越的，因为，如果人人持有相对主义的道德观，那就没有讨论的余地，甚至没有了道德本身。那么，究竟如何克服相对主义的道德观呢？

恩格斯指出："善恶观念从一个民族到另一个民族、从一个时代到另一个时代变更得这样厉害，以致它们常常是互相直接矛盾的。但是，如果有人反驳说，无论如何善不是恶，恶不是善；如果把善恶混淆起来，那么一切道德都将完结，而每个人都将可以为所欲为了。……但是问题毕竟不是这样简单地解决的。如果事情真的这样简单，那么关于善和恶就根本不会有争论了，每个人都会知道什么是善，什么是恶。……封建的道德……现代资产阶级的道德……未来的无产阶级道德，所以仅仅在欧洲最先进国家中，过去、现在和将来就提供了三大类同时和并列地起作用的道德论。哪一种是合乎真理的呢？如果就绝对的终极性来说，哪一种也不是；但是，现在代表着现状的变革、代表着未来的那种道德，即无产阶级道德，肯定拥有最多的能够长久保持的因素。"③

---

① 诺曼·杰拉斯. 关于马克思和正义的争论 [M] //李惠斌，李义天. 马克思与正义理论. 北京：中国人民大学出版社，2010：181，182-183.
② 凯·尼尔森. 马克思论正义：对塔克-伍德命题的重新审视 [M] //李惠斌，李义天. 马克思与正义理论. 北京：中国人民大学出版社，2010：215.
③ 中共中央马克思恩格斯列宁斯大林著作编译局. 马克思恩格斯选集：第3卷 [M]. 北京：人民出版社，2012：469-470.

这里的"问题毕竟不是这样简单地解决的"是指"怎样"简单地解决呢？非常明显的是，以"无论如何善不是恶，恶不是善"来做泾渭分明的划分，肯定是简单化的。但是，如果认为"善恶观念从一个民族到另一个民族、从一个时代到另一个时代变更得这样厉害"，以至于不同的民族、不同的时代都有自己的善恶观，从而将道德相对主义化，是不是也是一种简单化的解决呢？因此，我们有理由据此认为，道德的相对主义化必然会使一切道德趋于完结，而使每个人为所欲为，也是恩格斯所承认的。恩格斯是以"封建的道德""现代资产阶级的道德"和"未来的无产阶级道德"中，无产阶级道德"代表着现状的变革、代表着未来"，并因此"肯定拥有最多的能够长久保持的因素"，来克服这种相对主义的。

如果没有对道德原则普遍性和绝对性的认同，恩格斯就没有根据提出，在"封建的道德""现代资产阶级的道德"和"未来的无产阶级道德"中，无产阶级道德"代表着现状的变革、代表着未来"，并因此"肯定拥有最多的能够长久保持的因素"。可见，在坚持道德原则特殊性和相对性的同时，也承认道德原则的普遍性和绝对性，是克服相对主义道德观唯一有效的路径。

因此，"道德原则的历史性"与"历史主义的道德原则"是不同的。正因为"历史主义的道德原则"是"历史主义"的，它才往往会导致道德原则的"相对主义"化。客观地说，塞耶斯本人的思想走向实际上就是"历史主义的道德原则"，而不是"历史性的道德原则"。尽管他明确否定纯粹相对主义的道德原则，尽力避免陷入一种残缺破损的相对主义，但在其论证过程中，塞耶斯实际上是在用相对主义的道德观反对绝对主义的道德观[①]。例如，塞耶斯说："马克思和黑格尔都拒斥普遍的或超历史的正义原则观。马克思的黑格尔式历史主义方法意味着，没有单一的、普遍正确的社会秩序。不同的社会关系要求不同的正义原则。这些原则产生于具体的条件，对于其时代而言，它们是

---

① 当然，在必要的时候，塞耶斯也会转而用绝对主义的道德观来反对相对主义的道德观（参见田世锭. 英美辩证法马克思主义哲学研究 [M]. 北京：中国社会科学出版社，2013：116-130）。杰拉斯也注意到，尽管塞耶斯无视这一证据，但其论证要求他间接依赖"不可比较的超历史标准"（参见诺曼·杰拉斯. 将马克思带向正义：补充与反驳 [M] //李惠斌，李义天. 马克思与正义理论. 北京：中国人民大学出版社，2010：252-253）。

必要的和正确的；但随着时间的推移，随着新社会秩序条件的发展，它们也就丧失了其必要性和正确性。正义和权利原则是一种社会和历史现象。"[1] 很明显，塞耶斯在此已经将正义原则相对主义化。按照这种主张，资本主义有符合其时代的、必要的和正确的正义原则，社会主义当然也有符合其时代的、必要的和正确的正义原则。因此，无论如何，都不能基于社会主义的立场认为资本主义是不正义的。推而广之，我们最多只能基于社会主义的角度对资本主义进行非道德的批判，而不能对其进行道德评判。也因此，当塞耶斯说"从更高级社会的立场看，资本主义社会关系是人发展的障碍和不正义的"[2] 时，要么他的说法是不成立的，要么他就是自相矛盾的。

也许正因为"历史主义的道德原则"会导致相对主义的道德观，伊格尔顿才强调说，"马克思恐怕不能完全同意……'历史主义'论调"，并指出了马克思视域中道德所具有的普遍性和绝对性内涵："道德并非意味着法律、义务、守则和禁令，而是如何以最自由、最完整、最能实现自我的方式生活的问题。对于马克思来说，道德终极内涵在于如何享受自我。"[3] 而卢克斯基于"法权的道德"与"解放的道德"的区分，分别利用康德路线和亚里士多德路线来检验相关道德权威性的尝试、尼尔森所说的"假如一切都是相对的"，马克思"就不会说或不可能对整个社会形态做出评价"[4]，以及杰拉斯所说的"马克思依赖一些非相对主义的正义标准"[5]，"马克思确实依据超历史的标准来谴责资本主义不正义"[6]，等等，正是对道德原则普遍性与特殊性、绝对性与相对性之统一性的追寻，也是对究竟如何理解道德原则历史性以及究竟如何克服相对主义道德观的有益探求。

---

[1] SEAN SAYERS. Marxism and Morality [J]. Philosophical Researches, 2007 (9): 8-12.
[2] SEAN SAYERS. Marxism and Morality [J]. Philosophical Researches, 2007 (9): 8-12.
[3] 特里·伊格尔顿. 马克思为什么是对的 [M]. 李杨, 任文科, 郑义, 译. 北京: 新星出版社, 2011: 84, 161.
[4] 凯·尼尔森. 马克思论正义: 对塔克-伍德命题的重新审视 [M] //李惠斌, 李义天. 马克思与正义理论. 北京: 中国人民大学出版社, 2010: 243.
[5] 诺曼·杰拉斯: 关于马克思和正义的争论 [M] //李惠斌, 李义天. 马克思与正义理论. 北京: 中国人民大学出版社, 2010: 177 脚注.
[6] 诺曼·杰拉斯. 将马克思带向正义: 补充与反驳 [M] //李惠斌, 李义天. 马克思与正义理论. 北京: 中国人民大学出版社, 2010: 245.

三、克服道德主义的路径

强调道德原则的历史性，其要旨不在于否定道德原则的普遍性和绝对性，而在于反对空谈道德。诚如伊格尔顿所说，"马克思经常谴责道德规范。然而，他所谴责的是那种忽略物质因素，赞成道德因素的历史探究。严格地讲，马克思谴责的不是道德，而是道德主义"①。正如马克思和恩格斯早在《神圣家族》中就已经指出的，空谈道德的道德主义必然导致"道德就是'行动上的软弱无力'"②的结果。因此，如尼尔森所说，"重要的是要领悟到，我们不是要通过道德理论和道德诉求来改变社会"③。那么，我们究竟应该如何运用历史性的道德原则来"改变社会"呢？其实，马克思和恩格斯早已说得非常明确了。

首先，一定要做历史唯物主义的分析，在物质生产领域探究社会现象的道德属性，揭示非道德的根源。至少在1857年的《〈政治经济学批判〉导言》中，马克思就已指出："分配的结构完全决定于生产的结构。分配本身是生产的产物，不仅就对象说是如此，而且就形式说也是如此。就对象说，能分配的只是生产的成果，就形式说，参与生产的一定方式决定分配的特殊形式，决定参与分配的形式。"④ 因此，评价一个社会的分配是否公平，就不能仅仅考察其产品的分配，而是应该进一步深入其生产结构，考察其生产条件的分配情况。相反，如果以为"分配表现为产品的分配，因此它离开生产很远，似乎对生产是独立的"，那将是"最浅薄的理解"⑤。

---

① 特里·伊格尔顿. 马克思为什么是对的 [M]. 李杨，任文科，郑义，译. 北京：新星出版社，2011：161.
② 中共中央马克思恩格斯列宁斯大林著作编译局. 马克思恩格斯全集：第2卷 [M]. 北京：人民出版社，1957：255.
③ 凯·尼尔森. 马克思论正义：对塔克-伍德命题的重新审视 [M] //李惠斌，李义天. 马克思与正义理论. 北京：中国人民大学出版社，2010：211.
④ 中共中央马克思恩格斯列宁斯大林著作编译局. 马克思恩格斯选集：第2卷 [M]. 北京：人民出版社，2012：695.
⑤ 中共中央马克思恩格斯列宁斯大林著作编译局. 马克思恩格斯选集：第2卷 [M]. 北京：人民出版社，2012：696.

在《资本论》中，马克思继续强调，如果离开资本主义社会的生产结构，仅仅关注其市场上的交易情况，那么，资本家以工资购买雇佣工人的劳动力"这种情况对买者是一种特别的幸运，对卖者也绝不是不公平"①，因为，这显然是一种等价交换。然而，"一离开这个简单流通领域或商品交换领域……就会看到，我们的剧中人的面貌已经起了某些变化。原来的货币占有者作为资本家，昂首前行；劳动力占有者作为他的工人，尾随于后。一个笑容满面，雄心勃勃，一个战战兢兢，畏缩不前，像在市场上出卖了自己的皮一样，只有一个前途——让人家来鞣"②。这说明，如果仅仅停留在市场交换领域，则资本家与工人之间交易的非公平、非道德性就不能被揭示；相反，只要我们进一步考量资本主义的生产领域，资本家剥削雇佣工人的非道德性就昭然若揭了，而其根源恰恰在于生产资料的资本家私人所有制，即生产条件分配的非道德和不正义。

其次，既然非道德的社会现象根源于一个社会的生产结构，根源于其生产资料所有制即生产条件的分配，那么，要消除这种非道德的社会现象，就不仅仅要改变其道德原则，而且要消除非道德的根源，即根本变革社会的生产资料所有制，公平分配其生产条件。

马克思和恩格斯的以下论断所要告诫人们的正是这个道理："他们应当摒弃'做一天公平的工作，得一天公平的工资！'这种保守的格言，要在自己的旗帜上写上革命的口号：'消灭雇佣劳动制度！'"③ "只有在不仅消灭了阶级对立，而且在实际生活中也忘却了这种对立的社会发展阶段上，超越阶级对立和超越对这种对立的回忆的、真正人的道德才成为可能。"④

正因为如此，恩格斯才提出："社会的公平或不公平，只能用一门科学来断

---

① 中共中央马克思恩格斯列宁斯大林著作编译局. 马克思恩格斯文集：第5卷 [M]. 北京：人民出版社，2009：226.
② 中共中央马克思恩格斯列宁斯大林著作编译局. 马克思恩格斯文集：第5卷 [M]. 北京：人民出版社，2009：205.
③ 中共中央马克思恩格斯列宁斯大林著作编译局. 马克思恩格斯选集：第2卷 [M]. 北京：人民出版社，2012：69.
④ 中共中央马克思恩格斯列宁斯大林著作编译局. 马克思恩格斯选集：第3卷 [M]. 北京：人民出版社，2012：471.

定，那就是研究生产和交换这种与物质有关的事实的科学——政治经济学。"①这是因为，"经济科学的任务在于：证明现在开始显露出来的社会弊病是现存生产方式的必然结果，同时也是这一生产方式快要瓦解的征兆，并且从正在瓦解的经济运动形式内部发现未来的、能够消除这些弊病的、新的生产组织和交换组织的因素"②。

也正因为如此，马克思才会非常生气地批评说："什么是'公平的'分配呢？……难道资产者不是断言今天的分配是'公平的'吗？难道它事实上不是在现今的生产方式基础上唯一'公平的'分配吗？难道经济关系是由法的概念来调节，而不是相反，从经济关系中产生出法的关系吗？""庸俗的社会主义仿效资产阶级经济学家（一部分民主派又仿效庸俗社会主义）把分配看成并解释成一种不依赖于生产方式的东西，从而把社会主义描写为主要是围绕着分配兜圈子。既然真实的关系早已弄清楚了，为什么又要开倒车呢？"③

---

① 中共中央马克思恩格斯列宁斯大林著作编译局. 马克思恩格斯全集：第25卷 [M]. 北京：人民出版社，2001：488.
② 中共中央马克思恩格斯列宁斯大林著作编译局. 马克思恩格斯选集：第3卷 [M]. 北京：人民出版社，2012：528.
③ 中共中央马克思恩格斯列宁斯大林著作编译局. 马克思恩格斯选集：第3卷 [M]. 北京：人民出版社，2012：361，365-366.

第十二章

历史性的道德原则：基于列宁的分析

马克思主义是否对资本主义进行道德批判？如果是，马克思主义又该如何进行这种批判？这应该是马克思主义社会哲学研究中的一个核心论题，也是迄今仍然充满争议的一个理论和实践问题。厘清马克思主义视域中道德原则的性质，是解决这一问题的根本前提。上一章基于马克思恩格斯的相关文本表明，马克思主义视域中的道德原则是历史性的，而不是历史主义的，坚持道德原则的历史性是克服道德相对主义和道德主义的唯一路径。本章拟基于列宁的相关文本进一步论证，正是历史性的道德原则决定了对资本主义进行道德批判的可能和路径。

一、历史性的道德原则

列宁指出，"占有被束缚在土地上的农奴的剩余劳动的制度，树立了农奴主的道德；'为别人'、为货币持有者做工的'自由劳动'的制度，则树立了资产阶级的道德，以取代前一种道德"[1]；"小资产阶级不敢正视真理，不敢直言不讳……认为只有独立小经济……才是'道德的'，而雇佣劳动是'不道德的'。他不了解前者与后者的联系（而且是不可分割的联系），认为资产阶级的道德是一种偶然的病症，而不是从商品经济……中产生出来的资产阶级制度

---

[1] 中共中央马克思恩格斯列宁斯大林著作编译局. 列宁全集：第1卷 [M]. 北京：人民出版社，1984：345-346.

的直接产物"①。列宁的这种论断的确非常明确也非常正确地说明了每一种道德都不是纯粹主观的东西，而是一定历史条件的产物。正因此，列宁才会说，所谓"超人类社会的道德是没有的"，那只是一种"欺骗"②。

但是，我们并不能据此认为，列宁研究道德的方法是历史主义方法，而他眼中的道德原则也是历史主义的。这是因为，"历史主义无法摆脱的困境"正在于，"历史主义所依赖的信仰前提日益削弱殆尽，历史主义的认识论和方法论最终将导致一切有关人的确切知识的消亡，导致所有稳定的价值相对化"③。或者说，如前所述，正因为"历史主义的道德原则"是"历史主义"的，它才会导致道德原则的"相对主义"化。但与此相反，列宁的如下论述充分说明，道德原则不是相对主义的，并因此不是历史主义的，而是历史性的。

首先，从社会劳动组织的纪律角度来看，"农奴制的社会劳动组织靠棍棒纪律来维持，劳动群众极端愚昧，备受压抑，横遭一小撮地主的掠夺和侮辱。资本主义的社会劳动组织靠饥饿纪律来维持，在最先进、最文明、最民主的共和国内，尽管资产阶级文化和资产阶级民主有很大的进步，广大劳动群众仍旧是一群愚昧的、受压抑的雇佣奴隶或被压迫的农民，横遭一小撮资本家的掠夺和侮辱。共产主义的社会劳动组织——其第一步为社会主义——则靠推翻了地主资本家压迫的劳动群众本身自由的自觉的纪律来维持，而且愈向前发展就愈要靠这种纪律来维持"，因此，"无产阶级代表着并实现着比资本主义更高类型的社会劳动组织"。④

尽管在资本主义社会劳动组织中，"广大劳动群众"仍然只是"愚昧的"奴隶，仍然要遭受"一小撮资本家"的"掠夺""侮辱"和"压迫"，但资本主义社会劳动组织还是要比农奴制社会劳动组织"进步"，因为，资本主义的"饥饿纪律"总比农奴制的"棍棒纪律"要"文明"一些。而共产主义社会劳

---

① 中共中央马克思恩格斯列宁斯大林著作编译局. 列宁全集：第1卷 [M]. 北京：人民出版社，1984：346.
② 列宁. 列宁选集：第4卷 [M]. 北京：人民出版社，2012：289.
③ 格奥尔格·G. 伊格尔斯. 德国的历史观 [M]. 彭刚，顾杭，译. 南京：译林出版社，2006：25.
④ 中共中央马克思恩格斯列宁斯大林著作编译局. 列宁选集：第4卷 [M]. 北京：人民出版社，2012：10.

动组织的"劳动群众本身自由的自觉的纪律",能够使"广大劳动群众"从地主资本家的"掠夺""侮辱"和"压迫"中解放出来,自然要比资本主义的"饥饿纪律"更加"文明"。因此,共产主义社会劳动组织就要比资本主义社会劳动组织"更高""更进步"。

其次,从民主的角度来看,"资本主义社会里的民主是一种残缺不全的、贫乏的和虚伪的民主,是只供富人、只供少数人享受的民主。无产阶级专政,向共产主义过渡的时期,将第一次提供人民享受的、大多数人享受的民主,同时对少数人即剥削者实行必要的镇压。只有共产主义才能提供真正完全的民主"①。

正因为资本主义民主是"只供富人、只供少数人享受的民主",所以,它是"残缺不全的、贫乏的和虚伪的"。无产阶级专政第一次提供了"人民享受的、大多数人享受的民主",所以要比资本主义民主"进步",但"对少数人即剥削者实行必要的镇压"决定了,它还不是"真正完全的民主"。只有在共产主义社会,由于"阶级已经不存在","真正完全的、真正没有任何例外的民主才有可能,才会实现"②。可见,共产主义民主必将比无产阶级专政"更高""更进步"。

最后,从人之为人的角度来看,"千百年来",工人和贫困农民都是"成年累月地替剥削者做苦工,受到了剥削者无数的欺侮和凌辱,过着极端贫困的生活",而在共产主义社会,他们"第一次有可能为自己工作","可以稍微直一点腰,可以挺起胸来,可以感到自己是人了"③。

千百年来,工人和贫困农民成年累月地替剥削者做苦工,不仅生活极端贫困,更是受尽了剥削者的欺侮和凌辱。他们其实不是"人",而只是剥削者的"工具",甚至比一般工具还要艰辛,因为一般工具感受不到屈辱。如果说他们毕竟还是"人"的话,那也只是"被异化的人"。其实,农奴制的"棍棒纪

---

① 中共中央马克思恩格斯列宁斯大林著作编译局. 列宁选集:第3卷 [M]. 北京:人民出版社,2012:191-192.
② 中共中央马克思恩格斯列宁斯大林著作编译局. 列宁选集:第3卷 [M]. 北京:人民出版社,2012:191.
③ 中共中央马克思恩格斯列宁斯大林著作编译局. 列宁选集:第3卷 [M]. 北京:人民出版社,2012:376.

律"和资本主义的"饥饿纪律"已经决定了,他们只能是丧失了人的本质的"被异化的人",因为,"自由的有意识的活动恰恰就是人的类特性"①,或者说,人的本质就是自由自觉的活动。只有在共产主义社会,他们才能在"自由的自觉的纪律"条件下"为自己工作",并因此成为"人"。在这种意义上,共产主义社会更是要比资本主义社会"更高""更进步"。

总而言之,列宁的论述充分说明,从"社会劳动组织的纪律""民主"和"人之为人"等角度来看,随着人类社会的发展,道德本身也在发展,因此,道德具有进步性。或许这正是为什么能够以"资产阶级的道德""取代""农奴主的道德"②,继而以"无产阶级的道德""取代""资产阶级的道德"的原因。而如果道德原则是相对主义的,那就无所谓道德的发展,也无所谓道德的进步,整个一部道德史就只不过是各种各样道德观和道德原则的简单堆积。所谓道德观和道德原则的"取代"也就丧失了道德根据。此其一。

其二,列宁的论述还表明,道德原则是特殊性与普遍性、相对性与绝对性的统一。他说,"资本主义社会里的民主是一种残缺不全的、贫乏的和虚伪的民主,是只供富人、只供少数人享受的民主。无产阶级专政,向共产主义过渡的时期,将第一次提供人民享受的、大多数人享受的民主,同时对少数人即剥削者实行必要的镇压。只有共产主义才能提供真正完全的民主"③;"正是资产阶级才始终是伪善的,它把形式上的平等叫作'民主',实际上却用无数欺骗、压迫等手段来蹂躏穷人、劳动者、小农和工人。……无产阶级专政是达到真正的平等和民主,达到实际生活中的而不是写在纸上的平等和民主,经济现实中的而不是政治空谈中的平等和民主的唯一步骤"④。

虽然资本主义民主对穷人、劳动者、小农和工人来说是"贫乏的和虚伪

---

① 中共中央马克思恩格斯列宁斯大林著作编译局. 马克思恩格斯选集:第1卷 [M]. 北京:人民出版社,2012:56.
② 中共中央马克思恩格斯列宁斯大林著作编译局. 列宁全集:第1卷 [M]. 北京:人民出版社,1984:345-346.
③ 中共中央马克思恩格斯列宁斯大林著作编译局. 列宁选集:第3卷 [M]. 北京:人民出版社,2012:191-192.
④ 中共中央马克思恩格斯列宁斯大林著作编译局. 列宁全集:第37卷 [M]. 北京:人民出版社,1986:208.

的"，但对少数富人而言并非如此。因此，资本主义民主虽然是"资本主义的"，但仍然是一种"民主"。无产阶级专政虽然还不是"真正的民主"，而只是达到这种民主的"步骤"，但对于人民来说，它就是"民主"。所以，无产阶级专政虽然只是"无产阶级的民主"，也仍然是一种"民主"。可见，一方面，资本主义民主和无产阶级专政都具有自己的特殊性，都只是特殊形态的相对的民主；另一方面，它们又都蕴含着"民主"本身，具有民主的普遍性和绝对性，否则，它们就不是"民主"了。进而言之，如果民主只具有特殊性和相对性，而没有普遍性和绝对性，那么，要确认共产主义民主是"真正的平等和民主"，就没有道德根据。而如前所述，道德原则的特殊性和相对性中蕴含着普遍性和绝对性，道德原则是普遍性与特殊性、绝对性与相对性的统一，正是道德原则是历史性而不是历史主义的充分证明。

二、资本主义道德批判的道德根据

列宁明确指出：（1）"究竟有没有共产主义道德呢？有没有共产主义品德呢？当然是有的。人们往往硬说我们没有自己的道德；资产阶级常常给我们加上一个罪名，说我们共产主义者否定任何道德。这是一种偷换概念、蒙骗工农的手段"[1]。（2）马克思主义"究竟在什么意义上……否定道德，否定品德呢？"，"是在资产阶级所宣传的道德的意义上"[2]。这是因为，首先，资产阶级的道德是资产阶级为"谋求他们这些剥削者自身的利益"而引申出来的；其次，为了"愚弄工农，禁锢工农的头脑"，资产阶级往往从"上帝的意旨"或者"往往同上帝意旨很相似的唯心主义或半唯心主义论调"中，或者说，"从超人类和超阶级的概念中"，引申出他们的道德；最后，共产主义道德"完全服从无产阶级阶级斗争的利益"，是"从无产阶级阶级斗争的利益中引申出来

---

[1] 中共中央马克思恩格斯列宁斯大林著作编译局. 列宁选集：第4卷 [M]. 北京：人民出版社，2012：288.
[2] 中共中央马克思恩格斯列宁斯大林著作编译局. 列宁选集：第4卷 [M]. 北京：人民出版社，2012：288.

的",因此,其实质是无产阶级的道德。①(3)"'为别人而工作'这一事实的存在,剥削的存在,永远会在被剥削者本身和某些'知识分子'代表中间,产生一些对抗这一制度的理想"②,资本主义社会的"现有阶级矛盾",无产阶级"阶级的要求",也会产生"同样的理想",无产阶级及其利益代表马克思主义者也会从这种理想"出发","对抗"资本主义制度③;"无产阶级受资本主义的压迫,劳动群众受资本主义的奴役"④,资本主义"时时刻刻"都在给普通劳动人民带来"最可怕的灾难、最残酷的折磨",比战争、地震等任何非常事件带来的灾难和折磨要"多一千倍"⑤,而社会主义将完成"反对一切人剥削人的现象"⑥这一世界历史性的任务,使全人类"摆脱……资本主义奴隶制,摆脱……资本主义剥削制所造成的无数残暴、野蛮、荒谬和丑恶的现象"⑦。

列宁的这些论断充分说明:第一,马克思主义拥有自己的道德,即共产主义道德,因此也并不反对道德本身;第二,因为资产阶级的道德是从资产阶级的利益中引申出来的,是地主和资本家利益的反映,而无产阶级的道德则是从无产阶级的利益中引申出来的,是广大工农群众利益的反映,所以,马克思主义批判和否定资产阶级的道德,支持无产阶级的道德;第三,马克思主义可以基于两种角度对资本主义进行道德批判,一是在资本主义内部,基于无产阶级利益的角度对资本主义予以道德批判,二是在资本主义外部,基于社会主义的角度对资本主义予以道德批判。

---

① 中共中央马克思恩格斯列宁斯大林著作编译局. 列宁选集:第4卷 [M]. 北京:人民出版社,2012:289.
② 中共中央马克思恩格斯列宁斯大林著作编译局. 列宁全集:第1卷 [M]. 北京:人民出版社,1984:377.
③ 中共中央马克思恩格斯列宁斯大林著作编译局. 列宁全集:第1卷 [M]. 北京:人民出版社,1984:378.
④ 中共中央马克思恩格斯列宁斯大林著作编译局. 列宁选集:第3卷 [M]. 北京:人民出版社,2012:216.
⑤ 中共中央马克思恩格斯列宁斯大林著作编译局. 列宁选集:第2卷 [M]. 北京:人民出版社,2012.251.
⑥ 中共中央马克思恩格斯列宁斯大林著作编译局. 列宁选集:第4卷 [M]. 北京:人民出版社,2012:47.
⑦ 中共中央马克思恩格斯列宁斯大林著作编译局. 列宁选集:第3卷 [M]. 北京:人民出版社,2012:191.

可是，如果道德原则是历史主义的，那么，列宁的上述论断就是不能成立的。首先，如果道德原则是历史主义的，道德原则也就成了相对主义的，这样一来，就必然导致"善恶混淆"，"每个人都将可以为所欲为"，而"一切道德都将完结"①，道德本身也就失去了意义。

其次，如果道德原则是历史主义或相对主义的，那么，无产阶级及其利益代表马克思主义者或许可以去从事"推翻沙皇，打倒资本家，消灭资本家阶级"的"阶级斗争"②，以谋求和实现无产阶级的利益，但无论如何不能基于无产阶级的道德来批判和否定资产阶级的道德。

最后，如果道德原则是历史主义或相对主义的，那甚至还必须承认资产阶级"剥削""压迫"和"奴役"无产阶级之事实的合理性和正当性，而不能基于无产阶级的利益去对抗资本主义制度，因为走到极致的历史主义和相对主义道德观，必然将一定历史阶段和历史条件下占据主导地位的道德原则绝对主义化。马克思主义反（非）道德论者伍德教授正是因此才得出结论说，"唯一合理的正义标准只能来源于并奠基于当前的生产方式"，所以，"资本家应当抢劫工人以及工人应当被迫向资本家进贡，乃是完全正义的"③。这是一方面。另一方面，按照历史主义的道德原则，正如塞耶斯教授所说，资本主义应该有符合其时代的、必要的和正确的道德原则；社会主义当然也应该有符合其时代的、必要的和正确的道德原则。因此，如前所述，马克思主义者并不能基于社会主义的角度认为资本主义是不道德的，他们最多只能基于社会主义的角度对资本主义进行非道德的批判，而不能对其进行道德评判。

可见，正是历史性的道德原则所蕴含的道德进步性和普遍性绝对性，使得马克思主义并不反对道德本身，并使马克思主义对资本主义的道德批判具有了可能性；也正是历史性的道德原则所蕴含的道德进步性和普遍性绝对性，为马克思主义基于无产阶级的道德来批判和否定资产阶级的道德，并基于无产阶级

---

① 中共中央马克思恩格斯列宁斯大林著作编译局. 马克思恩格斯选集：第3卷 [M]. 北京：人民出版社，2012：470.
② 中共中央马克思恩格斯列宁斯大林著作编译局. 列宁选集：第4卷 [M]. 北京：人民出版社，2012：289-290.
③ 艾伦·伍德. 马克思反对从正义出发批判资本主义 [J]. 李义天，译. 中国社会科学，2018（6）.

利益和社会主义的角度对资本主义本身予以道德批判,提供了道德根据。

三、资本主义道德批判的恰当路径

历史性的道德原则使马克思主义对资本主义的道德批判成为可能,也使其成为合理的和正当的,但与此同时,也正是历史性的道德原则决定了,对资本主义的道德批判不能仅仅是一种"道德"批判。其原因在于,纯粹和绝对的"道德"必然会因为割裂历史唯物主义与道德哲学和社会哲学之间的内在关系,从而走向与历史主义和相对主义道德观截然相反的另一个极端,变成"道德主义";纯粹的"道德"批判也必然因此而成为一种"道德空谈"。

根据列宁的论述,这种"道德空谈"主要表现为两种形式:一是"在思想方面奴隶般地跟着资产阶级跑",仅仅"根据什么自由、平等、一般民主、劳动民主派的平等这类泛泛的空话来解决从资本主义向社会主义过渡的任务"[①];二是仅仅"局限于诅咒资本和金钱势力",而不是"在自己的生活和斗争中处处依靠资本主义的技术成就和社会成就,学会把自己团结成一支社会主义战士的百万大军,去推翻资本主义,去创造一个人民不再贫困、人不再剥削人的新社会"[②]。可以说,第二种形式的"道德批判"没有力图去利用资本主义以"推翻资本主义",而只是在口头上"诅咒资本和金钱势力",因此只是一种隔靴搔痒式的批判;而第一种形式的"道德批判"仅以一些抽象的道德概念,说一些"泛泛的空话",那就连隔靴搔痒的作用都没有了。

那么,究竟应该如何基于历史性的道德原则来对资本主义进行道德批判呢?根据列宁的论述,首先,应该关注和揭示资本主义不道德的现实根源。例如,列宁指出:资产阶级个人主义者"那些关于绝对自由的言论不过是一种伪善而已。在以金钱势力为基础的社会中,在广大劳动者一贫如洗而一小撮富人

---

① 中共中央马克思恩格斯列宁斯大林著作编译局. 列宁选集:第4卷 [M]. 北京:人民出版社, 2012:12.
② 中共中央马克思恩格斯列宁斯大林著作编译局. 列宁全集:第20卷 [M]. 北京:人民出版社, 1989:25—26.

过着寄生生活的社会中,不可能有实际的和真正的'自由'"①。这里蕴含着两方面的意义:其一,因为资本主义社会是"金钱势力"统治的社会,其中,"一小撮富人过着寄生生活",而"广大劳动者一贫如洗",所以,资产阶级个人主义者所谓的"绝对自由"就只不过是一种伪善而已,其中,只有"一小撮富人"的自由,而没有"广大劳动者"的自由。其二,资本主义社会中"广大劳动者"是不自由的,但他们应该和必须认识到,他们之所以是"不自由"的,其根源恰恰在于资本主义社会是一种"金钱势力"统治的社会。

列宁还指出:"'平等'……如果同劳动摆脱资本的压迫相抵触,那就是骗人的东西。……这是千真万确的真理。……实行目前那种平等的民主共和国是虚伪的,是骗人的,在那里没有实现平等,也不可能有平等;妨碍人们享受这种平等的,是生产资料、货币和资本的私有权。"② 这同样表明,第一,因为资本主义社会是"资本压迫劳动"的社会,所以,资产阶级民主共和国的"平等"就只是"虚伪的"和"骗人的",其中,劳动与资本之间,或者说,无产阶级与资产阶级之间根本"没有实现平等",也"不可能有平等"。第二,资本主义社会中无产阶级没有能够也没有可能与资产阶级"平等",但他们应该和必须认识到,他们之所以处于"不平等"的地位,其根源恰恰在于资本主义社会是一种"资本压迫劳动"的社会,而资本之所以能够压迫劳动,其根源正在于"生产资料、货币和资本的私有权"。

其次,应该进而消除资本主义不道德的现实根源,以实现道德本身。实际上,上述有关"自由"和"平等"的论述已经充分说明,"广大劳动者"或者说无产阶级,如果要实现"真正的"自由和平等,就必须消除"不自由"和"不平等"的现实根源,即"金钱势力"和"资本压迫劳动";而要消除"金钱势力"和"资本压迫劳动",就必须消除"金钱势力"和"资本压迫劳动"的现实根源,即"生产资料、货币和资本的私有权"。而为了使无产阶级及其利益代表马克思主义者对此有足够充分的认识,列宁还反复强调指出:"只要

---

① 中共中央马克思恩格斯列宁斯大林著作编译局.列宁选集:第1卷[M].北京:人民出版社,2012:666.
② 中共中央马克思恩格斯列宁斯大林著作编译局.列宁选集:第3卷[M].北京:人民出版社,2012:815.

财产还在资本家手里，民主就不过是掩饰资产阶级专政的十足骗人的幌子，如果不扯掉这个骗人的幌子，就根本谈不上认真解决把劳动从资本压迫下解放出来的问题"①；"只要财产还在资本家手里，任何民主都不过是披着美丽外衣的资产阶级专政。一切关于普选、全民意志、选民平等的宣传完全是骗局，因为在剥削者和被剥削者之间，在资本、财产的占有者和现代雇佣奴隶之间，不可能有什么平等"②；"只要存在资本权力，所有的东西——不仅是土地，甚至人的劳动、人的自身，以及良心、爱情和科学，都必然成为可以出卖的东西"③。

概而言之，列宁反复告诫无产阶级及其利益代表马克思主义者的是，只要存在"生产资料、货币和资本的私有权"，"只要存在资本权力"，无产阶级就根本不可能享有与资产阶级同等的自由、平等和民主，甚至不可能成为真正的"人"。因此，归根结底，对资本主义的道德批判意味着要消除"生产资料、货币和资本的私有权"，消除"资本权力"，也就是消除资本本身。

上一章关于马克思和恩格斯的道德论述表明，一定要做历史唯物主义的分析，在物质生产领域探究社会现象的道德属性，揭示非道德的根源。非道德的社会现象根源于其生产资料所有制即生产条件的分配，所以，要消除非道德的社会现象，就要消除非道德的根源，即根本变革社会的生产资料所有制，公平分配其生产条件。本章的分析充分说明，从列宁的道德论述中，我们所得到的是完全相同的结论。

---

① 中共中央马克思恩格斯列宁斯大林著作编译局. 列宁全集：第35卷 [M]. 北京：人民出版社，1985：428.

② 中共中央马克思恩格斯列宁斯大林著作编译局. 列宁全集：第35卷 [M]. 北京：人民出版社，1985：428.

③ 中共中央马克思恩格斯列宁斯大林著作编译局. 列宁全集：第15卷 [M]. 北京：人民出版社，1988：153.

第十三章

资产阶级正义观的神圣化及其批判

如前所述,根据马克思恩格斯和列宁的论述,马克思主义的历史性道德原则为资本主义道德批判提供了道德根据和恰当路径。然而,"塔克-伍德命题"的提出者之一艾伦·伍德依然坚持认为,马克思一方面坚决否认资本主义的不正义性,另一方面又坚决号召革命以推翻资本主义;一方面坚决认为资本家拥有对剩余价值的全部权利,另一方面又坚决主张对财产权进行专横的侵犯以解放被压迫者;一方面坚决认为资本主义是一种不人道的、压迫的、剥削的、不合理的生活方式,另一方面又坚决主张资本主义也并非不正义;一方面坚决认为资本家占有剩余价值是一种盗窃、剥取和抢劫,另一方面又坚决主张资本家完全有权利占有剩余价值。伍德一直力图为客观的马克思及其正义观辩护。但遗憾的是,他所描述和呈现的马克思及其正义观并非客观事实,而只是他自己将资产阶级正义观绝对化、永恒化甚至神圣化而产生的幻觉。

一、资产阶级正义观的神圣化

恩格斯在《论住宅问题》中有关"法"和"公平""一个人有一个人的理解"[①]的论断是伍德认为马克思反对将正义作为评价社会和社会制度标准的重要依据之一。然而,恩格斯在此意在表明的是,法只是相应经济关系的反映。

[①] 中共中央马克思恩格斯列宁斯大林著作编译局. 马克思恩格斯文集:第3卷[M]. 北京:人民出版社,2009:323.

作为法本身最抽象的表现，公平也始终只是现存经济关系的观念化神圣化的表现而不是什么永恒的东西，至于有关什么是公平或不公平的公平观，或有关什么是正义或不正义的正义观，则会因经济关系本身的变化或不同人对同一经济关系的不同体验而致因时因地而变，甚至也因人而异。恩格斯并没有说这样的法律和正义观只是"从有限的司法角度出发、对社会生活的一种扭曲而含混的表述"①；恩格斯也没有因此而反对正义本身，更没有明确指出，无产阶级就不应该依据自身对资本主义经济关系的体验而提出自己的正义观，并用这种正义观来评价资本主义。在《反杜林论》中，恩格斯针对道德原则写了一段与此颇为类似的话，即拒绝想把任何道德教条当作永恒的、终极的、从此不变的伦理规律强加给我们的一切无理要求。②按照恩格斯的观点，如果力图将某一阶级的道德观（如资产阶级的道德观）普遍化和永恒化，那就会陷入意识形态幻觉。

在做出上述论断之前，恩格斯还写道，今天向我们宣扬的首先是基督教的封建道德，与这些道德并列的有现代资产阶级道德，而与资产阶级道德并列的又有未来的无产阶级道德，所以"仅仅在欧洲最先进国家中，过去、现在和将来就提供了三大类同时和并列地起作用的道德论"，但"现在代表着现状的变革、代表着未来的那种道德，即无产阶级道德，肯定拥有最多的能够长久保持的因素"③。从中我们至少可以得出三点结论：第一，即使是在欧洲最先进的资本主义社会，无产阶级也可以拥有自己的道德和道德观；第二，在同一时代、同一资本主义社会中，分别代表着过去、现在和将来的封建道德观、资产阶级道德观和无产阶级道德观可以同时和并列地起作用；第三，无产阶级道德观要比资产阶级道德观更进步，并因此代表着现状的变革和未来。我们可以合理地将恩格斯的这种观点稍做变换如下：第一，即使是在欧洲最先进的资本主义社会，无产阶级也可以拥有自己的正义观；第二，在同一时代、同一资本主

---

① 艾伦·伍德. 马克思反对从正义出发批判资本主义 [J]. 李义天，译. 中国社会科学，2018（6）.
② 中共中央马克思恩格斯列宁斯大林著作编译局. 马克思恩格斯选集：第3卷 [M]. 北京：人民出版社，2012：471.
③ 中共中央马克思恩格斯列宁斯大林著作编译局. 马克思恩格斯选集：第3卷 [M]. 北京：人民出版社，2012：470.

义社会中，分别代表着过去、现在和将来的封建正义观、资产阶级正义观和无产阶级正义观可以同时和并列地起作用；第三，无产阶级正义观要比资产阶级正义观更进步，并因此代表着现状的变革和未来。

既然按照恩格斯的观点，无产阶级道德观与资产阶级道德观、无产阶级正义观与资产阶级正义观，可以在资本主义社会中同时和并列地起作用，那么，我们为什么不能运用无产阶级道德观和正义观来评价和批判资本主义呢？但伍德否认这一点。他似乎认为，恩格斯的论述表明，法律和道德原则、正义原则都只不过是对现实经济关系扭曲而含混的表述，凡是想用道德原则、正义原则来衡量和评价社会及其制度的，都是陷入了"意识形态幻觉""意识形态混乱""意识形态胡说"。至于恩格斯所论及的真正人的道德，伍德认为，那只是《共产党宣言》与《反杜林论》之间真正张力的一种表现①。因此，伍德从恩格斯的论述中所得出的结论是，许多人都认为正义是评价社会及其制度的最高规范性标准，但马克思和恩格斯都拒绝把道德标准当作社会批判或辩护的工具②。

问题在于，如果正如伍德所言，马克思反对将正义作为评价社会和社会制度的标准，反对将正义作为社会批判或辩护的工具，那么，为什么伍德还要反复强调，根据马克思的正义观，掠夺者与被掠夺者之间的定期交往符合占支配地位的生产方式，因此资本家掠夺和抢劫工人乃是"完全正义的"③？难道伍德所解读的"马克思"在此不是正在运用正义标准来评价资本主义社会及其制度吗？难道他不是正在运用正义标准来为资本主义社会及其制度辩护吗？只不过他所运用的正义标准不是永恒正义观或无产阶级正义观，而是在他看来唯一与资本主义生产方式相适应的资产阶级正义观。其理由在于，"唯一合理的正

---

① 艾伦·伍德. 马克思论权利和正义：对胡萨米的回复 [M] //林进平，译. 李惠斌，李义天. 马克思与正义理论. 北京：中国人民大学出版社，2010：102.
② 艾伦·伍德. 马克思反对从正义出发批判资本主义 [J]. 李义天，译. 中国社会科学，2018（6）；马克思论权利和正义：对胡萨米的回复 [M] //林进平，译. 李惠斌，李义天. 马克思与正义理论. 北京：中国人民大学出版社，2010：101.
③ 艾伦·伍德. 马克思论权利和正义：对胡萨米的回复 [M] //林进平，译. 李惠斌，李义天. 马克思与正义理论. 北京：中国人民大学出版社，2010：90；马克思反对从正义出发批判资本主义 [J]. 李义天，译. 中国社会科学，2018：6.

义标准只能来源于并奠基于当前的生产方式"①。

可见，伍德所解读的"马克思"并不是如其所言，拒绝将正义作为评价社会和社会制度的标准，而是拒斥运用永恒正义观甚至是无产阶级正义观来批判资本主义。因为，在他看来，对马克思来说，正义不是可以用来"批判"社会的恰当标准，更不可能构成任何"革命性的批判"基础。正义所提供的规范，就其包含某种"合理的基础"而言，"仅仅在于它通过自己与资本主义生产方式之间的和谐程度来衡量资本主义的生产方式"。因此，唯一正确的做法就是运用唯一与资本主义生产方式相一致的资产阶级正义观来为资本主义正义性做辩护。也正因为如此，他才理直气壮地说，断言资本主义分配是正义分配的资产者其实是对的。② 然而，这个"马克思"所做的只不过是替资产阶级做一种恶的循环论证：唯一与资本主义生产方式相适应的正义观是资产阶级正义观，运用唯一能够被用来评价资本主义社会及其制度的资产阶级正义观来衡量，结果发现资本主义是正义的。令人不解的是，既然伍德坚持认为，这个"马克思"将作为法权概念的正义观视为对现实经济关系扭曲而含混的表述，那么，为什么他对资产阶级正义观及其视域下的资本主义正义性深信不疑，而不是将之视为对资本主义不正义之现实的扭曲呢？

由此可见，伍德的论证实际上存在诸多内在的矛盾：一方面，他所解读的"马克思"反对将正义作为评价社会和社会制度的标准，另一方面，这个"马克思"本身又在运用资产阶级正义标准评价资本主义；一方面，这个"马克思"反对将正义作为社会批判或辩护的工具，另一方面，他本身又在运用资产阶级正义标准为资本主义辩护；一方面，这个"马克思"坚信正义观只是对现实经济关系扭曲而含混的表述，另一方面，他本身又对资产阶级正义观及其视域下的资本主义正义性深信不疑。这种论证的必然结果是将马克思置于马克思本人必然会反对的境地，即将资产阶级正义观绝对化、永恒化甚至神圣化，并由此陷入真正的意识形态幻觉。

---

① 艾伦·伍德. 马克思反对从正义出发批判资本主义 [J]. 李义天，译. 中国社会科学，2018（6）.

② 艾伦·伍德. 马克思反对从正义出发批判资本主义 [J]. 李义天，译. 中国社会科学，2018（6）.

二、无产阶级正义观的合理性

伍德之所以坚持认为，按照马克思的观点，唯一能够被用来评价资本主义的正义标准只能是资产阶级正义观，似乎主要是基于马克思分别在《资本论》第3卷和《哥达纲领批判》中针对"正义"①和"'公平的'分配"②所做的论述。伍德坚持认为，在马克思看来，与生产方式相一致或相适应就是正义，或者说，只有来源于并奠基于当前生产方式的正义标准才是合理的正义标准③。他进而认为，既然资本主义生产方式的"实质"是"资本对工人劳动进行剥削"④，那么，资产阶级正义观就理所当然是评价资本主义唯一合理的正义标准。

然而，既然资本主义生产方式的实质是资本对工人劳动进行剥削，那资本家与工人对这种剥削关系的体验和反应就必然是不同的，甚至是截然相反的，他们由此形成不同的甚至是截然相反的正义观就是合理的。因为无产阶级正义观与资产阶级正义观都同样来源于并奠基于资本主义生产方式。或许正是基于这种考虑，恩格斯才会认为，无产阶级道德观与资产阶级道德观、无产阶级正义观与资产阶级正义观，可以在资本主义社会中同时和并列地起作用。这充分说明，无产阶级正义观也是评价资本主义的合理正义标准。

如此看来，当胡萨米说，马克思关于一种交易的正义在于其是否与生产方式相一致的论断，不过是以一种"简化的形式"指出，这只不过是从"有产

---

① 中共中央马克思恩格斯列宁斯大林著作编译局. 马克思恩格斯文集：第7卷 [M]. 北京：人民出版社，2009：379.
② 中共中央马克思恩格斯列宁斯大林著作编译局. 马克思恩格斯选集：第3卷 [M]. 北京：人民出版社，2012：361.
③ 艾伦·伍德. 马克思反对从正义出发批判资本主义 [J]. 李义天，译. 中国社会科学，2018（6）.
④ 艾伦·伍德. 马克思论权利和正义：对胡萨米的回复 [M].//林进平，译. 李惠斌，李义天. 马克思与正义理论. 北京：中国人民大学出版社，2010：80.

阶级的立场"① 看问题的方式的时候,他非常准确地把握了马克思的本意;而伍德对无产阶级正义观缺乏"合理性基础"和"适用于资本主义的根据"② 的坚持,恰恰是片面理解马克思思想的结果。伍德说:"唯一具备真实基础的标准,只能是表达了实际的社会事实的标准。"③ 难道伍德要否认无产阶级正义观表达了无产阶级在资本主义社会中备受剥削和压迫的事实吗?

上述分析再次表明,马克思不可能反对基于无产阶级正义观来批判资本主义。他真正反对的是以普遍、天然和永恒的正义原则来批判资本主义和只基于产品分配正义和交换正义来批判资本主义。

关于第一点,马克思在上述论断中所指出的,谈论什么天然正义是毫无意义的、作为单纯形式的法律不能决定而只能表示具体的内容④、是经济关系产生法的关系而不是相反、各种社会主义宗派分子对公平的分配也有各种极不相同的观念⑤,都是为了告诫我们,不能抽象地去谈论正义和正义原则,所谓普遍、天然和永恒的正义原则是根本不存在的。马克思的这些论断与上述恩格斯"关于永恒公平的观念不仅因时因地而变,甚至也因人而异"⑥ 的论断,所具有的告诫和启示意义是完全相同的。可见,马克思说各种社会主义宗派分子对正义的分配也有各种极不相同的观念,旨在提醒社会主义者一定不能诉诸所谓普遍、天然和永恒的正义原则,因为即使在社会主义运动内部,也存在多种有关什么是正义的观念,更不用说不同阶级必然会有不同的正义观了,而不是如伍德所说旨在指责各种社会主义宗派分子的正义观脱离现存生产方式和现实物

---

① 齐雅德·胡萨米. 马克思论分配正义 [M] //林进平,译. 李惠斌李义天. 马克思与正义理论. 北京:中国人民大学出版社,2010:50.
② 艾伦·伍德. 马克思论权利和正义:对胡萨米的回复 [M] //林进平,译. 李惠斌,李义天. 马克思与正义理论. 北京:中国人民大学出版社,2010:104.
③ 艾伦·伍德. 马克思反对从正义出发批判资本主义 [J]. 李义天,译. 中国社会科学,2018 (6).
④ 中共中央马克思恩格斯列宁斯大林著作编译局. 马克思恩格斯文集:第7卷 [M]. 北京:人民出版社,2009:379.
⑤ 中共中央马克思恩格斯列宁斯大林著作编译局. 马克思恩格斯选集:第3卷 [M]. 北京:人民出版社,2012:361.
⑥ 中共中央马克思恩格斯列宁斯大林著作编译局. 马克思恩格斯文集:第3卷 [M]. 北京:人民出版社,2009:323.

质生活状况，只能是意识形态幻想的表达和意识形态的无稽之谈。①

关于第二点，马克思有关按照价值规律资本家有"权利"占有剩余价值②、劳动力的买和卖对卖者也"决不是不公平"③的论断使伍德相信，根据马克思的观点，在分配和交换领域，资本家与工人之间的关系是正义的。伍德循着他的一贯逻辑说，因为工资与劳动力之间的交换与资本主义生产关系相适应，所以并没有给工人带来任何的不正义。他还反问道："如果马克思认为资本主义分配是不正义的，那么，他为什么会彻底反对《哥达纲领》中关于正义分配的要求呢？"④ 其实，马克思自己已经回答了伍德的问题：一是因为《哥达纲领》中"不折不扣的劳动所得""平等的权利""公平的分配"的提出者，试图用"凭空想象的关于权利等等的废话"来歪曲"花费了很大力量才灌输给党而现在已在党内扎了根的现实主义观点"；二是因为他们只是"在所谓分配问题上大做文章并把重点放在它上面"⑤。概而言之，马克思反对他们以普遍、天然和永恒的正义原则，并且只基于产品分配正义来批判资本主义。

与伍德所解读的在分配和交换领域资本家与工人之间的关系就是正义的不同，马克思意在表明，如果仅仅从分配和交换上看，资本家与工人之间的关系显得是正义的。因此，如果只在分配和交换问题上大做文章，就无法揭示资本主义的不正义性及其根源，无法达到从根本上批判资本主义，并最终改变资本主义的目的；相反，只要深入审视资本主义生产的问题，资本家剥削雇佣工人的不正义性及其根源——生产条件分配的不正义——就能够被清晰地揭示出来。马克思在《资本论》中为我们描绘过这种鲜明的对照：一边是交换领域——那是天赋人权的真正乐园，充满自由、平等和所有权；另一边则是隐蔽

---

① 艾伦·伍德. 马克思反对从正义出发批判资本主义 [J]. 李义天, 译. 中国社会科学, 2018 (6).
② 中共中央马克思恩格斯列宁斯大林著作编译局. 马克思恩格斯全集：第 19 卷 [M]. 北京：人民出版社, 1963：428, 401.
③ 中共中央马克思恩格斯列宁斯大林著作编译局. 马克思恩格斯文集：第 5 卷 [M]. 北京：人民出版社, 2009：204, 226.
④ 艾伦·伍德. 马克思反对从正义出发批判资本主义 [J]. 李义天, 译. 中国社会科学, 2018 (6).
⑤ 中共中央马克思恩格斯列宁斯大林著作编译局. 马克思恩格斯选集：第 3 卷 [M]. 北京：人民出版社, 2012：365.

的生产场所——那里资本家笑容满面、雄心勃勃、昂首前行,工人则尾随于后、战战兢兢、畏缩不前。①

为此,马克思进一步强调指出,"消费资料的任何一种分配,都不过是生产条件本身分配的结果",正因为如此,"如果生产的物质条件是劳动者自己的集体财产,那么同样要产生一种和现在不同的消费资料的分配"②。事实上,早在《〈政治经济学批判〉导言》中马克思就已经指出过:"分配的结构完全决定于生产的结构";"交换的深度、广度和方式都是由生产的发展和结构决定的"③。因此,如果要判断资本主义分配和交换是否正义,就不能仅仅审视其产品分配和市场交换情况,而应该如前所述,深入其生产结构,考察其生产条件的分配情况。

伍德在很大程度上也只是在分配和交换问题上大做文章,而没有进一步深入资本主义的生产结构。虽然他也注意到了马克思对分配和交换过程与劳动或价值增殖过程之间区别的强调,并走进非公莫入的工厂看了看,但他所看到的只是资本家消费他通过工资交换而购买的使用价值,而没有看到马克思所说的资本本身是怎样被生产出来的,所以他的观后感只是:既然价值增殖过程只是因"使用资本家所购买从而所拥有"的各种商品而产生的,那剩余价值"自然就属于资本家"④。

如果伍德能够像马克思那样看到资本本身是怎样被生产出来的,再联想一下马克思在《资本论》第1卷第二十一章"简单再生产"中所做的解说,"即使资本在进入生产过程的时候是资本使用者本人挣得的财产,它迟早也要成为不付等价物而被占有的价值,成为无酬的他人劳动在货币形式或其他形式上的

---

① 中共中央马克思恩格斯列宁斯大林著作编译局. 马克思恩格斯文集:第5卷[M]. 北京:人民出版社,2009:204-205.
② 中共中央马克思恩格斯列宁斯大林著作编译局. 马克思恩格斯选集:第3卷[M]. 北京:人民出版社,2012:365.
③ 中共中央马克思恩格斯列宁斯大林著作编译局. 马克思恩格斯选集:第2卷[M]. 北京:人民出版社,2012:695,699.
④ 艾伦·伍德. 马克思反对从正义出发批判资本主义[J]. 李义天,译. 中国社会科学,2018(6).

化身"①,或许他就会明白,原来资本家以工资形式购买工人劳动力的货币本身也只不过是工人自己创造出来的。如果他能够进而回忆一下马克思在《资本论》第1卷第二十四章"所谓原始积累"中所说的"资本来到世间,从头到脚,每个毛孔都滴着血和肮脏的东西"②,或许他再也不会认为,价值增值过程就如"我买了面包,回到家,坐在桌子旁边吃掉它"一样,并"不包含不平等或不正义的交换"③了。

不过,尽管伍德与《哥达纲领》的制定者们都是割裂了分配、交换与生产的内在关系,而在分配和交换问题上大做文章,但他们的目的是不同甚至截然相反的,后者是为了说明资本主义分配和交换的不正义,前者则是为了说明资产阶级正义观在资本主义社会的唯一性以及资本主义分配和交换的正义性。

三、后资本主义正义原则的正当性

伍德不仅否认无产阶级从资本主义内部批判和谴责资本主义的合理性,而且否认其运用与社会主义和共产主义相一致的正义标准从外部批判和谴责资本主义的合理性。他坚持认为,任何这样的正义标准都"根本无法合理地适用于资本主义","任何这样的谴责都是错误的、糊涂的、缺乏根据的"④。他强调,试图把"后资本主义的法权标准"应用于资本主义,这只能从某种作为"永恒法权结构"的后资本主义视角才能推导出来,但"马克思的社会观和社会变化观拒绝这样的视角"⑤。伍德的推理逻辑似乎是:如果要以后资本主义的法

---

① 中共中央马克思恩格斯列宁斯大林著作编译局. 马克思恩格斯文集:第5卷 [M]. 北京:人民出版社,2009:658.
② 中共中央马克思恩格斯列宁斯大林著作编译局. 马克思恩格斯文集:第5卷 [M]. 北京:人民出版社,2009:871.
③ 艾伦·伍德. 马克思反对从正义出发批判资本主义 [J]. 李义天,译. 中国社会科学,2018 (6).
④ 艾伦·伍德. 马克思对正义的批判 [M] //林进平,译. 李惠斌,李义天. 马克思与正义理论. 北京:中国人民大学出版社,2010:27.
⑤ 艾伦·伍德. 马克思对正义的批判 [M] //林进平,译. 李惠斌,李义天. 马克思与正义理论. 北京:中国人民大学出版社,2010:27.

权标准来谴责资本主义为不正义,则后资本主义社会必须是一种永恒的法权结构,而马克思的社会观和社会变化观否认后资本主义社会的永恒性,所以,马克思必然反对以后资本主义社会的正义标准来谴责资本主义。

马克思确实认为后资本主义的社会主义和共产主义社会不是永恒的,而只是要终结"人类社会的史前时期",并开启"真正人的历史"①。可问题在于,并非永恒的后资本主义社会及其正义原则究竟是从哪里来的?为什么这种正义原则和正义标准不能被用于批判和谴责资本主义呢?

恩格斯曾经指出,"现在开始显露出来的社会弊病是现存生产方式的必然结果,同时也是这一生产方式快要瓦解的征兆",因此,"从正在瓦解的经济运动形式内部"可以"发现未来的、能够消除这些弊病的、新的生产组织和交换组织的因素"②。这表明,正如奥尔曼所说,马克思的社会主义和共产主义观意味着,资本主义矛盾的解决方式显示了社会主义的因素,而资本主义、阶级社会和社会主义这些重叠时期的所有矛盾的彻底解决,就标志着实现了从社会主义到共产主义的飞跃。③

既然后资本主义社会只不过是资本主义社会本身的矛盾得以根本解决的结果,只不过是资本主义社会本身的矛盾得以根本解决的社会形态,那么,基于作为对这种结果和这种社会形态反映的后资本主义社会的正义原则来反观和批判资本主义,难道还是错误的、糊涂的和缺乏根据的吗?在伍德看来,的确如此。这是因为,他认为,尽管马克思表明了社会主义和共产主义社会是一种早已在资本主义社会中成形的新的生产方式,但对马克思来说,社会主义和共产主义生产方式仅仅只是以它们自己的方式表现正义而已,而并不比资本主义生产方式更加正义。因此,即便是社会主义和共产主义的生产方式比资本主义的生产方式更高级、更自由、更人道,那也不能试图将这些优越性归结为一些法权术语,并称赞社会主义和共产主义更加正义,否则,就是非常不确切和极其

---

① 田世锭. 奥尔曼"内在关系的辩证法"视角下的当代资本主义[M]. 北京:中国社会科学出版社,2008:97.
② 中共中央马克思恩格斯列宁斯大林著作编译局. 马克思恩格斯选集:第3卷[M]. 北京:人民出版社,2012:528.
③ 伯特尔·奥尔曼. 辩证法的舞蹈——马克思方法的步骤[M]. 田世锭,何霜梅译. 北京:高等教育出版社,2006:212,214-215.

不充分的。① 不知不觉间，伍德似乎从将资产阶级正义观绝对化、永恒化甚至神圣化的绝对主义正义观转向了相对主义正义观。其实不然。因为，他的目的仍然在于表明，资产阶级正义观对于资本主义社会是唯一的，资本主义的分配和交换是正义的。

其实，马克思说得非常清楚，对人类生活形式的思索，从而对这些形式的科学分析，总是从事后开始的，是从发展过程完成的结果开始的。可见，按照马克思的社会观和社会变化观，以将来反观现在是思索和分析人类生活形式的科学视角。正是基于这样的视角，基于将来的共产主义"自由人联合体"反观现在的资本主义"商品世界"，马克思才得以穿透资本主义商品世界的全部神秘性和一切魔法妖术，从而揭示了资本主义社会的异化本质。② 恩格斯也明确指出，没有人怀疑，在"道德"方面总的来说是有过"进步的"③。

既然以将来反观现在是马克思社会观和社会变化观的科学视角，既然后资本主义社会即社会主义和共产主义社会是资本主义社会本身的矛盾得以根本解决的社会形态，既然后资本主义社会的正义原则是对这种社会形态的反映，既然道德本身具有进步性，那么，我们为什么不能运用后资本主义社会即社会主义和共产主义社会的正义原则来反观和批判资本主义呢？简而言之，按照马克思的观点，无产阶级正义观是无产阶级对资本主义生产方式以及从中生成的社会主义和共产主义生产方式的合理反应，因此，基于无产阶级正义观从内部和外部来批判和谴责资本主义都是正当的。以无产阶级正义观来衡量资本主义可见：资本主义既是不人道的、压迫的、剥削的、不合理的，又是不正义的。资本家基于生产条件分配的不正义占有剩余价值，就是一种不正义的盗窃、剥取和抢劫。无产阶级应该顺应历史发展的趋势，推翻资本主义，以社会主义和共产主义取而代之。

---

① 艾伦·伍德. 马克思对正义的批判[M]//林进平，译. 李惠斌，李义天. 马克思与正义理论. 北京：中国人民大学出版社，2010：26，27.
② 中共中央马克思恩格斯列宁斯大林著作编译局. 马克思恩格斯文集：第5卷[M]. 北京：人民出版社，2009：93，96.
③ 中共中央马克思恩格斯列宁斯大林著作编译局. 马克思恩格斯选集：第3卷[M]. 北京：人民出版社，2012：471.

因此，当胡萨米说，马克思可以有效地运用社会主义按劳分配的正义原则和共产主义按需分配的正义原则来评价资本主义制度，因为资本主义剥削及其相应的收入分配不仅"侵犯了社会主义的正义原则"且"违背了共产主义的正义原则"，所以资本主义是不正义的[1]时候，当塞耶斯说"从这种更高社会的立场来看，资本主义的社会关系是人类发展的障碍，是不正义的"[2] 时候，他们准确地把握了马克思的思想，而伍德对于社会主义和共产主义的正义原则"根本无法合理地适用于资本主义"。因此，任何基于社会主义和共产主义正义原则对资本主义不正义的谴责都是"错误的、糊涂的、缺乏根据的"[3] 坚持，是对马克思思想的误解。

---

[1] 齐雅德·胡萨米. 马克思论分配正义 [M] //林进平，译. 李惠斌，李义天. 马克思与正义理论. 北京：中国人民大学出版社，2010：59，70，71.
[2] SEAN SAYERS. Marxism and Morality [J]. Philosophical Researches，2007（9）：8-12.
[3] 艾伦·伍德. 马克思对正义的批判 [M] //林进平，译. 李惠斌，李义天. 马克思与正义理论. 北京：中国人民大学出版社，2010：27.

第五篇 社会研究方法论

第十四章

马克思的抽象与具体辩证法

抽象与具体的辩证法是马克思辩证法的一个重要组成部分,也是马克思用于人类社会研究的重要方法。但学术界迄今对马克思的抽象与具体辩证法似乎存在较大的误解。基于马克思的相关文本进行进一步的探讨,厘清马克思抽象与具体辩证法的本真内涵,是把握和发挥其在人类社会研究中的重要作用的前提。

一、一种误解

马克思关于抽象与具体辩证法的最明确论述集中体现在《〈政治经济学批判〉导言》中。马克思指出:认识有两条内在相连的道路,"在第一条道路上,完整的表象蒸发为抽象的规定;在第二条道路上,抽象的规定在思维行程中导致具体的再现"。而思维中的"具体之所以具体,因为它是许多规定的综合,因而是多样性的统一。因此它在思维中表现为综合的过程,表现为结果,而不是表现为起点,虽然它是现实的起点,因而也是直观和表象的起点"[1]。马克思还说:"黑格尔陷入幻觉,把实在理解为自我综合、自我深化和自我运动的思维的结果,其实,从抽象上升到具体的方法,只是思维用来掌握具体、

---

[1] 中共中央马克思恩格斯列宁斯大林著作编译局. 马克思恩格斯选集:第2卷[M]. 北京:人民出版社,2012:701.

把它当作一个精神上的具体再现出来的方式。但决不是具体本身的产生过程。"①

由此可见，抽象与具体的辩证法应是"具体—抽象—具体"的方法。具体而言，它包括"从具体上升到抽象的方法"及"从抽象上升到具体的方法"，是这两方面的内在统一。可是，较多学者仅仅将其界定为"从抽象上升到具体的方法"，而将"从具体上升到抽象的方法"排除在科学的方法之外。

伊连科夫在针对马克思"抽象与具体的辩证法"进行的专题论述中，明确将这种辩证法界定为"从抽象上升到具体的方法"②。他非常清楚，不从一个一个的事实海洋中分离出一个多少比较明确的、划定界限的领域，就根本不可能做出任何概括，因此，用把诸单一事物和事实共同具有的一般分离出来的办法来制造抽象一般的观念的过程，是从抽象上升到具体的方法"当然不能否认"③的前提。换言之，"从具体上升到抽象"是"从抽象上升到具体"不可否认的前提。然而，他话锋一转，认定前者只不过在非批判地、经验地描写现象和直观材料，只有后者"才是科学理论思维所特有的、把直观和表象材料加工改制成概念的方法"，才能对现象和材料进行"批判的、理论的理解"④。因此，他进而将前者当作只能导致"一种历史经验的皮相"⑤的东西而予以否认。

吴传启被认为是最早进行相关研究的国内学者。按照他的观点，将具体与抽象辩证法概括为"从抽象上升到具体的方法"的正是马克思本人。因为"马克思在《政治经济学批判导言》中，把他研究政治经济学的方法概括为

---

① 中共中央马克思恩格斯列宁斯大林著作编译局. 马克思恩格斯选集：第2卷［M］. 北京：人民出版社，2012：701.
② 马·莫·罗森塔尔. 马克思主义辩证法史［M］. 汤侠声，译. 北京：人民出版社，1982：236，254.
③ 马·莫·罗森塔尔. 马克思主义辩证法史［M］. 汤侠声，译. 北京：人民出版社，1982：257.
④ 马·莫·罗森塔尔. 马克思主义辩证法史［M］. 汤侠声，译. 北京：人民出版社，1982：257，258.
⑤ 马·莫·罗森塔尔. 马克思主义辩证法史［M］. 汤侠声，译. 北京：人民出版社，1982：255.

'从抽象上升到具体的方法'"①。这种方法也是马克思应用于《资本论》的基本逻辑方法之一。

二十多年以后，黄九如对抽象与具体辩证法的论述，要比伊连科夫和吴传启准确得多。至少他明确指出了以下两点：其一，马克思对黑格尔的"从抽象上升到具体的方法"进行了"唯物主义的改造"，认识到了从抽象上升到具体"决不是具体本身的产生过程"；其二，马克思"非常精辟地分析"的"思维从抽象上升到具体的发展过程"包括两个阶段，即"从表象中的具体达到越来越稀薄的抽象"，以及"从抽象达到'一个具有许多规定和关系的丰富的总体'"②。但其所得出的结论仍然是对二十多年前相同观点的重复：马克思所总结的方法是"从抽象上升到具体的方法"③。

又过了几年，张在滋对此做了很好的阐释："在具体—抽象—具体的全过程中体现了认识的第一条道路与第二条道路的辩证统一。"④ 但他仍然没有因此将抽象与具体的辩证法界定为"从具体上升到抽象"与"从抽象上升到具体"的"辩证统一"。相反，他提出，"抽象—具体方法的起点"只能是低层次抽象所取得的"半成品"，如若不然，"而是从具体开始，那么就不能升华为思维的具体"了。⑤ 如此，则其结论就与前人别无二致了。

二、具体—抽象—具体方法的辨正

既然有关学者已注意到认识的两条道路，甚至承认第一条道路的重要性，并进而认识到第一条道路是第二条道路的前提，为什么他们仍然认定抽象与具

---

① 吴传启.《资本论》的辩证法问题 [M]. 北京：生活·读书·新知三联书店，1963：313.
② 商英伟，池超波，苏震富. 马克思主义辩证法史 [M]. 长春：吉林人民出版社，1987：155.
③ 商英伟，池超波，苏震富. 马克思主义辩证法史 [M]. 长春：吉林人民出版社，1987：156.
④ 王克孝，彭燕韩，张在滋. 辩证法研究 [M]. 北京：人民出版社，1993：563.
⑤ 王克孝，彭燕韩，张在滋. 辩证法研究 [M]. 北京：人民出版社，1993：527-528.

体的辩证法仅指"从抽象上升到具体"的方法呢？这主要是因为其误解了马克思的相关论断。

第一，马克思在《〈政治经济学批判〉导言》中只有一次直接使用了"从抽象上升到具体的方法"。即"黑格尔陷入幻觉，把实在理解为自我综合、自我深化和自我运动的思维的结果，其实，从抽象上升到具体的方法，只是思维用来掌握具体、把它当作一个精神上的具体再现出来的方式，但决不是具体本身的产生过程"①。我们从中所能读出的只是马克思对"从抽象上升到具体的方法"的限度的确认和强调，即它仅仅是思维掌握和再现具体的方式，"决不是"具体本身的产生过程，而根本看不出这是马克思对抽象与具体辩证法所做的概括。

第二，马克思"后一种方法显然是科学上正确的方法"②的论断，是有关学者界定"从抽象上升到具体的方法"的主要依据之一。因为，这里的"后一种方法"即指认识过程中的第二条道路，即抽象的规定在思维行程中导致具体再现的方法。但问题是，马克思在此并没有说，第一条道路所体现的方法就显然是科学上错误的方法。马克思确实说过："第一条道路是经济学在它产生时期在历史上走过的道路。"③ 但是，"在历史上走过的道路"就一定是非科学的吗？一种方法，能仅仅因为它是"在历史上走过的道路"，就被认定为"已经完成了它的使命"④，而要被否定和抛弃吗？实际上，马克思所批评的并不是这条道路或这种方法本身，而是从"生动的整体"开始，但最后总是只满足于"从分析中找出一些有决定意义的抽象的一般关系"并以此建立"各种经济学体系"的做法。

事实上，上述马克思关于黑格尔的论断，已经表明他不可能否定第一条道

---

① 中共中央马克思恩格斯列宁斯大林著作编译局. 马克思恩格斯选集：第2卷 [M]. 北京：人民出版社，2012：701.
② 中共中央马克思恩格斯列宁斯大林著作编译局. 马克思恩格斯选集：第2卷 [M]. 北京：人民出版社，2012：701.
③ 中共中央马克思恩格斯列宁斯大林著作编译局. 马克思恩格斯选集：第2卷 [M]. 北京：人民出版社，2012：700.
④ 商英伟，池超波，苏震富. 马克思主义辩证法史 [M]. 长春：吉林人民出版社，1987：156.

路的科学性和必要性。相反，他还多次明确强调了第一条道路的重要性。例如："具体总体作为思想总体、作为思想具体，事实上是思维的、理解的产物；但是，绝不是处于直观和表象之外或驾于其上而思维着的、自我产生着的概念的产物，而是把直观和表象加工成概念这一过程的产物"；"实在主体仍然是在头脑之外保持着它的独立性；只要这个头脑还仅仅是思辨地、理论地活动着。因此，就是在理论方法上，主体，即社会，也必须始终作为前提浮现在表象面前"。① 因此，马克思理论中的科学抽象与作为其前提的具体现实是内在关联的，认识的两条道路之间是内在的关系。我们不应否定"从具体上升到抽象"这第一条道路的科学性，单单认定第二条道路"从抽象上升到具体"才是科学的方法，而应将两者有机结合起来，将抽象与具体的辩证法理解为"具体—抽象—具体"的方法。

第三，马克思说："从实在和具体开始，从现实的前提开始，因而，例如在经济学上从作为全部社会生产行为的基础和主体的人口开始，似乎是正确的。但是，更仔细地考察起来，这是错误的。"② 马克思的这一论断，也是有关学者界定"从抽象上升到具体的方法"的主要依据之一。在他们看来，马克思在此明确指出了，"从具体上升到抽象"似乎是正确的，但实际上是错误的。

可是，首先，马克思接下来的论述，即"抛开构成人口的阶级，人口就是一个抽象。如果我不知道这些阶级所依据的因素，如雇佣劳动、资本等等，阶级又是一句空话。而这些因素是以交换、分工、价格等为前提的。比如资本，如果没有雇佣劳动、价值、货币、价格等等，它就什么也不是"③ 表明，他所强调的是要关注"人口"的具体内容，而不能抽象地谈论"人口"。"错误"并不在于从实在和具体的人口出发，而在于从抽象的人口出发。马克思所批评的并不是从具体到抽象，而是从抽象到抽象。其次，马克思进一步的论述，即"如果我从人口着手，那么，这就是关于整体的一个混沌的表象，并且通过更

---

① 中共中央马克思恩格斯列宁斯大林著作编译局. 马克思恩格斯选集：第2卷 [M]. 北京：人民出版社，2012：701-702.
② 中共中央马克思恩格斯列宁斯大林著作编译局. 马克思恩格斯选集：第2卷 [M]. 北京：人民出版社，2012：700.
③ 中共中央马克思恩格斯列宁斯大林著作编译局. 马克思恩格斯选集：第2卷 [M]. 北京：人民出版社，2012：700.

切近的规定我就会在分析中达到越来越简单的概念；从表象中的具体达到越来越稀薄的抽象，直到我达到一些最简单的规定。于是行程又得从那里回过头来，直到我最后又回到人口，但是这回人口已不是关于整体的一个混沌的表象，而是一个具有许多规定和关系的丰富的总体了"① 表明，他所批评的并不是"从具体上升到抽象的方法"本身，而是仅仅停留于这一阶段的做法。因为，如果仅仅停留于这一阶段，则所得到的就只能是"混沌的表象""简单的概念""稀薄的抽象"和"一些最简单的规定"，就根本达不到对实在和具体的真切理解和把握。只有在认识的道路上继续前行，"从抽象上升到具体"，才能获得"一个具有许多规定和关系的丰富的总体"。其所体现的恰恰是从"现实的具体"出发，经过"抽象"到达"精神上的具体"的认识历程。②

第四，将抽象与具体的辩证法视为一种"逻辑方法"，是部分学者否定"从具体上升到抽象的方法"，而仅仅肯定"从抽象上升到具体的方法"的又一个重要原因。他们认为，"所谓从抽象上升到具体的方法，乃是就概念的关系，即就作为反映客观事物的概念和范畴的体系而言的。就是说，作为反映客观世界的运动的概念和范畴的运动，必须是从抽象上升到具体"③。因此，马克思之所以认为从实在和具体开始是错误的，绝不是因为不要从研究事实着手，而是因为逻辑方法"必须是从简单到复杂，而不是从复杂到简单"④。

可问题在于，马克思抽象与具体的辩证法是否仅仅是一种逻辑方法？是否仅仅在于演绎一种所谓的"概念逻辑"？马克思在完成为《资本论》所做的准备时所说的话对此做出了明确的解答："往后，在结束这个问题之前，有必要对唯心主义的叙述方法做一纠正，这种叙述方法造成一种假象，似乎探讨的只

---

① 中共中央马克思恩格斯列宁斯大林著作编译局. 马克思恩格斯选集：第2卷 [M]. 北京：人民出版社，2012：700.
② 伯特尔·奥尔曼. 辩证法的舞蹈——马克思方法的步骤 [M]. 田世锭，何霜梅，译. 北京：高等教育出版社，2006：72-73.
③ 吴传启.《资本论》的辩证法问题 [M]. 北京：生活·读书·新知三联书店，1963：316.
④ 吴传启.《资本论》的辩证法问题 [M]. 北京：生活·读书·新知三联书店，1963：324.

是一些概念规定和这些概念的辩证法。"① 如果说抽象与具体的辩证法并不仅仅是一种逻辑方法和概念逻辑，那么，以此为据否定"从具体上升到抽象的方法"，而仅仅肯定"从抽象上升到具体的方法"，就是不准确的，而且还将造成一定的理论和实践上的困难。

三、研究方法与叙述方法

研究的方法和叙述的方法是同"具体—抽象—具体"方法紧密相关的问题。几乎所有主张抽象与具体的辩证法仅仅是"从抽象上升到具体的方法"的学者，都是以《资本论》为例展开论述的。他们认为，《资本论》正是从"商品"这一"资本主义经济中最简单、最一般和最抽象的范畴"开始的②，它"要揭示研究对象从基本的、初级的形式（'细胞'）向越来越发达、越成熟的形式发展和运动，要揭示已包含在基本'细胞'中的内在矛盾和这些内在矛盾的运动和发展"③。他们进而据此认为，"马克思把从抽象上升到具体的方法作为研究和叙述政治经济学的科学方法"，而列宁更是"主张把马克思在《资本论》（主要是第1卷第一章）中所运用的从抽象上升到具体的方法，作为一般辩证法的叙述和研究方法"④。

我们不否认"从抽象上升到具体的方法"既是一种科学的研究方法，也是一种科学的叙述方法。但上述学者的论证必然会在以下两个方面导致误解：一是马克思在《资本论》中所运用的究竟是研究方法还是叙述方法？二是是否只有"从抽象上升到具体的方法"才是科学的研究方法，而"从具体上升到抽象的方法"却不是？

---

① 中共中央马克思恩格斯列宁斯大林著作编译局. 马克思恩格斯全集：第30卷 [M]. 北京：人民出版社，1995：101.
② 吴传启.《资本论》的辩证法问题 [M]. 北京：生活·读书·新知三联书店，1963：20.
③ 王克孝，彭燕韩，张在滋. 辩证法研究 [M]. 北京：人民出版社，1993：21.
④ 王克孝，彭燕韩，张在滋. 辩证法研究 [M]. 北京：人民出版社，1993：18，21.

第一，正如奥尔曼所说，《资本论》中所运用的辩证方法实际上是"马克思介绍他对资产阶级政治经济学的认识的策略"，因为，其旨在"试图向特定的受众解释他对'事实'的辩证理解，并使之相信他所说的东西"①。以此来看，马克思在《资本论》中所运用的不是研究方法，而是叙述方法。而按照上述有关学者的论述，《资本论》既是一个研究过程，又是一个叙述过程，其方法既是研究方法，又是叙述方法。这是因为他们在认定"从抽象上升到具体的方法"既是科学的研究方法又是科学的叙述方法时，无意间模糊了这两种方法之间的界限，从而将二者混淆起来了。

第二，实际上，马克思本人早已对研究方法与叙述方法做了明确的区分。他指出："在形式上，叙述方法必须与研究方法不同。研究必须充分地占有材料，分析它的各种发展形式，探寻这些形式的内在联系。只有这项工作完成以后，现实的运动才能适当地叙述出来。这点一旦做到，材料的生命一旦在观念上反映出来，呈现在我们面前的就好像是一个先验的结构了。"② 可见，马克思并不是从术语的含义中推论关于资本主义的认识，而是像一位优秀的社会科学家一样进行研究，以发现资本主义到底是什么。③ 以此而论，"从具体上升到抽象的方法"当然是科学的研究方法。试想，如果没有之前的从具体到抽象的研究过程，哪里能有后来从抽象到具体的叙述结果呢？马克思的《资本论》肯定不是凭空想象出一个"商品"并对其展开研究和叙述的，他只能在现实的基础上，对生活中各种事物加以研究之后，才能以叙述的方法来完成《资本论》。也许正是在这种意义上，何萍教授才正确地指出，"思想叙述是以研究工作为基础的，所以，叙述的方法只能在研究的方法之后展开；两者的区别是两者运用的逻辑行程不同，研究方法是从现实的具体上升到抽象的过程，叙述方

---

① 伯特尔·奥尔曼. 辩证法的舞蹈——马克思方法的步骤 [M]. 田世锭，何霜梅，译. 北京：高等教育出版社，2006：236，242.
② 中共中央马克思恩格斯列宁斯大林著作编译局. 马克思恩格斯选集：第2卷 [M]. 北京：人民出版社，2012：93.
③ 伯特尔·奥尔曼. 辩证法的舞蹈——马克思方法的步骤 [M]. 田世锭，何霜梅，译. 北京：高等教育出版社，2006：161.

法是从抽象上升到思维的具体的过程"①。

　　当然，我们说"从具体上升到抽象的方法"是科学的研究方法，而"从抽象上升到具体的方法"是科学的叙述方法，并非意指科学的研究只需要"从具体上升到抽象"，而不需要"从抽象上升到具体"。奥尔曼的论断有助于我们对此的理解。他说："研究的辩证方法"指"对事物之间发生内在联系的多种方式的研究"；"如果说研究的辩证法旨在研究被抽象出的要素内部及其相互之间的内在关系，那么，叙述的辩证法则是马克思向他的读者说明这种关系的方法"②。既然研究旨在揭示对象的内在关系，那就不可能停留在"抽象"上，而是必须继续前行，以便形成精神上的具体。只有这样，才能以"从抽象上升到具体的方法"将研究所达到的精神具体叙述出来。

---

① 何萍. 如何写作马克思主义哲学专业的博士学位论文——以马克思的博士论文为范文 [J]. 马克思主义哲学研究，2011（00）：385-397.
② 伯特尔·奥尔曼. 辩证法的舞蹈——马克思方法的步骤 [M]. 田世锭，何霜梅，译. 北京：高等教育出版社，2006：162，165.

第十五章

奥尔曼的内在关系辩证法

在马克思主义辩证法的发展进程中,存在将"总体性""否定""内在关系""系统""矛盾""实践""历史""智慧"等作为核心构建的,诸如,"总体性辩证法""否定辩证法""内在关系辩证法""系统辩证法""矛盾辩证法""实践辩证法""历史辩证法""智慧辩证法"等形态的马克思辩证法。诚如生态马克思主义者考威尔所说,辩证法的本质是批判,这种批判功能能够而且应该被应用于辩证法自身;如果辩证法是完善的,它也就不再是辩证法了[①]。因此,存在如此之多的马克思辩证法形态,正是辩证法本质的内在要求和必然表现。而在众多马克思辩证法的形态中,作为当代英美辩证马克思主义的主要代表,奥尔曼以"内在关系"为核心构建的"内在关系辩证法",不仅构成西方马克思主义辩证法的历史节点,也是当代西方马克思主义辩证法的核心形态,而且其学术影响在日益扩大。[②] 可见,进一步探讨奥尔曼的内在关系辩证法,对进一步把握马克思辩证法的本真内涵具有极为重要的理论意义。

一、辩证哲学:根本前提

在《辩证法的舞蹈——马克思方法的步骤》的"致谢"中,奥尔曼说:这

[①] OLLMAN B, SMITH T. Dialectics for the New Century [M]. New York: Palgrave Macmillan, 2008: 239.
[②] 田世锭. 英美辩证法马克思主义哲学研究 [M],北京:中国社会科学出版社,2013.

<<< 第五篇　社会研究方法论

部著作"汇集了我毕生关于辩证法的最好作品"①。这表明，至少到这部著作出版的 2003 年，奥尔曼对辩证法的最好理解都呈现在该书之中。那么，奥尔曼在该书中是如何界定辩证法的呢？

他明确指出："辩证法是一种关注世界上所发生的一切变化和相互作用的思维方式。"② 奥尔曼在此使用的是 "dialectics"③。也就是说，"dialectics" 是一种思维方式。这就意味着，在奥尔曼看来，辩证法就是辩证方法。而他的如下论述更是强化了这种意味："除了观察世界的方式以外，马克思的辩证方法还包括其研究世界、组织其发现和将它们介绍给他所选择的受众的方式。"④ 因为奥尔曼在这里干脆使用的就是 "dialectical method"⑤。

在此书中，奥尔曼还先后三次对辩证法做了明确的阶段性⑥划分。他写道：(1) "马克思的方法……有五个层次，代表实践中五个连续的阶段：①本体论；②认识论；③研究；④思维重构；⑤叙述。"⑦ (2) "被称为'辩证方法'的东西或许可以分成六个连续的阶段。一是本体论的阶段……；二是认识论的阶段……；三是研究的阶段……；四是思维重构或自我厘清的阶段……；

---

① 伯特尔·奥尔曼. 辩证法的舞蹈——马克思方法的步骤 [M]. 田世锭，何霜梅，译. 北京：高等教育出版社，2006："致谢" I.
② 伯特尔·奥尔曼. 辩证法的舞蹈——马克思方法的步骤 [M]. 田世锭，何霜梅，译. 北京：高等教育出版社，2006：5.
③ OLLMAN B. Dance of the Dialectic [M]. Urbana and Chicago：University of Illinois Press，2003：12.
④ 伯特尔·奥尔曼. 辩证法的舞蹈——马克思方法的步骤 [M]. 田世锭，何霜梅，译. 北京：高等教育出版社，2006：7.
⑤ OLLMAN B. Dance of the Dialectic [M]. Urbana and Chicago：University of Illinois Press，2003：14.
⑥ 由于奥尔曼使用了 "moments"，有学者将其翻译为 "要素"。但在我们看来，因为这些 "要素" 之间具有依次递进的关系，将其译为 "阶段" 更为准确。事实上，奥尔曼几乎同时使用的 "stages" 已经证明了这一点。而他在 "Dialectics and World Politics" (Globalizations，2014，Vol. 11，No. 5：1-7) 中论述此问题时，所使用的 "steps" 也进一步证明了这一点。
⑦ 伯特尔·奥尔曼. 辩证法的舞蹈——马克思方法的步骤 [M]. 田世锭，何霜梅，译. 北京：高等教育出版社，2006：179.

193

五是叙述的阶段……；六是实践的阶段……。"① （3）"马克思的辩证法可以被方便地分成六个互相联系的阶段，这也代表了它的实践的阶段。它们是：①本体论的阶段……；②认识论的阶段……；③研究的阶段……；④思维重构（或自我厘清）的阶段……；⑤叙述的阶段……；⑥实践的阶段……。"②

这里由没有实践阶段的"五阶段论"到包含实践阶段的"六阶段论"的变化，以及奥尔曼对"method"③ 或"dialectical method"④ 的使用，都进一步证明，此时的奥尔曼在辩证法与辩证方法之间画了等号。⑤ 它不仅包含了"实践"，甚至还包含了"本体论"和"认识论"。

可是，难道辩证法仅仅是辩证方法吗？如果说将"实践"解释为"方法"还可以理解的话，难道本体论和认识论也只是"方法"吗？

显然，奥尔曼本人意识到了其论述有可能导致的此种质疑，或者说，他意识到了仅仅将辩证法理解为辩证方法的不足。因此，在2014年的《辩证法与世界政治》一文中，他对《辩证法的舞蹈》中的思想进行了修正与完善。他这样写道："将辩证法理解为由哲学、方法和实践等三部分构成，是掌握辩证法有益的第一步。"⑥ 在这里，奥尔曼将辩证法（the dialectic）界定为哲学（philosophy）、方法（method）和实践（practice）的构成物。也就是说，辩证法是由辩证哲学、辩证方法和辩证实践共同构成的。这就将辩证法与辩证方法之间的同一关系变成了包含关系。

奥尔曼将原来辩证方法的六阶段分别置入了这三个部分。其中，本体论和认识论属于辩证哲学；研究、自我厘清和叙述属于辩证方法；实践当然就属于

---

① 伯特尔·奥尔曼. 辩证法的舞蹈——马克思方法的步骤 [M]. 田世锭，何霜梅，译. 北京：高等教育出版社，2006：203.
② 伯特尔·奥尔曼. 辩证法的舞蹈——马克思方法的步骤 [M]. 田世锭，何霜梅，译. 北京：高等教育出版社，2006：242.
③ OLLMAN B. Dance of the Dialectic [M]. Urbana and Chicago: University of Illinois Press, 2003：139.
④ OLLMAN B. Dance of the Dialectic [M]. Urbana and Chicago: University of Illinois Press, 2003：157，187.
⑤ 这也说明，我们在这里将"dialectical method"翻译为"辩证法"，虽然并没有违背奥尔曼的意思，但仍然是不准确的。准确的译法应该是将其翻译为"辩证方法"。
⑥ OLLMAN B. Dialectics and World Politics [J]. Globalizations, 2014, 11 (5)：1-7.

辩证实践。奥尔曼还进一步将辩证实践划分成了政治实践和理论实践，以致其原来的"六阶段论"发展成了"七阶段论"："如果说辩证法一开始呈现为一种哲学、一种方法和一种实践，那么，更为深入的认识表明，它是由七个独立的阶段构成的：即本体论、认识论、研究、自我厘清、叙述、政治实践和理论实践。"① 这也说明，奥尔曼在不断加深其对"实践"的理解。

因为奥尔曼是以"内在关系"为核心建构辩证法的，所以，这种由辩证哲学、辩证方法和辩证实践构成的辩证法本身，也是一个由内在关系构成的关系整体。其中的内在关系至少体现在三方面：

一是七个阶段之间的内在关系。其实，在《辩证法的舞蹈》中，奥尔曼就反复强调过各个阶段之间的内在关系。他指出："人们务必非常小心，不要——像如此之多的思想家所做的那样——以牺牲其他阶段为代价而挑选出任何一个阶段。只有在它们的内在联系中，这六个阶段才能构成一种可行的和极富价值的辩证方法。"② 在《辩证法与世界政治》中，他继续强调："为了最为有效的运用辩证法，所有这些阶段必须同时发挥作用。并且是反复如此。"③

二是辩证哲学、辩证方法和辩证实践各自内部各个阶段之间的内在关系。其实，这只是对上述笼统的内在关系进行的一种具体化。首先，在辩证哲学内部，本体论与认识论之间的关系是内在的。正是内在关系本体论将现实理解为由"关系"和"过程"构成的关系整体，才使认识论基于独特的范围、概括层次和角度来抽象和认识现实成为必要，并使这种抽象具有灵活性和再抽象的可能性和必要性。反过来说，正是这种基于独特抽象的认识论，才使现实成为能够被正确认识的现实④。其次，在辩证方法内部，研究、自我厘清与叙述之间的关系是内在的。最后，在辩证实践内部，政治实践与理论实践之间的关系

---

① OLLMAN B. Dialectics and World Politics [J]. Globalizations, 2014, Vol. 11, No. 5: 1-7.
② 伯特尔·奥尔曼. 辩证法的舞蹈——马克思方法的步骤 [M]. 田世锭，何霜梅，译. 北京：高等教育出版社，2006：203.
③ OLLMAN B. Dialectics and World Politics [J]. Globalizations, 2014, 11 (5): 1-7.
④ 关于内在关系本体论和认识论的更为详细的讨论，请参见田世锭. 奥尔曼"内在关系的辩证法"视角下的当代资本主义 [M]. 北京：中国社会科学出版社，2008：7-23. 正因为奥尔曼的"抽象"是以内在关系本体论为根基的，并因而与分析马克思主义基于将现实理解为具有明确和固定界限的"事物"或"要素"的外在关系本体论所做的"分析"，有根本性的区别，所以，在奥尔曼那里，辩证方法是不可能包容分析方法的。

是内在的。尤其是，理论实践为政治实践提供强大的信念支持①。

三是辩证哲学、辩证方法与辩证实践之间的内在关系。当奥尔曼在《辩证法的舞蹈》中说"马克思的辩证方法……'靠两条腿站立'，内在关系哲学和抽象"②的时候，他意在表达和强调的就是这种内在关系。虽然当时奥尔曼还没有进行辩证哲学、辩证方法和辩证实践的划分，但如果基于现在的划分进行反观，则仍然可以肯定，奥尔曼之意即是辩证方法和辩证实践必须以辩证哲学为根基。他在《辩证法与世界政治》中所说的，"马克思的哲学是其后所有辩证法的基础性阶段"③，意在表达和强调的仍然是这一点。而他所说的，强调"知行之间由辩证法本身所引起的必然联系"是"马克思辩证方法的突出之处"④，"鉴于马克思所认识到的理论与实践之间的内在关系……马克思的叙述策略也是一种介入当时阶级斗争的方式"⑤，意在表达和强调的则是辩证方法与辩证实践之间的内在关系。

奥尔曼本人最重要的理论成就应该在马克思主义辩证法领域，但他担任的不是哲学教授，而是政治学教授。这是因为，正如马克思所说的，哲学家们只是用不同的方式解释世界，而问题在于改变世界⑥。奥尔曼并不满足于做一位"解释世界"的哲学家。他说，我是哲学家，但我又要超越哲学家。另一方面，虽然奥尔曼是纽约大学的政治学教授，但他对充斥当今西方政治学领域的教条主义、数学主义和实证主义持坚定的批判态度。因为，这样的政治学缺乏哲学，尤其是辩证哲学的基础。这种对待哲学与政治学的态度和立场，恰恰反映

---

① OLLMAN B. Dialectics and World Politics [J]. Globalizations, 2014, 11 (5): 1-7.
② 伯特尔·奥尔曼. 辩证法的舞蹈——马克思方法的步骤 [M]. 田世锭, 何霜梅, 译. 北京: 高等教育出版社, 2006: 60.
③ OLLMAN B. Dialectics and World Politics [J]. Globalizations, 2014, 11 (5): 1-7.
④ 伯特尔·奥尔曼. 辩证法的舞蹈——马克思方法的步骤 [M]. 田世锭, 何霜梅, 译. 北京: 高等教育出版社, 2006: 15.
⑤ OLLMAN B. Dialectics and World Politics [J]. Globalizations, 2014, 11 (5): 1-7.
⑥ 中共中央马克思恩格斯列宁斯大林著作编译局. 马克思恩格斯选集: 第1卷 [M]. 北京: 人民出版社, 2012: 140.

了奥尔曼对辩证哲学与辩证方法、辩证实践之间内在关系的理解。①

奥尔曼指出:"马克思的辩证法包含一些不同但肯定是密切关联的部分,这或许是人们理解它时最大的困难。而绝大多数战胜或批评马克思辩证法的努力,都仅仅局限在其中的几个甚至是一个部分。"② 为了不至于使奥尔曼的内在关系辩证法受到同样的误解和批评,我们就不应该"仅仅局限在其中的几个甚至是一个部分",而是应该将之理解为由辩证哲学、辩证方法和辩证实践构成的关系整体。

二、辩证方法:核心内容

奥尔曼在《辩证法的舞蹈》中对内在关系哲学"识别个体"的可行性进行了辩护③。换句话说,将现实理解为由"关系"和"过程"构成的关系整体,并没有消解认识个体的可能性。恰恰相反,基于内在关系本体论的独特而又恰当的抽象,正是对正确认识个体的保证。这充分说明,将奥尔曼的内在关系辩证法理解为由辩证哲学、辩证方法和辩证实践构成的关系整体,并没有消解,反而是保证了奥尔曼和我们自己对其中某一部分的凸显、理解和把握。那么,在这一关系整体中,奥尔曼力图凸显和强调的是哪一部分呢?

我认为,在将内在关系辩证法理解和把握为由辩证哲学、辩证方法和辩证实践构成的关系整体的前提下,奥尔曼力图凸显和强调的是辩证方法。实际上,奥尔曼本人的如下论述也能够对此加以确证。他说:"这一抽象方法……正是我们关于辩证法讨论的最重要部分"④;"与辩证方法有关的专有词汇自始

---

① 因此,作为马克思主义理论家的奥尔曼,常常强调马克思主义的整体性,反对将马克思主义肢解为马克思主义哲学、马克思主义经济学和马克思主义政治学等相互独立的学科,并由此造就片面的马克思主义理论专家。
② OLLMAN B. Dialectics and World Politics [J]. Globalizations, 2014, 11 (5): 1-7.
③ 伯特尔·奥尔曼. 辩证法的舞蹈——马克思方法的步骤 [M]. 田世锭,何霜梅,译. 北京: 高等教育出版社, 2006: 60-64.
④ 伯特尔·奥尔曼. 辩证法的舞蹈——马克思方法的步骤 [M]. 田世锭,何霜梅,译. 北京: 高等教育出版社, 2006: 76.

至终得到了强调"①。或许正是这种对于辩证方法的凸显和强调,才使奥尔曼在《辩证法的舞蹈》中甚至将辩证法与辩证方法等同起来。

奥尔曼之所以要凸显和强调辩证方法,是因为他与马克思有着共同的关注焦点。奥尔曼认为,分析资本主义、揭示资本主义的运行规律是马克思辩证法的主题。在《辩证法的舞蹈》中,他是这样说的:"从一开始就强调马克思主要关注的是资本主义非常重要。马克思试图发现资本主义是什么、它是如何运行的,以及它是如何产生的、它正走向何处。"② 在发表于2015年的《马克思主义与内在关系哲学,或者说,如何以能够被研究和解决的"矛盾"代替神秘的"悖论"》中,他的说法不仅本质一样,甚至连形式也基本一致:"马克思主要关注的是分析资本主义;它是如何发挥作用的;它的作用更有利于谁,而不利于谁;它是如何产生又是如何发展到现在的;它趋向何处;工人阶级在实现这种转变的过程中应该发挥什么作用。"③ 而他在《辩证法的舞蹈》中的那句话至少在其出版于1993年的《辩证法研究》中已经得到表达④。这充分说明,奥尔曼对马克思辩证法主题的判断是一以贯之的。

同样,分析资本主义、揭示资本主义的运行规律也是奥尔曼内在关系辩证法的主题。奥尔曼说:"我不仅想要表明马克思运用了什么辩证方法和他是怎样运用它的,而且还想帮助我们将它运用于,并且是更经常、更有效地运用于我们今天的资本主义。"⑤ 其关注焦点就是,如何像马克思那样运用内在关系辩证法来认识资本主义,揭示资本主义的本质,以及其真实的过去,尤其是其

---

① 伯特尔·奥尔曼. 辩证法的舞蹈——马克思方法的步骤 [M]. 田世锭, 何霜梅, 译. 北京: 高等教育出版社, 2006: 294.
② 伯特尔·奥尔曼. 辩证法的舞蹈——马克思方法的步骤 [M]. 田世锭, 何霜梅, 译. 北京: 高等教育出版社, 2006: 77.
③ OLLMAN B. Marxism and the Philosophy of Internal Relations; or, How to Replace the Mysterious "paradox" with "contradictions" that Can Be Studied and Resolved [J]. Capital & Class, 2015, 39 (1): 7-23.
④ OLLMAN B. Dialectical Investigations [M]. New York: Routledge, 1993: 28.
⑤ 段忠桥, 江洋. 马克思主义、市场经济与当代世界——伯特尔·奥尔曼教授访谈录 [J]. 当代世界与社会主义, 2004 (3).

可能的未来。① 因此，在奥尔曼的思想中，虽然辩证哲学是根本前提，但辩证方法才是更为重要的。

但是，奥尔曼的如下论断似乎否定了这种判断。他指出：（1）"我的叙述策略是把认识论放在突出位置，尽管我自己对这些问题的思考主要是通过一种本体论的方法而发展的……"② （2）"我自己解释辩证法的努力也赋予了一个阶段——假如是这样的话，就是认识论的阶段——相比其他阶段的优先性……我相信它既是理解也是运用所有其他阶段的关键。认识论阶段也是解释马克思全部方法的一个理想的切入点，因为它所要求的假定比如果我从其他阶段开始所要求的要少。"③

批判现实主义者巴斯卡尔甚至认为，奥尔曼的辩证法就是一种认识论的辩证法。④

很显然，如前所述，奥尔曼的辩证法是内在关系辩证法，它是由辩证哲学、辩证方法和辩证实践构成的一个关系整体，像巴斯卡尔那样将奥尔曼的辩证法界定为认识论的辩证法，是十分不准确的，尽管奥尔曼本人只是说"这至少是部分地不准确的"⑤。同样，如果我们只是将奥尔曼的辩证法界定为辩证方法，也是十分不准确的。可问题在于，奥尔曼的上述论断似乎表明，如果要确定内在关系辩证法中哪个阶段或哪一部分更为重要的话，那无疑应该是认识论。

其实不然。奥尔曼之所以要将认识论放在突出位置，是因为如果没有认识论基础，研究、自我厘清或思维重构、叙述等辩证方法就成了无本之木。正如

---

① 对马克思和奥尔曼如何对资本主义进行辩证分析的比较详细的探讨，请参见田世锭. 奥尔曼"内在关系的辩证法"视角下的当代资本主义 [M]. 北京：中国社会科学出版社，2008；田世锭. 英美辩证法马克思主义哲学研究 [M]，北京：中国社会科学出版社，2013：第3，4，5章。
② 伯特尔·奥尔曼. 辩证法的舞蹈——马克思方法的步骤 [M]. 田世锭，何霜梅，译. 北京：高等教育出版社，2006：233.
③ 伯特尔·奥尔曼. 辩证法的舞蹈——马克思方法的步骤 [M]. 田世锭，何霜梅，译. 北京：高等教育出版社，2006：243.
④ 伯特尔·奥尔曼. 辩证法的舞蹈——马克思方法的步骤 [M]. 田世锭，何霜梅，译. 北京：高等教育出版社，2006：233.
⑤ 伯特尔·奥尔曼. 辩证法的舞蹈——马克思方法的步骤 [M]. 田世锭，何霜梅，译. 北京：高等教育出版社，2006：233.

奥尔曼所说:"马克思的辩证方法开始于他的认识论,贯穿于他研究问题和叙述其发现的全过程。它要求一个新阶段——让我们称之为'思维重构'——的个性化,以作为研究与叙述的中介。"① 这里的"开始于"就表明,如果没有认识论,则研究、自我厘清或思维重构和叙述就不可能产生和存在。实际上,研究、自我厘清或思维重构和叙述,都是恰当地运用认识论中范围、概括层次和角度等抽象模式,来处理具体问题的过程。

如果因为认识论是辩证方法的基础,就认为认识论比辩证方法更为重要,那么,本体论更是认识论的基础,本体论就比认识论还要重要。而本体论是整个辩证法的基础性阶段,因此,本体论就是整个辩证法中最为重要的阶段。奥尔曼凸显和强调的就应该是内在关系本体论。而且,尤为重要的是,在马克思主义发展史上,卢卡奇、马尔库塞、萨特、列斐伏尔、科西克和戈德曼等,都对内在关系本体论做了精彩的论述和阐发,但他们的不足恰恰在于没有以内在关系哲学为核心理解和阐发马克思的辩证法,没有将内在关系本体论作为马克思辩证法的哲学基础。因此,重新强调内在关系哲学在马克思辩证法中的核心地位,重新强调内在关系本体论在马克思辩证法中的基础地位,并进而揭示基于内在关系本体论的马克思独特的范围、概括层次和角度等三种抽象模式,是奥尔曼对马克思主义辩证法的重要贡献。

因此,确定奥尔曼内在关系辩证法中哪个阶段或哪一部分更为重要,不是以其中各阶段之间的逻辑关系为依据的,而是基于内在关系辩证法的主题或所要解决的主要问题来进行的判断。而且,这种判断总是以内在关系辩证法是由辩证哲学、辩证方法和辩证实践构成的关系整体为前提的。

三、辩证实践:根本归宿

奥尔曼指出:"正因为对抽象的作用和力量具有充分的认识,马克思才能

---

① OLLMAN B. Alienation: Marx's Conception of Man in Capitalist Society [M]. New York: Cambridge University Press, 1976: 271.

在根据其工作需要而进行的抽象和再抽象中变得十分娴熟（skillful）。"① 这里的"skillful"表明，在一定意义上讲，辩证方法就是一种"技艺"（skill）。而奥尔曼所说的理论实践，是指对在本体论、认识论、研究、自我厘清（或思维重构）和叙述等阶段的所作所为进行的回顾和展望，是对技艺因素的认知和发展这种技艺的努力，以及对如何将理论实践转变为政治实践的探究②。由此可见，理论实践从根本上说就是认识和掌握辩证技艺，并思考如何将这种辩证技艺运用于政治实践的过程。

为什么工人们只看到一个人、一份工作、一个地方，却看不到阶级、阶级斗争和资本主义？为什么工人们只关注更高的工资、更短的工时、工作的稳定性和安全的工作条件以及可以长期保证这些的结构性变化，却看不到其生命中的异化？为什么发达资本主义中已经存在巨大的社会主义潜在，而工人们却看不到它们？为什么那么多的左翼人士甚至马克思主义者都只是基于抽象的人性或者原子般的个人，而不是基于资本主义本身来分析社会？所有这些，在奥尔曼看来，都根源于辩证技艺的缺失。

或许正是基于这种判断，奥尔曼"作为一位学者和政治活动者"③，始终都在致力于给工人们及马克思主义者和其他左翼人士教授马克思主义的辩证技艺。这主要表现在以下几方面：

其一，帮助人们尤其是工人和左翼人士更为辩证地"思考"一切，特别是更为辩证地"思考"阶级斗争，因为对工人而言，这是其具有更加明确的阶级意识的基本步骤。

其二，帮助那些研究和论析社会，特别是资本主义社会的人们，尤其是马克思主义者，更为有效地运用马克思主义的辩证方法。

其三，帮助工人和马克思主义者及其他左翼人士更加有效地运用辩证法，以实现理论向实践的转变。

奥尔曼相信：

---

① OLLMAN B. Dialectics and World Politics [J]. Globalizations, 2014, 11 (5)：1-7.
② OLLMAN B. Dialectics and World Politics [J]. Globalizations, 2014, 11 (5)：1-7.
③ 伯特尔·奥尔曼. 辩证法的舞蹈——马克思方法的步骤 [M]. 田世锭，何霜梅，译. 北京：高等教育出版社，2006：致谢 I.

（1）"毫不夸张地说，对绝大多数工人而言，只有在他们开始将其生活中的主要悖论①理解为矛盾的时候，其阶级意识才会真正开始形成"，而内在关系辩证法对此"具有至关重要的作用"②。

这意味着，一旦工人们掌握了马克思主义的辩证技艺，并用其分析资本主义，他们就不会只看到"悖论"，而是看到了"矛盾"，并从理论上认识这些矛盾的解决路径，且在实践中实现这种解决，他们就会认识到自己作为一个阶级的存在及其利益之所在。

（2）基于资本主义内在矛盾及其发展趋势的有关未来社会主义的思考，是"对人们能够现实地期望其实现的未来的思考"，它"对于激励工人们立即行动起来具有重要的作用"③；运用内在关系辩证法揭示资本主义社会的各种"主要趋势"，有助于工人们和马克思主义者确认"我们可以做些什么，来增加符合我们利益的结果（如共产主义）产生的可能性，而减少甚至满怀希望地阻止我们最感恐惧的结果（如法西斯主义、核战争、全球变暖、饥荒、野蛮状态）"④。

这意味着，一旦工人们掌握了马克思主义的辩证技艺，并用其对资本主义及其未来进行辩证思考，他们就能清楚地认识到，社会主义与野蛮状态是资本主义可能的两种趋势，而社会主义才是符合其利益的未来，也是能够现实地期望其实现的未来，野蛮状态则是令人恐惧的结果。这将极大地"激励工人们立

---

① 生活在资本主义中的人们常常为大量的悖论所困扰。比如：为什么大量的财富却伴随着极端的贫穷？为什么迅速的技术创新本可以使人们的生活更加便捷，却反而使人们劳动的时间更长、难度更大，并使战争变得更为血腥？为什么人们每个星期天在教堂听到的是令人振奋的布道，而在其余所有时间里的所见所闻却是充斥于交易世界的谎言、欺骗和盗窃？(See OLLMAN B. Marxism and the Philosophy of Internal Relations; or, How to Replace the Mysterious "paradox" with "contradictions" that Can Be Studied and Resolved [J]. Capital & Class, 2015, 39 (1): 7-23)

② OLLMAN B. Marxism and the Philosophy of Internal Relations; or, How to Replace the Mysterious "paradox" with "contradictions" that Can Be Studied and Resolved [J]. Capital & Class, 2015, 39 (1): 7-23.

③ OLLMAN B. Historical Archeology, Dialectical Marxism, and "C. F. U. G. Studies" [J]. Int J HistorArchael, 2014, 18: 361-373.

④ OLLMAN B. Historical Archeology, Dialectical Marxism, and "C. F. U. G. Studies" [J]. Int J HistorArchael, 2014, 18: 361-373.

即行动起来",去阻止野蛮状态的到来而促进社会主义的实现。

奥尔曼所界定的政治实践,是指由研究所揭示的主要问题、解决这些问题所需条件的发展以及行动主体的兴起等三者的结合,所要求的政治。① 如果说就分析和改变资本主义而言,主要问题及其解决条件属于客观条件的话,那么,行动主体的兴起则属于主观条件。自卢卡奇以来,变革发达资本主义的客观条件已经成熟,缺失的是主观条件,这几乎已经成为西方马克思主义的共识。而要创造这种主观条件,促使行动主体兴起,首要的问题也是最难的问题是启发工人们的阶级意识,并激发其行动起来。

由此可见,奥尔曼致力于给工人们及马克思主义者和其他左翼人士教授马克思主义的辩证技艺,这对于工人们及马克思主义者和其他左翼人士来说,是学习和掌握辩证技艺的过程,属于理论实践,而对于奥尔曼来说,则已然属于政治实践。一旦工人们及马克思主义者和其他左翼人士掌握了马克思主义的辩证技艺,并开始运用其分析和认识资本主义及其未来,甚而采取切实的行动来变革资本主义,促进其向社会主义的转变,那就是政治实践的过程了。

总之,无论是理论实践,还是政治实践,都是对辩证技艺的掌握和运用,都是"使辩证法得以运用"("to put dialectics to use"② 或者"putting dialectics to work"③)的过程。而使辩证法得以有效地运用,正是改变世界的根本前提和保证。因此,对并不满足于"解释世界"而是意在"改变世界"的奥尔曼来说,其根本目的并不在于凸显辩证方法本身,而在于促使人们掌握和运用辩证方法即辩证技艺。也因此,内在关系辩证法的根本归宿也就不是辩证方法,而是辩证实践。④

---

① OLLMAN B. Dialectics and World Politics [J]. Globalizations, 2014, 11 (5): 1-7.
② 这是奥尔曼教授在与我交流的电子邮件中的用语。
③ OLLMAN B. Dance of the Dialectic [M]. Urbana and Chicago: University of Illinois Press, 2003: 59.
④ 奥尔曼发明"阶级斗争棋",旨在使工人们在"游戏"中认识到自身的阶级地位和阶级利益,从而激发其阶级意识。为了生产和销售"阶级斗争棋",他耗费时间、精力和钱财,以至于心力交瘁。这也正是他践行"实践",以改变世界的证明(See OLLMAN B. BallBuster? True Confessions of a Marxist Businessman. Soft Skull Press, 2002)。

虽然在奥尔曼关于内在关系辩证法七阶段的论述中，政治实践先于理论实践[1]，似乎理论实践是整个辩证法的逻辑终点和归宿，但上面的论述表明，理论实践虽处于"实践"阶段，但毕竟还是一种"理论"，政治实践才是"实践"的充分彰显，才是实际改变世界的过程。所以，最好将政治实践与理论实践的位置颠倒过来，使理论实践先于政治实践，并使政治实践成为整个辩证法的逻辑终点和归宿。事实上，奥尔曼本人的论述也能为这种颠倒提供充分的依据。他明确指出：理论实践为政治实践提供强大的信念支持[2]，"对马克思主义者而言，好的理论会导致好的实践，这是不证自明的。因此，利用一切方法和资源帮助人们更好地理解马克思的理论，也应该有助于我们发展更为有效的政治实践"[3]。

奥尔曼指出：在辩证哲学、辩证方法和辩证实践等辩证法的三个组成部分中，"如果说前两者得到了一定关注的话……实践在这种三重奏（trio）中的作用却在很大程度上被忽略了"[4]。可见，以辩证实践为根本归宿的内在关系辩证法，正是对辩证法领域这种严重偏向的根本扭转。

最后，我们以奥尔曼的一句话结束这一章，并以此向奥尔曼这样一位毕生追求改变资本主义旧世界、实现社会主义新世界的坚定马克思主义者表示由衷的敬佩。奥尔曼说：

"任务在于使世界成为更加美好的地方，每一个人都能在其中美好地生活和享受。为此，我已经（并将继续）尽我所能。'不是整形手术，而是社会主义'，……这就是我的座右铭。"[5]

---

[1] OLLMAN B. Dialectics and World Politics [J]. Globalizations, 2014, 11 (5): 1-7.
[2] OLLMAN B. Dialectics and World Politics [J]. Globalizations, 2014, 11 (5): 1-7.
[3] OLLMAN B. Marxism and the Philosophy of Internal Relations; or, How to Replace the Mysterious "paradox" with "contradictions" that Can Be Studied and Resolved [J]. Capital & Class, 2015, 39 (1): 7-23.
[4] OLLMAN B. Dialectics and World Politics [J]. Globalizations, 2014, 11 (5): 1-7.
[5] OLLMAN B. BallBuster? True Confessions of a Marxist Businessman [M]. New York: Soft Skull Press, 2002: 253.

第十六章

分析方法与辩证方法的兼容：
基于列宁帝国主义论的分析

分析马克思主义和辩证马克思主义是当代英美马克思主义中影响最大的两个流派，并分别代表着英美马克思主义研究的两个方向。之所以如此，恰恰是因为两者在方法论上的对立。其中，分析马克思主义坚持分析方法，反对辩证方法；辩证马克思主义则坚持辩证方法，反对分析方法。① 这里的分析方法是指为了"表述的精确和论证的严密"而采用的"逻辑和语言分析""语义分析和语境分析"的方法②；鉴于列宁曾明确指出过，"马克思主义辩证法的基本原理是：自然界和社会中的一切界限都是有条件的和可变动的，没有任何一种现象不能在一定条件下转化为自己的对立面"，"可以把辩证法简要地规定为关于对立面的统一的学说"③，这里的辩证方法就是指认识"对立面的统一和相互转化"的方法。本章将从"帝国主义的本质""帝国主义与民族解放""帝国主义与社会主义"等三方面，对列宁帝国主义理论的方法论进行分析，并以此证明分析方法与辩证方法的兼容性。④

---

① 田世锭. 英美辩证法马克思主义哲学研究［M］. 北京：中国社会科学出版社，2013.
② G. A. 科恩. 卡尔·马克思的历史理论———一种辩护［M］. 北京：高等教育出版社，2008：2；段忠桥，张文喜. 坚持学术争论，注重分析方法———段忠桥教授访谈［J］. 学术月刊，2011（5）：155-160.
③ 中共中央马克思恩格斯列宁斯大林著作编译局. 列宁选集：第 2 卷［M］. 北京：人民出版社，2012：693，412.
④ 科恩说，"就狭义的'分析'而言，分析的思维是反对所谓的'整体主义的'思维的"（参见 G. A. 科恩. 卡尔·马克思的历史理论———一种辩护［M］. 北京：高等教育出版社，2008：2）。这种狭义的分析方法与辩证方法是不可能兼容的，因为二者的哲学基础是根本对立的，前者的哲学基础是外在关系哲学，而后者的哲学基础却是内在关系哲学。

一、帝国主义的本质

列宁曾给"帝国主义"下过一个"尽量简短的定义",即"帝国主义是资本主义的垄断阶段"①。但他对这种"过于简短的定义"并不满意,因为,虽然这种定义很方便,也能够包含帝国主义的"金融资本"和"瓜分世界"这两个"最主要之点",但"要从中分别推导出应当下定义的现象的那些最重要的特点",它"毕竟是不够的"。所以,列宁又给出了一个包括帝国主义"五个基本特征"的定义,即"帝国主义是发展到垄断组织和金融资本的统治已经确立、资本输出具有突出意义、国际托拉斯开始瓜分世界、一些最大的资本主义国家已把世界全部领土瓜分完毕这一阶段的资本主义"②。

列宁还进一步认识到,"如果不仅注意到基本的、纯粹经济的概念,而且注意到现阶段的资本主义同一般资本主义相比所占的历史地位,或者注意到帝国主义同工人运动中两个主要派别的关系,那就可以而且应当给帝国主义另外下一个定义",即帝国主义"无疑是资本主义发展的一个特殊阶段"③。这种"帝国主义是资本主义的特殊历史阶段"的定义被列宁视为关于帝国主义的"一个尽量确切和完备的定义"④。之所以只能"尽量"做到确切和完备,是因为列宁非常清楚,"所有定义都只有有条件的、相对的意义,永远也不能包括充分发展的现象一切方面的联系"⑤。列宁进而指出,"垄断代替自由竞争,是

---

① 中共中央马克思恩格斯列宁斯大林著作编译局. 列宁选集:第2卷 [M]. 北京:人民出版社,2012:650.
② 中共中央马克思恩格斯列宁斯大林著作编译局. 列宁选集:第2卷 [M]. 北京:人民出版社,2012:650-651.
③ 中共中央马克思恩格斯列宁斯大林著作编译局. 列宁选集:第2卷 [M]. 北京:人民出版社,2012:651.
④ 中共中央马克思恩格斯列宁斯大林著作编译局. 列宁选集:第2卷 [M]. 北京:人民出版社,2012:704.
⑤ 中共中央马克思恩格斯列宁斯大林著作编译局. 列宁选集:第2卷 [M]. 北京:人民出版社,2012:651.

帝国主义的根本经济特征,是帝国主义的实质"①。

可见,列宁对帝国主义本质的把握和界定正是以对"帝国主义"进行"语义分析",对其内涵做出尽量精确的理解和界定为基础的。列宁进而基于对"垄断""金融资本""垂死"和"过渡"等概念的"语义分析"进一步揭示出,这种帝国主义的"垄断"实质主要包含两方面:

其一,帝国主义是"金融资本的统治"②。这是因为,第一,从生产集中生长起来的"垄断"意味着"银行和工业日益融合或者说长合在一起",而这种"融合"或"长合"正是"金融资本产生的历史和这一概念的内容"③;第二,金融资本"到处都带有统治的趋向而不是自由的趋向"④;第三,金融资本的统治趋势必然导致经济上"极少数最富强的国家剥削愈来愈多的弱小国家"⑤,及政治上"全面的反动和民族压迫的加强"⑥。

其二,帝国主义是"过渡的资本主义,或者更确切些说,是垂死的资本主义"⑦。这是因为,"垄断"本身就是"从资本主义社会经济结构向更高级的结构的过渡"⑧;"垄断"本身"已经是资本主义的垂死状态,是它向社会主义过渡的开始"⑨。而且,列宁的论断表明,"垂死的资本主义"与"过渡的资本主

---

① 中共中央马克思恩格斯列宁斯大林著作编译局. 列宁选集:第2卷 [M]. 北京:人民出版社,2012:704.
② 中共中央马克思恩格斯列宁斯大林著作编译局. 列宁选集:第2卷 [M]. 北京:人民出版社,2012:624.
③ 中共中央马克思恩格斯列宁斯大林著作编译局. 列宁选集:第2卷 [M]. 北京:人民出版社,2012:613.
④ 中共中央马克思恩格斯列宁斯大林著作编译局. 列宁选集:第2卷 [M]. 北京:人民出版社,2012:681.
⑤ 中共中央马克思恩格斯列宁斯大林著作编译局. 列宁选集:第2卷 [M]. 北京:人民出版社,2012:684.
⑥ 中共中央马克思恩格斯列宁斯大林著作编译局. 列宁选集:第2卷 [M]. 北京:人民出版社,2012:671.
⑦ 中共中央马克思恩格斯列宁斯大林著作编译局. 列宁选集:第2卷 [M]. 北京:人民出版社,2012:686.
⑧ 中共中央马克思恩格斯列宁斯大林著作编译局. 列宁选集:第2卷 [M]. 北京:人民出版社,2012:683.
⑨ 中共中央马克思恩格斯列宁斯大林著作编译局. 列宁选集:第2卷 [M]. 北京:人民出版社,2012:706.

义"所表达的意义是完全相同的,只不过是为了凸显帝国主义是资本主义的"最高阶段","垂死的"资本主义要比"过渡的"资本主义"更确切些"。

在论证帝国主义本质的过程中,列宁进而揭示和论证了以下几种"对立面的统一和相互转化"。首先,从帝国主义的产生来看。因为帝国主义无非就是垄断资本主义,而这种"垄断"又只不过是"在自由竞争的基础上而且正是从自由竞争中生长起来的"①,所以,帝国主义的产生蕴含着自由竞争与垄断的对立统一,以及自由竞争向垄断的转化。其次,从帝国主义的运行来看。一是私人垄断和国家垄断"交织在一起",成为"最大的垄断者之间为瓜分世界而进行的帝国主义斗争中的一些环节"②,而且,"随着资本输出的增加,随着最大垄断同盟的国外联系、殖民地联系和'势力范围'的极力扩大,这些垄断同盟就'自然地'走向达成世界性的协议,形成国际卡特尔"这种"全世界资本和生产集中的一个新的、比过去高得多的阶段"③。可见,私人垄断、国家垄断和国际垄断一方面只是"垄断"的不同"环节",另一方面又构成"垄断"本身发展过程中依次演进的不同"阶段"。因此,这里既存在私人垄断与国家垄断的对立统一和私人垄断向国家垄断的转化,又存在国家垄断与国际垄断的对立统一和国家垄断向国际垄断的转化。

二是"几乎整个地球已被这些'资本大王'所瓜分,他们或者采取占有殖民地的形式,或者用金融剥削的千万条绳索紧紧缠绕住其他国家",因此,"帝国主义的资本主义,已经由原先反封建主义斗争中的民族解放者,变为最大的民族压迫者了"④。可见,正是在帝国主义实践中,资本主义发生了身份的转换,即由原来的民族解放者变成了民族压迫者。因此,这里存在着民族解放者与民族压迫者的对立统一,以及民族解放者向民族压迫者的转化。

---

① 中共中央马克思恩格斯列宁斯大林著作编译局. 列宁选集:第2卷[M]. 北京:人民出版社,2012:683.
② 中共中央马克思恩格斯列宁斯大林著作编译局. 列宁选集:第2卷[M]. 北京:人民出版社,2012:636.
③ 中共中央马克思恩格斯列宁斯大林著作编译局. 列宁选集:第2卷[M]. 北京:人民出版社,2012:631.
④ 中共中央马克思恩格斯列宁斯大林著作编译局. 列宁选集:第2卷[M]. 北京:人民出版社,2012:512.

三是"帝国主义的趋势之一,即形成'食利国'、高利贷国的趋势愈来愈显著,这种国家的资产阶级愈来愈依靠输出资本和'剪息票'为生",因此,"帝国主义是寄生的或腐朽的资本主义",具有"腐朽的趋势",但这种"腐朽"趋势"决不排除资本主义在某些工业部门,在某些国家或在某些时期内惊人迅速的发展"。而且,虽然"某些工业部门,某些资产阶级阶层,某些国家,不同程度地时而表现出这种趋势,时而又表现出那种趋势",但"整个说来,资本主义的发展比从前要快得多"。然而,"这种发展不仅一般地更不平衡了,而且这种不平衡还特别表现在某些资本最雄厚的国家(如英国)的腐朽上面"①。可见,这里蕴含着资本主义的发展与帝国主义的腐朽之间的对立统一,以及资本主义的发展向帝国主义的腐朽的转化。

最后,从帝国主义的前景来看。因为"帝国主义阶段的资本主义紧紧接近最全面的生产社会化,它不顾资本家的愿望与意识,可以说是把他们拖进一种从完全的竞争自由向完全的社会化过渡的新的社会秩序"②,所以,"垄断是从资本主义到更高级的制度的过渡"③。虽然列宁在此并没有使用"后资本主义"的概念,但比资本主义"更高级的制度"必然是"后资本主义"的,因此,这里蕴含着资本主义与后资本主义之间的对立统一,以及资本主义向后资本主义的转化。

二、帝国主义与民族解放

如上所述,帝国主义的本质所包含的内容之一便是金融资本的统治,是资本主义由民族解放者向民族压迫者的转变。正因此,依据列宁的观点,"民族

---

① 中共中央马克思恩格斯列宁斯大林著作编译局. 列宁选集:第 2 卷 [M]. 北京:人民出版社,2012:684-685,705.
② 中共中央马克思恩格斯列宁斯大林著作编译局. 列宁选集:第 2 卷 [M]. 北京:人民出版社,2012:593.
③ 中共中央马克思恩格斯列宁斯大林著作编译局. 列宁选集:第 2 卷 [M]. 北京:人民出版社,2012:650.

解放"转而又变成了"帝国主义的一种具有决定性的辩证法的对立面"①，而"民族解放运动"也就成了"从世界帝国主义内部产生的新的革命主体"②。可见，列宁以此论证了帝国主义与民族解放的对立统一，以及帝国主义向民族解放的转化。③

而为了切实消除帝国主义，实现帝国主义向民族解放的转化，列宁还基于对"民族文化""民族同化""民族主义""民族分离"和"民族自决"的语义分析，以及对"民族主义与国际主义""民族分离与民族融合""民族自决与社会主义"等关系的逻辑分析，论证了民族主义与国际主义、民族分离与民族融合、民族自决与社会主义之间的"对立统一关系"。

第一，民族主义与国际主义的对立统一，民族主义向国际主义的转化。列宁指出，资本主义在民族问题上具有"两种趋势"，一是"民族生活和民族运动的觉醒，反对一切民族压迫的斗争，民族国家的建立"；二是"各民族彼此间各种交往的发展和日益频繁，民族隔阂的消除，资本、一般经济生活、政治、科学等的国际统一的形成"，这"标志着资本主义已经成熟，正在向社会主义社会转化"④。前一种趋势在文化上的反映是资产阶级的民族主义，后一种趋势因为已经超越资本主义的界限，开始了向社会主义的过渡，所以其反映已经不再是资产阶级的民族主义，而是无产阶级的国际主义。这就意味着作为资本主义最高阶段的帝国主义具有实现民族主义向国际主义转化的趋势。

马克思主义者必须基于这种历史性的趋势，"毫不妥协地反对资产阶级民族主义"，"维护国际主义原则"⑤。为此，首先，必须反对抽象地、笼统地谈

---

① 凯文·安德森. 列宁、黑格尔和西方马克思主义：一种批判性研究 [M]. 南京：南京大学出版社，2012：189.
② 凯文·安德森. 列宁、黑格尔和西方马克思主义：一种批判性研究 [M]. 南京：南京大学出版社，2012：183.
③ 安德森教授甚至认为，正是这一点使得列宁"在同时代的马克思主义理论家中是无与伦比的"（参见凯文·安德森. 列宁、黑格尔和西方马克思主义：一种批判性研究 [M]. 南京：南京大学出版社，2012：189）.
④ 中共中央马克思恩格斯列宁斯大林著作编译局. 列宁选集：第2卷 [M]. 北京：人民出版社，2012：340.
⑤ 中共中央马克思恩格斯列宁斯大林著作编译局. 列宁选集：第2卷 [M]. 北京：人民出版社，2012：340.

论"民族文化",并提出"民主主义的和全世界工人运动的各民族共同的文化"。这是因为,从概念的确切含义来看,"笼统说的'民族文化'就是地主、神父、资产阶级的文化",相反,"各民族共同的文化"则"只是并且绝对是为了对抗每个民族的资产阶级文化、资产阶级民族主义"而"从每一个民族的文化中抽出"的"民主主义和社会主义的成分"①。其次,必须正确理解"民族主义的吓人字眼——'同化'"的真正意义,从而坚决支持"民族同化"。民族主义者往往大骂主张"同化"的马克思主义者,但其所谓"同化"无非只有两种可能的意义:一是"对民族采取暴力和某个民族应享有特权";二是"消除民族隔阂、消灭民族差别、使各民族同化等具有世界历史意义的资本主义趋势"。由于"所有的马克思主义者,不论是个人还是正式的统一整体,都非常明确而毫不含糊地斥责过哪怕是最轻微的民族暴力、压迫和不平等现象",所以第一种意义"根本不适合",只可能是第二种意义,而第二种意义上的"同化"其实是"使资本主义向社会主义转化的最大推动力之一"。因此,马克思主义者恰恰应该支持这种意义上的"同化";也因此,那些"大骂其他民族的马克思主义者主张'同化'"的崩得分子和民族社会党人,恰恰是"假马克思主义者",他们"实际上不过是民族主义的市侩而已"②。也正是在这种语境中,列宁才说,"谁没有陷进民族主义偏见,谁就不会不把资本主义的民族同化过程看作极其伟大的历史进步,看作对各个偏僻角落的民族保守状态的破坏"③。

第二,民族分离与民族融合的统一,民族分离向民族融合的转化。在列宁看来,"民族分为压迫民族和被压迫民族"是"帝国主义时代基本的、最本质的和必然的现象"④。为了反对帝国主义的民族压迫,解放"被压迫民族",马

---

① 中共中央马克思恩格斯列宁斯大林著作编译局. 列宁选集:第2卷[M]. 北京:人民出版社,2012:336-337.
② 中共中央马克思恩格斯列宁斯大林著作编译局. 列宁选集:第2卷[M]. 北京:人民出版社,2012:339-341.
③ 中共中央马克思恩格斯列宁斯大林著作编译局. 列宁选集:第2卷[M]. 北京:人民出版社,2012:342.
④ 中共中央马克思恩格斯列宁斯大林著作编译局. 列宁选集:第2卷[M]. 北京:人民出版社,2012:565.

克思主义者"不仅要一般地承认各民族完全平等，而且要承认建立国家方面的平等，即承认民族自决权，民族分离权"①。

但与此同时，列宁又强调，"民族要求"必须"服从阶级斗争的利益"②，马克思主义者必须"从工人的阶级斗争着眼来估计一切民族要求，一切民族的分离"③。而"在其他条件相同的情况下"，无产阶级反对资产阶级的斗争只有在"更大的国家"和"各个大地域在经济上尽可能达到紧密的团结"的条件下，"才能广泛地开展起来"④。因此，马克思主义者"把各民族无产者之间的联合看得高于一切，提得高于一切"⑤，并致力于"使各无产阶级组织极紧密地结成一个跨民族的共同体"⑥。可见，正如斯坦利·W. 佩奇教授所正确指出的，列宁在论述"分离权"的时候，其重点却完全在于"统一"⑦。

用列宁自己的话来说就是，维护"民族分离"这种权利"不但不会鼓励形成小国家，相反，这会促使更自由更大胆因而更广泛更普遍地形成更有利于群众和更适合经济发展的大国家和国家联盟"⑧。承认民族分离权不会增加"国家瓦解"的危险，"恰恰相反，承认分离权就会减少'国家瓦解'的危险"⑨。因此，"民族分离"与"民族的接近和融合"之间"没有而且也不可

---

① 中共中央马克思恩格斯列宁斯大林著作编译局. 列宁选集：第2卷 [M]. 北京：人民出版社，2012：401.
② 中共中央马克思恩格斯列宁斯大林著作编译局. 列宁选集：第2卷 [M]. 北京：人民出版社，2012：384.
③ 中共中央马克思恩格斯列宁斯大林著作编译局. 列宁选集：第2卷 [M]. 北京：人民出版社，2012：385.
④ 中共中央马克思恩格斯列宁斯大林著作编译局. 列宁选集：第2卷 [M]. 北京：人民出版社，2012：358.
⑤ 中共中央马克思恩格斯列宁斯大林著作编译局. 列宁选集：第2卷 [M]. 北京：人民出版社，2012：385.
⑥ 中共中央马克思恩格斯列宁斯大林著作编译局. 列宁选集：第2卷 [M]. 北京：人民出版社，2012：401.
⑦ STANLEY W. PAGE. Lenin and Self-Determination [J]. The Slavonic and East European Review, 1950, 28 (71)：342-358.
⑧ 中共中央马克思恩格斯列宁斯大林著作编译局. 列宁选集：第2卷 [M]. 北京：人民出版社，2012：528.
⑨ 中共中央马克思恩格斯列宁斯大林著作编译局. 列宁选集：第2卷 [M]. 北京：人民出版社，2012：395.

能有任何'矛盾'"①。也正因为民族分离与民族融合是对立统一的,民族分离必然向民族融合转化,"马克思主义教给工人的民族纲领"才是"各民族完全平等,各民族享有自决权"与"各民族工人打成一片"②的对立统一。

第三,民族自决与社会主义的统一,民族自决向社会主义的转化。列宁明确反对"玩弄法律上的意义,'杜撰'抽象的定义",并基于民族运动的历史—经济条件,对"民族自决权"进行了明确的界定:"所谓民族自决权,就是民族脱离异族集合体的国家分离,就是成立独立的民族国家。"③

然而,列宁又进一步指出,马克思主义者"完全承认"被压迫民族"民族运动的历史合理性",但是,"应该极严格地仅限于承认这些运动中的进步东西",即"反对一切民族压迫,为争取人民主权、争取民族主权而斗争",而"不能超出这项任务去支持民族主义",并"把这种承认变成替民族主义辩护"。"在被压迫民族的资产阶级反对压迫民族这一点上",马克思主义者"在任何时候、任何场合都加以支持,而且比任何人都更坚决",但是,"当被压迫民族的资产阶级极力主张自己的资产阶级民族主义时",马克思主义者"就要反对"④。总而言之,"马克思主义同民族主义是不能调和的,即使它是最'公正的''纯洁的'、精致的和文明的民族主义"⑤。这充分说明,在列宁那里,民族主义并不是民族自决的同一,民族自决也不能转化为民族主义。

其实,从上述资本主义在民族问题上所具有的"两种趋势"来看,"民族自决"只是与资本主义发展的"第一种趋势"相适应的"民族运动",只是实现"民族解放"的第一步。更何况,资本主义还会从民族解放者转化为民族压迫者。因此,只有顺应资本主义发展的"第二种趋势",促进社会主义的实现,

---

① 中共中央马克思恩格斯列宁斯大林著作编译局. 列宁选集:第2卷[M]. 北京:人民出版社,2012:775.
② 中共中央马克思恩格斯列宁斯大林著作编译局. 列宁选集:第2卷[M]. 北京:人民出版社,2012:401.
③ 中共中央马克思恩格斯列宁斯大林著作编译局. 列宁选集:第2卷[M]. 北京:人民出版社,2012:371.
④ 中共中央马克思恩格斯列宁斯大林著作编译局. 列宁选集:第2卷[M]. 北京:人民出版社,2012:347,385.
⑤ 中共中央马克思恩格斯列宁斯大林著作编译局. 列宁选集:第2卷[M]. 北京:人民出版社,2012:346.

"民族解放"才能真正成为现实。可见,在列宁那里,民族自决与社会主义才是对立统一的,社会主义才是民族自决向其转化的对立面。难怪安德森教授会说,列宁是"站在世界革命运动和全球帝国主义的高度上"来探讨民族自决问题的,"民族解放运动"在一定的条件下会"成为通向社会主义的道路"[①]。

正因此,列宁才会说,"帝国主义是少数'大'国不断加紧压迫全世界各民族的时代,因此,不承认民族自决权,就不可能为反帝的国际社会主义革命而斗争";"无产阶级如果容许'本'民族对其他民族采取一点点暴力行为,它就不成为社会主义的无产阶级"[②]。

三、帝国主义与社会主义

如前所述,列宁已经表明,"垄断是从资本主义到更高级的制度的过渡"[③],资本主义必然转化为后资本主义。换句话说,作为资本主义最高阶段的帝国主义必然转化为后资本主义。那么,这种"后资本主义"究竟是一种什么样的社会形态呢?

列宁首先对考茨基的"超帝国主义"之真实蕴意进行了分析。列宁认为,考茨基提出"自由贸易"—"垄断和帝国主义"—"超帝国主义"和"自由贸易"这样的"辩证法",只不过是"在规劝资本家转向和平的民主"。他把这个"超帝国主义"说得"天花乱坠",也只不过是"在安慰被压迫的群众",尽管他本人"甚至还不敢说这个东西能否'实现'",因此,考茨基实际上成了一位"不折不扣的牧师"。正如费尔巴哈所说,"谁要是安慰奴隶,而不去发动他们起来反对奴隶制,谁就是在为奴隶主帮忙"。所以,考茨基实质上只

---

① 凯文·安德森. 列宁、黑格尔和西方马克思主义:一种批判性研究 [M]. 南京:南京大学出版社,2012:181.
② 中共中央马克思恩格斯列宁斯大林著作编译局. 列宁选集:第2卷 [M]. 北京:人民出版社,2012:528.
③ 中共中央马克思恩格斯列宁斯大林著作编译局. 列宁选集:第2卷 [M]. 北京:人民出版社,2012:650.

不过是在帮资产阶级这一"统治阶级"行使"牧师的职能"①。这是其一。其二，如果说可以把"金融家放弃扩张军备以及他们彼此间达成'持久和平的'协议"叫作"超帝国主义"的话，那么，布里根杜马"只能作为沙皇属下的咨议性机构讨论某些问题"却"无权通过任何法律"，而且"只有地主、资本家和农民户主有选举权"的立法咨议制度②，也就可以叫作"超专制制度"了。③

列宁通过"语义和语境分析"，揭示了考茨基超帝国主义论的实质和荒谬，并充分表明，超帝国主义并不能构成帝国主义的对立面，帝国主义不可能转化为超帝国主义。所以，"后资本主义"的社会形态不可能是"超帝国主义"。

列宁继而证明，第一，伴随着帝国主义的产生和发展，社会主义已经产生和发展起来。这是因为，"从资本主义中成长起来的垄断"和"帝国主义造成的大规模的劳动社会化"都"已经是资本主义的垂死状态，是它向社会主义过渡的开始"④。在帝国主义这个最新资本主义的基础上前进一步的每项重大措施中，社会主义都"已经直接地、实际地显现出来了"⑤。"社会主义无非是变得有利于全体人民的国家资本主义垄断，就这一点来说，国家资本主义垄断也就不再是资本主义垄断"⑥，而是社会主义了。

第二，伴随着帝国主义的终结，社会主义将取而代之。这是因为，一方面，在资本主义的帝国主义阶段，"在各先进国家里，资本的发展超出了民族国家的范围，用垄断代替了竞争，从而创造了能够实现社会主义的一切客观前

---

① 中共中央马克思恩格斯列宁斯大林著作编译局. 列宁选集：第2卷 [M]. 北京：人民出版社，2012：478.
② 中共中央马克思恩格斯列宁斯大林著作编译局. 列宁选集：第2卷 [M]. 北京：人民出版社，2012：820-821.
③ 中共中央马克思恩格斯列宁斯大林著作编译局. 列宁选集：第2卷 [M]. 北京：人民出版社，2012：479.
④ 中共中央马克思恩格斯列宁斯大林著作编译局. 列宁选集：第2卷 [M]. 北京：人民出版社，2012：706.
⑤ 中共中央马克思恩格斯列宁斯大林著作编译局. 列宁选集：第3卷 [M]. 北京：人民出版社，2012：267.
⑥ 中共中央马克思恩格斯列宁斯大林著作编译局. 列宁选集：第3卷 [M]. 北京：人民出版社，2012：265.

提"①，尤其是"国家垄断资本主义"的形成和发展更是为社会主义做了"最充分的物质准备"②；另一方面，"帝国主义阶段的资本主义紧紧接近最全面的生产社会化，它不顾资本家的愿望与意识，可以说是把他们拖进一种从完全的竞争自由向完全的社会化过渡的新的社会秩序"，然而，虽然"生产社会化了"，但"占有仍然是私人的"，以至于"社会化的生产资料仍旧是少数人的私有财产"，而且，"少数垄断者对其余居民的压迫却更加百倍地沉重、显著和令人难以忍受"③。这两方面决定了社会主义取代资本主义帝国主义的"可能性"和"必要性"。这种"可能性"和"必要性"又决定了帝国主义"国家垄断资本主义"是"社会主义的前阶，是历史阶梯上的一级，在这一级和叫作社会主义的那一级之间，没有任何中间级"④。

由此可见，列宁通过对国家资本主义垄断及其与社会主义之间关系的"语义和逻辑分析"，从"帝国主义的形成和发展过程本身就是社会主义的产生和发展过程"与"帝国主义的终结与社会主义的出现是前后相继的"这两种意义上⑤，阐述了帝国主义向社会主义的过渡，并以此论证了帝国主义与社会主义的对立统一，以及帝国主义向社会主义的转化，并清楚地表明，"后资本主义"的社会形态只能是"社会主义"。

四、结语：一种辩证分析

综上所述，列宁在研究帝国主义的过程中，既运用了分析方法，又运用了

---

① 中共中央马克思恩格斯列宁斯大林著作编译局. 列宁选集：第2卷 [M]. 北京：人民出版社，2012：561.
② 中共中央马克思恩格斯列宁斯大林著作编译局. 列宁选集：第3卷 [M]. 北京：人民出版社，2012：266.
③ 中共中央马克思恩格斯列宁斯大林著作编译局. 列宁选集：第2卷 [M]. 北京：人民出版社，2012：593.
④ 中共中央马克思恩格斯列宁斯大林著作编译局. 列宁选集：第3卷 [M]. 北京：人民出版社，2012：266.
⑤ 田世锭. 帝国主义是资本主义的最高阶段吗？——基于列宁相关文本的分析 [J]. 学习与探索，2013（5）：18-22.

辩证方法。正是基于对帝国主义、垄断、金融资本、垂死和过渡等概念的"语义分析",列宁才得以论证帝国主义的产生和发展实现了自由竞争向垄断的转化、民族解放者向民族压迫者的转化、资本主义的发展向帝国主义的腐朽的转化、资本主义向后资本主义的转化,从而揭示了帝国主义的本质。正是基于对民族文化、民族同化、民族主义、民族分离和民族自决的"语义分析",对民族主义与国际主义、民族分离与民族融合、民族自决与社会主义等关系的"逻辑分析",列宁才得以揭示民族主义向国际主义的转化、民族分离向民族融合的转化、民族自决向社会主义的转化,从而论证了帝国主义向民族解放的转化。正是基于对考茨基超帝国主义的"语义和语境分析",列宁才得以表明,帝国主义不可能转化为超帝国主义;正是基于对国家资本主义垄断及其与社会主义之间关系的"语义和逻辑分析",列宁才得以揭示和论证帝国主义向社会主义的转化。总体而言,正是这种综合运用了辩证方法和分析方法的"辩证分析",使列宁的帝国主义理论达到了"表述的精确和论证的严密"。因此,列宁帝国主义理论的方法论证明,分析方法与辩证方法并不是像分析马克思主义和辩证马克思主义所主张的那样是相互对立的,而是相互兼容的,甚至可以说,分析方法与辩证方法本身也处在内在关系之中。

结　语

本书以马克思主义哲学基本原理与国外马克思主义哲学为主要论域，立足于对相关经典文本的解读来把握和评论相关思想者的思想。以理论问题研究与人物思想研究、一般研究与个别研究相结合的方式，力求在反思和评论有关代表性思想者的学术观点基础上，厘清马克思主义社会哲学的理论问题、深化对马克思主义社会哲学的一般研究。从社会发展论、社会自然关系论、社会主体论、社会规范论和社会研究方法论等方面，对马克思主义社会哲学进行了较为系统的思考和研究。

《社会发展论》反思英国马克思主义哲学家肖恩·塞耶斯的历史主义异化批判及其内在困境，论证资本主义异化批判的正当性和可能性。批判存在主义马克思主义哲学家亨利·列菲弗尔等人的种种质疑，论证列宁关于帝国主义是资本主义最高阶段的结论。基于列宁的论述，论证社会主义是一种庄严信念的四重内涵；基于当今北方资本掠夺南方劳动的全球化时代特征，论证马克思资本主义批判的世界视域与落后国家的解放之路。《社会发展论》在总体上呈现马克思主义社会哲学视域中以资本主义与社会主义之内在关系为核心的人类社会发展的历程及其内在规律。

《社会—自然关系论》反思法兰克福学派重要代表 A. 施密特等人的马克思恩格斯自然观对立论，论证马克思恩格斯自然概念之外在自然与人化自然的双重意涵及其现实意义；反思西方环境正义论，并基于生态马克思主义者戴维·佩珀的环境正义观，论证环境正义本质上就是社会正义，无论自然遭到了如何的损害，都只是人与人之间不正义关系的延伸和表现。《社会—自然关系论》深刻揭示了马克思主义社会哲学视域中社会与自然的内在关系。

《社会主体论》反思分析马克思主义者埃里克·欧林·赖特矛盾的阶级定位论之消解与反证无产阶级阶级意识重要性的二重性，论证依靠马克思主义辩证法激发发达资本主义社会中无产阶级阶级意识的重要性和紧迫性。基于当代发达资本主义社会依然严重的精神奴役，论证法兰克福批判理论学派的重要代表赫伯特·马尔库塞的审美解放论对于创造实现从资本主义向社会主义过渡之主观条件的重要价值和意义；基于当今发达资本主义社会女性受压迫的问题以及南希·哈索克和马撒·E.吉梅内斯的女权马克思主义的女性解放论，论证女性解放的可能性。《社会主体论》深刻揭示了变革当代发达资本主义社会、实现社会主义的主体性困境及其克服路径。

　　《社会规范论》基于分析马克思主义者史蒂文·卢克斯对法权道德与解放道德的区分，以及马克思、恩格斯和列宁的道德观论证历史性的道德原则，表明正是历史性的道德原则而不是历史主义的道德原则，使基于无产阶级的道德来批判和否定资产阶级的道德，并基于无产阶级利益和社会主义的角度对资本主义予以道德批判具有合理性和正当性，也使资本主义道德批判不能只是一种道德批判，而是要消除不道德的资本主义本身。反思和批判分析马克思主义者艾伦·伍德的马克思反道德论，论证所谓反道德的马克思只是伍德将资产阶级正义观绝对化、永恒化甚至神圣化而产生的幻觉。《社会规范论》深刻揭示了马克思主义社会哲学视域中评判社会发展进程，尤其是批判资本主义和论证社会主义的道德正当性和可能性。

　　《社会研究方法论》论证马克思抽象与具体的辩证法应是具体—抽象—具体的方法，是从具体上升到抽象与从抽象上升到具体的内在统一；论证奥尔曼的内在关系辩证法是以促使人们掌握和运用辩证方法来改变世界为根本目的，以分析资本主义、揭示资本主义运行规律为主题，由辩证哲学、辩证方法和辩证实践构成的一个关系整体。论证正是综合运用辩证方法和分析方法的辩证分析，使列宁得以揭示帝国主义的本质，论证帝国主义向民族解放的转化，并揭示和论证帝国主义向社会主义的转化，也正是这种辩证分析使列宁的帝国主义论达到表述的精确和论证的严密。《社会研究方法论》不仅体现马克思主义社会哲学研究和揭示人类社会发展历程及其内在规律的一般方法，更是彰显研究和揭示资本主义与社会主义之内在关系及其演进规律的具体方法。

从总体上看，《社会发展论》揭示以资本主义与社会主义之内在关系为核心的人类社会发展的历程及其内在规律，而《社会—自然关系论》揭示社会与自然的内在关系并表明自然问题其实只是社会问题。根据马克思主义社会哲学，人类社会发展的内在规律内含着客观规律性与主观能动性、历史必然性与主体选择性，人类社会发展的历程是主观与客观、主体与客体相互作用的结果。《社会主体论》正是基于资本主义与社会主义之内在关系及其演进规律，揭示变革当代发达资本主义社会、实现社会主义的主体性困境及其克服路径。同时，既然人类社会发展的历程是主观与客观、主体与客体相互作用的结果，这种结果就不只是具有历史必然性，而且应该具有道德正当性。那么，这种道德正当性的依据是什么？更具体地说，无产阶级批判资本主义、论证社会主义的道德正当性和可能性的依据是什么呢？这便是《社会规范论》的论题和解答。另一方面，无论是认识人类社会发展的历程及其内在规律，理解社会与自然的内在关系，还是认识客观规律性与主观能动性、历史必然性与主体选择性的内在关系，理解主观与客观、主体与客体的相互作用，抑或是认识道德原则的历史性，理解历史必然性与道德正当性之间的内在关系，无不需要理解、把握和运用《社会研究方法论》所揭示的抽象与具体的辩证法、内在关系辩证法和综合运用辩证方法和分析方法的辩证分析。

由此可见，《社会发展论》《社会—自然关系论》《社会主体论》《社会规范论》和《社会研究方法论》也处在内在关系之中，具有内在的逻辑关联，从而形成对马克思主义社会哲学较为系统的研究。也正是在这种意义上，我们说社会发展论、社会—自然关系论、社会主体论、社会规范论和社会研究方法论，构成具有内在逻辑关联的马克思主义社会哲学之理论整体。概而言之，马克思主义社会哲学是由"社会发展论—社会—自然关系论—社会主体论—社会规范论—社会研究方法论"所构成的内在关系整体。

当然，本书的结语其实也只是一种并非结语的结语。因为，马克思主义社会哲学博大精深，即便于我们已经从社会发展论、社会—自然关系论、社会主体论、社会规范论和社会研究方法论等方面对马克思主义社会哲学进行了较为系统的思考和研究，对于马克思主义社会哲学本身的研究而言，或许仍然只是初步的。一是社会发展论、社会—自然关系论、社会主体论、社会规范论和社会研究方法论并不是马克思主义社会哲学的全部；二是本书所论证的由"社会发展论—社会—自然关系论—社会主体论—社会规范论—社会研究方法论"所构成的内在关系整体，或许也只是一管之见；三是即使是对于社会发展论、社会—自然关系论、社会主体论、社会规范论和社会研究方法论的探讨，也依然是富有争议的。我们将始终走在马克思主义社会哲学的学习和研究之路上，也敬请学术界的师长和同仁批评指正。

附　录

有机马克思主义是"新形式的马克思主义"吗?

有机马克思主义者[①]以一种众人皆睡我独醒的气势提出要"建构一种新式的马克思主义"[②]，创造一种"地球上的新事物"[③]。这种思潮在国内学术界曾经产生过不小的影响，而且迄今仍然没有完全消失。还有学者尤其是青年学者在论述所谓有机马克思主义的启示。因此，分析和论证有机马克思主义者是否果真建构了一种"新形式的马克思主义"，对于把握本真意义的马克思主义社会哲学具有非常重要的意义。

一

有机马克思主义者声称，为了构建"新形式的马克思主义"，他们对"经典马克思主义"进行了"必要的修正与更新"，并以此"重建"了马克思主义[④]。那么，他们是如何修正、更新和重建马克思主义的呢？

[①] 被国内学术界视为有机马克思主义者的主要有小约翰·柯布，以及《有机马克思主义》的作者菲利普·克莱顿和贾斯廷·海因泽克等。而根据世界著名马克思主义理论家、美国纽约大学奥尔曼教授的看法，在西方马克思主义学界并不存在有机马克思主义者和有机马克思主义学派（这是奥尔曼教授在给笔者的电子邮件中针对笔者的提问所给予的答复）。
[②] 菲利普·克莱顿，贾斯廷·海因泽克. 有机马克思主义［M］. 孟献丽，于桂凤，张丽霞，译. 北京：人民出版社，2015：14.
[③] 约翰·柯布. 论有机马克思主义［J］. 陈伟功，译. 马克思主义与现实，2015（1）.
[④] 菲利普·克莱顿，贾斯廷·海因泽克. 有机马克思主义［M］. 孟献丽，于桂凤，张丽霞，译. 北京：人民出版社，2015：6，11.

<<< 附录 有机马克思主义是"新形式的马克思主义"吗？

首先，从其对马克思主义的修正来看。有机马克思主义者之所以要修正经典马克思主义，是因为，在他们看来，经典马克思主义属于历史决定论；而经典马克思主义之所以属于历史决定论，是因为它是现代社会的产物，是现代主义的马克思主义，正是"马克思的现代主义假设"使其"不加修改地接受了黑格尔的决定论历史观"①。区别仅在于，"在黑格尔成为彻底的唯心主义者的地方，马克思成为一个彻底的唯物主义者"，在马克思那里，"思想与意识形态仅仅是'上层建筑'，对历史不会产生真正的影响，生产和资本的辩证历史运动才是人类历史发展的真正的决定性影响"②。

事实上，在有机马克思主义者看来，属于历史决定论的绝不只是经典马克思主义，在有机马克思主义得以建构之前所有形态的马克思主义都属于历史决定论。他们说得非常清楚："马克思主义、社会主义、欧洲和俄罗斯共产主义"都属于"现代性思想和运动"③；"毋庸置疑，源自欧洲、影响中国甚深的马克思主义思想，试图将全部社会还原为诸如资本和生产工具的基本力量"④。

在有机马克思主义者看来，唯有他们才清楚地认识到，"在当代科学范式中，有机论正在替代机械论。马克思主义需要立足于当代的后现代科学，而不是立足于一种过时的现代科学"⑤；"从21世纪的社会经济现实出发，发展一种后现代主义的（后工业的、后决定论的、文化嵌入式的）马克思主义，是非常重要的"⑥。正因此，他们才"呼吁'有机马克思主义'"⑦ 这样一种"后

---

① 菲利普·克莱顿，贾斯廷·海因泽克. 有机马克思主义[M]. 孟献丽，于桂凤，张丽霞，译. 北京：人民出版社，2015：60-61.
② 菲利普·克莱顿，贾斯廷·海因泽克. 有机马克思主义[M]. 孟献丽，于桂凤，张丽霞，译. 北京：人民出版社，2015：66.
③ 菲利普·克莱顿，贾斯廷·海因泽克. 有机马克思主义[M]. 孟献丽，于桂凤，张丽霞，译. 北京：人民出版社，2015：148.
④ 菲利普·克莱顿，贾斯廷·海因泽克. 有机马克思主义[M]. 孟献丽，于桂凤，张丽霞，译. 北京：人民出版社，2015："中译本序"5.
⑤ 菲利普·克莱顿，贾斯廷·海因泽克. 有机马克思主义[M]. 孟献丽，于桂凤，张丽霞，译. 北京：人民出版社，2015："序言"2.
⑥ 菲利普·克莱顿，贾斯廷·海因泽克. 有机马克思主义[M]. 孟献丽，于桂凤，张丽霞，译. 北京：人民出版社，2015：63.
⑦ 菲利普·克莱顿，贾斯廷·海因泽克. 有机马克思主义[M]. 孟献丽，于桂凤，张丽霞，译. 北京：人民出版社，2015："序言"2.

现代视域中的马克思主义"①。可见，有机马克思主义者本身是按照其反复批评的现代性"非此即彼的思维"②来界划马克思主义理论的：所有以前的马克思主义都是现代的、决定论的马克思主义；唯有有机马克思主义才是后现代的、非决定论的马克思主义。

为了维持这种判断与界划，有机马克思主义者在显然清楚恩格斯"根据唯物史观，历史过程中的决定性因素归根到底是现实生活的生产和再生产。无论马克思或我都从来没有肯定过比这更多的东西。如果有人在这里加以歪曲，说经济因素是唯一决定性的因素，那么他就是把这个命题变成毫无内容的、抽象的、荒诞无稽的空话。经济状况是基础，但是对历史斗争的进程发生影响并且在许多情况下主要是决定着这一斗争的形式的，还有上层建筑的各种因素：……宪法等……政治的、法律的和哲学的理论，宗教的观点……这里表现出这一切因素间的相互作用"③这种论断的情况下，在明知生态马克思主义者福斯特"详细地阐释了马克思的非还原主义的唯物主义"④的条件下，仍然坚持将历史决定论的标签贴在非"有机马克思主义"的身上，并不顾卢卡奇基于总体性辩证法的历史与阶级意识理论、葛兰西的文化领导权理论、马尔库塞的单向度理论、阿尔都塞的意识形态国家机器理论等反思和批判第二国际机械唯物主义的经典西方马克思主义理论，以及当代英美分析马克思主义对社会主义进行道德论证的政治哲学理论等，以一竹竿打翻一船人的气势，将所有马克思主义置于"现代主义假设"的船上一并推翻。

至少，有机马克思主义者将历史决定论的标签贴在所有形态的马克思主义身上，并以此为据要对马克思主义予以修正，这是对马克思主义的严重误解。

其次，从其对马克思主义的更新来看。综观有机马克思主义者的论述，他

---

① 菲利普·克莱顿，贾斯廷·海因泽克. 有机马克思主义 [M]. 孟献丽，于桂凤，张丽霞，译. 北京：人民出版社，2015：16.
② 菲利普·克莱顿，贾斯廷·海因泽克. 有机马克思主义 [M]. 孟献丽，于桂凤，张丽霞，译. 北京：人民出版社，2015：154.
③ 中共中央马克思恩格斯列宁斯大林著作编译局. 马克思恩格斯选集：第4卷 [M]. 北京：人民出版社，2012：604.
④ 菲利普·克莱顿，贾斯廷·海因泽克. 有机马克思主义 [M]. 孟献丽，于桂凤，张丽霞，译. 北京：人民出版社，2015：196.

们对马克思主义的更新主要体现在以下几方面。一是对资本主义本质的揭示与批判。有机马克思主义者指出,"资本主义是指这样一个经济体系,其中最核心的价值目标是财富创造和增殖";"资本主义是一种以资本积累——创造和增加财富为核心驱动力的经济和社会制度"[①]。我们不得不说,这种观点至少对马克思主义者而言已经是一种常识。可是,有机马克思主义者却自我评价称他们"对资本主义的批判,不是简单针对它运作的一些方式,而是抓住资本主义最根本的性质和目的。资本主义已无法通过改革得以挽救。……这种批判,建立在马克思的思想之上"[②]。即便此种评价是准确的,它也意在标示一个本身并不准确的判断,那就是,在认识当代资本主义生态危机和生态灾难的问题上,只有有机马克思主义基于马克思的思想,揭示和批判了资本主义的本质和目的,而其他形态的马克思主义只不过停留在对资本主义现象的批判上。但很显然,事实并非如此。且不说他人,有机马克思主义者深受其"教益和启发"[③] 的生态马克思主义者福斯特早就指出,导致目前全球生态危机的主要历史根源是"资本与自然之间的致命冲突",生态危机的原因"是历史的生产方式,特别是资本主义的制度"[④]。

二是过程和关系思想。有机马克思主义者认为,唯有"过程哲学"方能"帮助现代马克思主义转变为有机马克思主义",因此,"过程哲学"是马克思主义亟须"借鉴的决定性理论资源"[⑤]。而这种"过程哲学"也就是"有机哲学",它主要有三层含义——相互联系、不断变化的过程和整体论[⑥]。他们非

[①] 菲利普·克莱顿,贾斯廷·海因泽克. 有机马克思主义 [M]. 孟献丽,于桂凤,张丽霞,译. 北京:人民出版社,2015:18,38.
[②] 菲利普·克莱顿,贾斯廷·海因泽克. 有机马克思主义 [M]. 孟献丽,于桂凤,张丽霞,译. 北京:人民出版社,2015:"序言" 1.
[③] 菲利普·克莱顿,贾斯廷·海因泽克. 有机马克思主义 [M]. 孟献丽,于桂凤,张丽霞,译. 北京:人民出版社,2015:"前言和致谢" 18.
[④] 约翰·贝拉米·福斯特. 生态危机与资本主义 [M]. 耿建新,宋兴无,译. 上海:上海译文出版社,2006:75,68.
[⑤] 菲利普·克莱顿,贾斯廷·海因泽克. 有机马克思主义 [M]. 孟献丽,于桂凤,张丽霞,译. 北京:人民出版社,2015:171,14.
[⑥] 菲利普·克莱顿,贾斯廷·海因泽克. 有机马克思主义 [M]. 孟献丽,于桂凤,张丽霞,译. 北京:人民出版社,2015:212.

常自豪地写道:"据我们所知",我们的《有机马克思主义》"是第一本从过程思想角度研究马克思主义的著作"①。而为了凸显其"第一"的理论地位,他们仅仅将其"在恩格斯的著作中也发现了"的关于"黑格尔第一次——这是他的伟大功绩——把整个自然的、历史的和精神的世界描写为一个过程"② 的观点,作为一件"有趣的"的事情而一笔带过。③

其实,且不说马克思和恩格斯本人,当代英美辩证马克思主义者奥尔曼早在40年前就基于过程和关系的思想研究了马克思主义。他的《异化:马克思关于资本主义社会中的人的理论》④ 和《辩证法的舞蹈——马克思方法的步骤》⑤ 等著作,都是这方面的典范之作。⑥ 奥尔曼论证道,马克思正是以这种"过程"观和"关系"观来研究人类社会尤其是资本主义的。⑦ 对有机马克思主义者所倚重的怀特海,奥尔曼也给予了很高的评价,但他非常明确地指出,怀特海是"远离马克思主义传统"的"非马克思主义思想家"⑧。

---

① 菲利普·克莱顿,贾斯廷·海因泽克. 有机马克思主义 [M]. 孟献丽,于桂凤,张丽霞,译. 北京:人民出版社,2015:14.
② 中共中央马克思恩格斯列宁斯大林著作编译局. 马克思恩格斯选集:第3卷 [M]. 北京:人民出版社,2012:398.
③ 菲利普·克莱顿,贾斯廷·海因泽克. 有机马克思主义 [M]. 孟献丽,于桂凤,张丽霞,译. 北京:人民出版社,2015:71.
④ OLLMAN B. Alienation:Marx's Conception of Man in Capitalist Society [M]. 2d ed, New York, Cambridge University Press, 1976.(伯特尔·奥尔曼. 异化:马克思论资本主义社会中人的概念 [M]. 王贵贤,译. 北京:北京师范大学出版社,2011)
⑤ OLLMAN B. Dance of the Dialectic—Steps in Marx's Method [M]. Urbana and Chicago, University of Illinois Press, 2003.(伯特尔·奥尔曼. 辩证法的舞蹈——马克思方法的步骤 [M]. 田世锭,何霜梅,译. 北京:高等教育出版社,2006)
⑥ 实际上,同样作为辩证马克思主义者的哈维也论述过过程和关系思想,并且是基于这种思想来研究马克思主义的 [可参见 HARVEY D. Justice, Nature and the Geography of Difference, Oxford:Blackwell, 1996.(戴维·哈维. 正义、自然和差异地理学 [M]. 胡大平,译. 上海:上海人民出版社,2010)]. 不过,或许也是为了凸显其自身"第一"的理论地位,有机马克思主义者在评述哈维的思想时,对哈维的这部著作及相关思想也是只字未提(参见菲利普·克莱顿,贾斯廷·海因泽克. 有机马克思主义 [M]. 孟献丽,于桂凤,张丽霞,译. 北京:人民出版社,2015:99-105)。
⑦ 伯特尔·奥尔曼. 辩证法的舞蹈——马克思方法的步骤 [M]. 田世锭,何霜梅,译. 北京:高等教育出版社,2006:7.
⑧ 伯特尔·奥尔曼. 辩证法的舞蹈——马克思方法的步骤 [M]. 田世锭,何霜梅,译. 北京:高等教育出版社,2006:58,15.

<<< 附录 有机马克思主义是"新形式的马克思主义"吗?

三是生态思维。有机马克思主义者指出:"只关注人类自身是现代欧洲思想的主要病症。……笛卡尔声称动物只是机器。这种'人类例外论'哲学主张,必须按照人类与其他生物相分离的原则来分析人类自身。这种观点自提出以后,统治了欧洲哲学几个世纪"①,"截至目前,几乎所有的社会思想都认同人与自然相对立的形而上学二元论"②,而"后现代马克思主义者反对这种立场"③。他们还说:"马克思主义与生态思维的结合为政治理论和人类政策制定指出了最有希望的方向",而"马克思主义与生态世界观的日益结合"即是其"聚焦的有机马克思主义"④。

可见,有机马克思主义者的观点非常鲜明:一切以前的马克思主义,都只是现代欧洲的产物,是依然囿于人与自然相对立之形而上学二元论的现代马克思主义,因此都没有生态思维或生态世界观。唯有作为后现代马克思主义的有机马克思主义方才超越了这种二元对立,并因而具备生态思维或生态世界观。因此,他们告诫道:千万"不能把有机马克思主义等同于现代性马克思主义",只有有机马克思主义才"提出了一种生态文明的新视野",并能够成为"新生态文明的基石"和帮助人们"到达成功彼岸的最好渡船"⑤。

那么,有机马克思主义者所说的生态思维究竟是一种什么样的思维呢?他们写道:"依据生态思维,现实是相互关联的事件而不是由单独、孤立的物质构成";"在生态思维中,生物都是由它们之间以及生态系统和社会系统的相互关系组成"。⑥ 原来,他们所说的生态思维本质上还是上面所论述的"关系"

---

① 菲利普·克莱顿,贾斯廷·海因泽克. 有机马克思主义[M]. 孟献丽,于桂凤,张丽霞,译. 北京:人民出版社,2015:68.
② 约翰·柯布. 有机马克思主义与有机哲学[J]. 吕夏颖,等译. 黄铭,校. 江海学刊,2016(2).
③ 菲利普·克莱顿,贾斯廷·海因泽克. 有机马克思主义[M]. 孟献丽,于桂凤,张丽霞,译. 北京:人民出版社,2015:68.
④ 菲利普·克莱顿,贾斯廷·海因泽克. 有机马克思主义[M]. 孟献丽,于桂凤,张丽霞,译. 北京:人民出版社,2015:12,14.
⑤ 菲利普·克莱顿,贾斯廷·海因泽克. 有机马克思主义[M]. 孟献丽,于桂凤,张丽霞,译. 北京:人民出版社,2015:"中译本序"7,10.
⑥ 菲利普·克莱顿,贾斯廷·海因泽克. 有机马克思主义[M]. 孟献丽,于桂凤,张丽霞,译. 北京:人民出版社,2015:215,216.

观。只不过，为了思考生态危机、生态灾难、生态文明等问题，而具体到了生物之间、生态系统与社会系统之间的关系罢了。

于是，我们不能不感到奇怪：既然马克思已经论述过"人是自然界的一部分"①，辩证马克思主义者哈维已经论述过"环境是一个有机的、系统的或辩证的结构整体"②，生态马克思主义者福斯特已经"进行了重要的研究，并证明了马克思的著作中具有生态思想"③，那么，为什么有机马克思主义者要置之不顾，而仍然坚持认为马克思主义没有生态思维呢？

四是文化嵌入观。有机马克思主义者指出："根据现代主义的欧洲人的假设，只有那种具有最大普适性的理论——适合于任何时空的理论，才称得上是真正的理论。但是，正如建设性后现代主义所表明的那样……理论也产生、存在和发展于特定的语境中。就我们这个时代而言，真正有用的马克思主义将是后现代主义的马克思主义。这意味着，只有适应特定的时空条件（某一民族、某一文化、某一语言与历史、某些特定人群的特定需求）时，这种马克思主义才会存在。……我们所要捍卫的是那种文化嵌入式的马克思主义：当它被运用于不同的政治与经济语境时，其核心理念会采取不同的表现形式"④；"拒斥现代主义，就是要开创一种独具特色的后现代主义的马克思主义分析，这种分析力图借鉴文化动力学的研究，实现社会变革。在这里，马克思主义原理和文化研究结合在一起。文化研究揭示了文化差异对政策决定的巨大影响……将马克思主义深刻的社会经济见解应用于不同的文化'生态系统'，需要非常好的文化敏感性。当马克思主义理论被应用于西欧、拉丁美洲、俄罗斯、中国及其他地区时，它面对的是截然不同的文化世界。……有机马克思主义是从这些最新见解中发展起来的。我们保留了马克思社会经济分析的核心原则，但破除了在19世纪主导

---

① 中共中央马克思恩格斯列宁斯大林著作编译局. 马克思恩格斯文集：第1卷 [M]. 北京：人民出版社，2009：161.
② 约翰·贝拉米·福斯特. 生态危机与资本主义 [M]. 耿建新，宋兴无，译. 上海：上海译文出版社，2006：51.
③ 菲利普·克莱顿，贾斯廷·海因泽克. 有机马克思主义 [M]. 孟献丽，于桂凤，张丽霞，译. 北京：人民出版社，2015：194.
④ 菲利普·克莱顿，贾斯廷·海因泽克. 有机马克思主义 [M]. 孟献丽，于桂凤，张丽霞，译. 北京：人民出版社，2015：9-10.

欧洲的现代主义假设"①。

在此，有机马克思主义者保持着其最根本的判断，即所有以前的马克思主义都是现代主义的马克思主义，而有机马克思主义则是后现代主义的马克思主义；前者由于缺乏"非常好的文化敏感性"，试图构建的是超越历史时空、脱离具体条件的马克思主义，而后者则由于具有这种敏感性，掌握了马克思主义必须植根于具体文化传统的"最新见解"，力图构建的是文化嵌入式的马克思主义。用他们自己的话来说，"有机马克思主义与传统马克思主义的不同之处在于，有机马克思主义总是植根于不同的文化，同特定的人和其思想文化联系在一起"②，因而才是"有效的马克思主义"③。

其实，有机马克思主义者作为"最新见解"提出来的这种观点，在马克思主义发展史上早已存在。马克思在1877年的《给〈祖国纪事〉杂志编辑部的信》中写道："使用一般历史哲学理论这一把万能钥匙，那是永远达不到这种目的的，这种历史哲学理论的最大长处就在于它是超历史的"；"一定要把我关于西欧资本主义起源的历史概述彻底变成一般发展道路的历史哲学理论……会给我过多的荣誉，同时也会给我过多的侮辱"④。很显然，马克思在此不是主张"适合于任何时空的理论"，恰恰相反，他是在质疑这种理论的有效性。如果说马克思在这里并没有专门论及"文化"条件，还没有彰显"非常好的文化敏感性"，使得有机马克思主义者甚为不满的话，那么，恩格斯在1874年的《〈德国农民战争〉第二版序言的补充》中所表达的就应该明确得多。恩格斯写道："如果不是先有德国哲学，特别是黑格尔哲学，那么德国科学社会主义，即过去从来没有过的唯一科学的社会主义，就绝不可能创立。如果工人没有理

---

① 菲利普·克莱顿，贾斯廷·海因泽克. 有机马克思主义 [M]. 孟献丽，于桂凤，张丽霞，译. 北京：人民出版社，2015：71.
② 菲利普·克莱顿. 有机马克思主义与有机教育 [J]. 孟献丽，译. 马克思主义与现实，2015（1）.
③ 菲利普·克莱顿，贾斯廷·海因泽克. 有机马克思主义 [M]. 孟献丽，于桂凤，张丽霞，译. 北京：人民出版社，2015：206.
④ 中共中央马克思恩格斯列宁斯大林著作编译局. 马克思恩格斯文集：第3卷 [M]. 北京：人民出版社，2012：467，466.

论感,那么这个科学社会主义就绝不可能像现在这样深入他们的血肉。"[1] 很显然,恩格斯意在表明的正是,离开德国的文化传统,科学社会主义就既不可能产生,也不可能为德国工人接受。或许有机马克思主义者完全不知道,正是因为具有"非常好的文化敏感性",中国学者何萍教授才以"文化哲学"为研究范式,书写并于2009年出版了以"哲学传统"和"哲学形态"为核心范畴的《马克思主义哲学史教程》。[2]

最后,从其对马克思主义的重建来看。正是基于一种错误的判断,即马克思及其除有机马克思主义者之外的所有继承者"不加批判地接受了""有缺陷的欧洲现代主义的假设"中的"许多观点",有机马克思主义者进而认为,如果马克思主义"要满足后现代世界的需要",就"必须利用可资借鉴的最新理论资源对其进行大胆的重建"[3]。而被有机马克思主义者借鉴的"最新理论资源"主要是"中国传统智慧"和70年前的怀特海"过程哲学"。这是因为,在他们看来,"中国传统智慧、过程哲学和马克思主义这三大思想流派之间存在着天然的关联和深层的亲和"[4],"把它们相互移植嫁接、融合成为一个有机整体确实是可能和可行的——这不仅仅是使其成为一门抽象的哲学,而是使其发展成为一种新的生态实践形态"[5]。而这种将三者"融合成为一体的整体世界观"便是有机马克思主义者大胆重建的"有机马克思主义"[6]。他们情不自禁地宣称:至此,"世界上第一次诞生了一个以整个社会为导向的学派,这种学派足够强大和有吸引力,以致能够从根本上摧毁已经主导西方乃至大半个星

---

[1] 中共中央马克思恩格斯列宁斯大林著作编译局. 马克思恩格斯文集:第2卷 [M]. 北京:人民出版社,2009:217.

[2] 何萍. 马克思主义哲学史教程 [M]. 北京:人民出版社,2009;田世锭. 在哲学传统中体悟哲学 [N]. 光明日报,2010-08-04.

[3] 菲利普·克莱顿,贾斯廷·海因泽克. 有机马克思主义 [M]. 孟献丽,于桂凤,张丽霞,译. 北京:人民出版社,2015:10-11.

[4] 菲利普·克莱顿,贾斯廷·海因泽克. 有机马克思主义 [M]. 孟献丽,于桂凤,张丽霞,译. 北京:人民出版社,2015:189-190.

[5] 菲利普·克莱顿. 有机马克思主义与有机教育 [J]. 孟献丽,译. 马克思主义与现实,2015(1).

[6] 菲利普·克莱顿. 有机马克思主义与有机教育 [J]. 孟献丽,译. 马克思主义与现实,2015(1).

球四个世纪之久的自由主义哲学"①。

有机马克思主义者之所以如此看重中国传统智慧，是因为中国传统智慧"蕴含着丰富的过程思维"②，并"强调整体主义"③；而他们之所以要借鉴过程哲学，也是因为过程哲学主张相互联系、不断变化的过程和整体观。然而，为有机马克思主义者看重的中国传统智慧和过程哲学中的这些思想，本来就在马克思主义之中。因此，为有机马克思主义者引以为豪的对马克思主义的大胆重建，虽然"大胆"，但毫无意义。

二

如果有机马克思主义者只是提出马克思主义应该是非决定论的，应该揭示和批判资本主义的本质，应该具有过程和关系思想及生态思维，应该结合文化传统等具体的历史条件，那他们所建构的有机马克思主义虽然不是什么"新形式"的马克思主义，不具有其自封的理论地位，但还是具有马克思主义的理论性质，尽管他们对其他所有形态的马克思主义有误解，并对马克思主义进行了毫无意义的修正、更新和重建。但遗憾的是，有机马克思主义者对马克思主义的大胆修正、更新和重建并没有止步于此。他们在"促进……马克思主义基本原理的与时俱进"过程中，并没有如其所说"坚持马克思主义的基本价值观"，而是在"适当调整"④中放弃了社会主义目标、公有制基础和无产阶级主体等马克思主义最根本的价值观⑤。因此，尽管有机马克思主义者自称是

---

① 菲利普·克莱顿，贾斯廷·海因泽克. 有机马克思主义 [M]. 孟献丽，于桂凤，张丽霞，译. 北京：人民出版社，2015：190.
② 菲利普·克莱顿，贾斯廷·海因泽克. 有机马克思主义 [M]. 孟献丽，于桂凤，张丽霞，译. 北京：人民出版社，2015：14.
③ 菲利普·克莱顿，贾斯廷·海因泽克. 有机马克思主义 [M]. 孟献丽，于桂凤，张丽霞，译. 北京：人民出版社，2015："中译本序"7.
④ 菲利普·克莱顿，贾斯廷·海因泽克. 有机马克思主义 [M]. 孟献丽，于桂凤，张丽霞，译. 北京：人民出版社，2015：209.
⑤ 田世锭. 有机马克思主义的现代性批判有误 [N]. 中国社会科学报，2016-5-26.

"西方马克思主义者"①，但其所建构的有机马克思主义，不仅不是"新形式"的马克思主义，而且根本就不是"马克思主义"②。

首先，有机马克思主义放弃了社会主义这一根本目标，而以"第三条道路"取而代之。有机马克思主义者指出："今天的马克思主义者不大可能再使用乌托邦式的话语"；"后现代马克思主义者已经学会理性对待乌托邦的主张。19世纪的乌托邦主义和世俗化的弥赛亚主义已成为历史"③。然而，在这种"理性对待"乌托邦的过程中，他们却没有能够理性对待马克思主义，反而非理性地将马克思主义的根本目标共产主义及其低级阶段社会主义纳入乌托邦的范畴并予以摒弃。那么，既然已经"到了放弃"对"全球资本主义"的"修修补补而努力寻找一个新起点的时候了"④，社会主义又无以成为"资本主义的替代选择"，有机马克思主义者打算用什么制度来代替资本主义呢？

原来，"担负了一个更高层次的使命：服务于所有人的共同福祉"的有机马克思主义者，"更青睐"的是"与资本主义制度相反"的"另一种制度，这种制度在社会、政治和经济哲学层面都实质性地关注到了共同福祉"⑤。这种制度就是既超越了"'纯粹'资本主义"，又超越了"'纯粹'社会主义"的

---

① 菲利普·克莱顿，贾斯廷·海因泽克. 有机马克思主义 [M]. 孟献丽，于桂凤，张丽霞，译. 北京：人民出版社，2015："中译本序" 7.

② 汪信砚教授曾认为，"有机马克思主义是否还是一种马克思主义本身就大成疑问"（参见汪信砚. 有机马克思主义与马克思的马克思主义 [J]. 哲学研究，2015（11）：3-9, 128），在最近的一篇文章中，他更是明确指出，有机马克思主义是"假扮的马克思主义"（参见汪信砚. 有机马克思主义的理论本质 [J]. 西南大学学报：社会科学版，2017，43（2）：5-11, 197）。王雨辰教授也认为，"有机马克思主义自称是超越了马克思主义的后现代马克思主义，但其本质却是怀特海主义"（参见王雨辰. 生态学马克思主义与有机马克思主义的生态文明理论的异同 [J]. 哲学动态，2016（1）：44-51）。

③ 菲利普·克莱顿，贾斯廷·海因泽克. 有机马克思主义 [M]. 孟献丽，于桂凤，张丽霞，译. 北京：人民出版社，2015：64, 65.

④ 菲利普·克莱顿，贾斯廷·海因泽克. 有机马克思主义 [M]. 孟献丽，于桂凤，张丽霞，译. 北京：人民出版社，2015："序言" 2.

⑤ 菲利普·克莱顿，贾斯廷·海因泽克. 有机马克思主义 [M]. 孟献丽，于桂凤，张丽霞，译. 北京：人民出版社，2015：140, 191.

"第三条道路"①。

有机马克思主义者叮嘱说：一定要"记住"，为了"实现整个共同体的利益"，"人类历史上最有机的社会经济系统是小型农业社区共同体。在这个共同体中，以家庭为中心的生产和地方市场高度地结合并相互协作"②。我们总算是清楚了。原来，有机马克思主义者"更青睐"的"第三条道路"，就是这种以家庭生产为中心，并结合地方市场的"小型农业社区共同体"。

我们不禁要问：既然有机马克思主义者"并不承认人类历史只会越变越好"③，那么，他们所"设计"的小型农业社区共同体相比基于社会化大生产的全球性资本主义是更好还是更差呢？既然他们认为"在后现代语境中，发展过程取代了趋向完美的过程"④，那么，他们凭什么断定这种小型农业社区共同体是人类历史上"最有机的"社会经济系统呢？既然他们坚信"无论是阶级结构的变化，还是科技的进步，或者是大公无私之人的增多，都不可能使我们在地球上创造出一个乌托邦的社会"⑤，那么，他们为什么还要"创造"旨在实现"所有人的共同福祉"的"小型农业社区共同体"呢？难道这种共同体因为受到担负着"更高层次的使命"的有机马克思主义者的"青睐"，就不是乌托邦了吗？

其次，有机马克思主义放弃了公有制这一根本基础，而以"超越公—私二分法"的"混合制"取而代之。有机马克思主义者指出："与古典马克思主义的主张……不同"，"有机马克思主义的政策不是以庞大的国有产业为中心，也

---

① 菲利普·克莱顿，贾斯廷·海因泽克. 有机马克思主义[M]. 孟献丽，于桂凤，张丽霞，译. 北京：人民出版社，2015：251.
② 菲利普·克莱顿，贾斯廷·海因泽克. 有机马克思主义[M]. 孟献丽，于桂凤，张丽霞，译. 北京：人民出版社，2015：253.
③ 菲利普·克莱顿，贾斯廷·海因泽克. 有机马克思主义[M]. 孟献丽，于桂凤，张丽霞，译. 北京：人民出版社，2015：72.
④ 菲利普·克莱顿，贾斯廷·海因泽克. 有机马克思主义[M]. 孟献丽，于桂凤，张丽霞，译. 北京：人民出版社，2015：72.
⑤ 菲利普·克莱顿，贾斯廷·海因泽克. 有机马克思主义[M]. 孟献丽，于桂凤，张丽霞，译. 北京：人民出版社，2015：72.

不是寻求消除所有的私有财产、家庭、小型企业生产和市场交换"[1]。有机马克思主义，作为"21世纪的马克思主义"，坚持认为，"力求为所有公民提供公正的社会经济环境的政府，没必要消除竞争和私人所有制"[2]。

的确，有机马克思主义者在主张保留私人所有制的时候，并没有明确表明要放弃公有制本身。他们的主张是要"超越公—私二分法"，实行"混合制"[3]。这是因为，在他们看来，"随着气候危机的加剧，我们必须找到新的方案，这一解决方案追求的将是社会、人类和我们所依存的星球的共同福祉"[4]。他们的逻辑是，单一的私有制或单一的公有制都不能实现"社会、人类和……星球的共同福祉"，其"最好的解决办法既不是自由放任资本主义，也不是国家公有制一统天下，即主要行业都实行国家公有制"[5]。

但是，有机马克思主义者明确反对追问其所主张的"混合制"中公有制与私有制何为主体的问题。因为，"作为有机马克思主义者"，他们"意识到"，"过于强调私有部分"与"过于强调公有部分"这两种倾向都仍然没有"超越公—私二分法"，"都无法提供问题的有效解决方案"。他们为其理想的"小型农业社区共同体"采用的"有效解决方案"，则是"人类历史上典型的传统农村经济形式和小城镇经济形式"[6]。可是，这样一种态度，难道不是对公有制这一根本基础的放弃吗？

最后，有机马克思主义放弃了无产阶级这一根本主体，而以全球资本主义的领导者、政府管理者和资本家取而代之。按照马克思主义的观点，无产阶级

---

[1] 菲利普·克莱顿，贾斯廷·海因泽克. 有机马克思主义［M］. 孟献丽，于桂凤，张丽霞，译. 北京：人民出版社，2015：253.
[2] 菲利普·克莱顿，贾斯廷·海因泽克. 有机马克思主义［M］. 孟献丽，于桂凤，张丽霞，译. 北京：人民出版社，2015：7.
[3] 菲利普·克莱顿，贾斯廷·海因泽克. 有机马克思主义［M］. 孟献丽，于桂凤，张丽霞，译. 北京：人民出版社，2015：254，253.
[4] 菲利普·克莱顿，贾斯廷·海因泽克. 有机马克思主义［M］. 孟献丽，于桂凤，张丽霞，译. 北京：人民出版社，2015：54.
[5] 菲利普·克莱顿，贾斯廷·海因泽克. 有机马克思主义［M］. 孟献丽，于桂凤，张丽霞，译. 北京：人民出版社，2015：54.
[6] 菲利普·克莱顿，贾斯廷·海因泽克. 有机马克思主义［M］. 孟献丽，于桂凤，张丽霞，译. 北京：人民出版社，2015：254.

<<< 附录 有机马克思主义是"新形式的马克思主义"吗?

是促使资本主义自我否定而转变为社会主义,以社会主义公有制取代资本主义私有制的革命主体。正如卢卡奇所说,"只有阶级才能在行动中冲破社会现实,并在这种现实的总体中把它加以改变",而只有无产阶级才"同时是资本主义持续危机的产物和促使资本主义走向危机的那种趋势的执行者"[1]。与此不同,有机马克思主义者追求的目标是基于"小型农业社区"的"共同体"和"超越公—私二分法"的"混合制",因此,无产阶级的革命主体地位肯定不能成为他们的逻辑结论。

然而,有机马克思主义者非常清楚,"建设性的马克思主义观点……既是建立于过去的历史基础之上又能提出通向未来的新路径"[2]。那么,作为建设性马克思主义的有机马克思主义所提出的"通向未来的新路径"是什么呢?

有机马克思主义者指出:"我们必须呼吁全球领导者依据生态和社会主义原则重组人类文明了";"那些献身于人类与地球事业的领导人必须有坚定的决心";"是时候使政府为了全体人民而不是仅仅为了富人来进行统治了。是时候签订跨国性协议来限制跨国公司的权力,从而使人们基于可持续的'稳态'经济来重建我们的社会了"[3]。也就是说,有机马克思主义所提出的"通向未来的新路径"就是"呼吁"全球资本主义的领导者、政府管理者和资本家,来践行重视"特定文化中变革性价值观的重要作用"[4]、能够"构建出领导者所需要的与时俱进的马克思主义理论"的有机马克思主义者,所创造的"引导决策者根据他们的具体情况做出明智的决策"并"实现明智的管理"的"和谐的马克思主义理论"和"政策"[5]。

但是,事与愿违。有机马克思主义者发现,"富人是如何强烈地反对现有

---

[1] 卢卡奇. 历史与阶级意识 [M]. 杜章智,任立,燕宏远,译. 北京:商务印书馆,2004:92,94.
[2] 菲利普·克莱顿,贾斯廷·海因泽克. 有机马克思主义 [M]. 孟献丽,于桂凤,张丽霞,译. 北京:人民出版社,2015:104.
[3] 菲利普·克莱顿,贾斯廷·海因泽克. 有机马克思主义 [M]. 孟献丽,于桂凤,张丽霞,译. 北京:人民出版社,2015:217,229,219-220.
[4] 菲利普·克莱顿,贾斯廷·海因泽克. 有机马克思主义 [M]. 孟献丽,于桂凤,张丽霞,译. 北京:人民出版社,2015:225.
[5] 菲利普·克莱顿,贾斯廷·海因泽克. 有机马克思主义 [M]. 孟献丽,于桂凤,张丽霞,译. 北京:人民出版社,2015:105.

制度的变革，雇主和市场是如何巧妙地蛊惑工人，使他们相信只要他们足够努力地工作，总有一天他们也会过上奢华的生活。现有证据表明，全球资本主义创造并依赖于一个永久的生活在贫困线或贫困线以下的下层阶级。然而，即使那些拥有中等财富的人，只要让他们享有足够舒适的生活并获得最新的技术，他们似乎也愿意接受这种不公正的制度"；"权贵人士在享受着他们身体上的舒适和技术提供给他们的玩物。……跨国公司已经能够极尽其能地去干扰和影响政府和世界领导者，从而压制任何的变革。所以，除非一个重大的变革来临，否则，全球资本主义的掌控是不可能放松的"；"大企业不愿放弃自己的利润，政府又视他们的国家利益高于整个星球的利益，因而采取不作为的办法"，这种"大企业和政府"的"推三阻四"也使"人们……感到沮丧了"①。他们不得不承认，"让资本家慷慨地同意支持一种社会主义的体制是不可能的"；"我们对世界上百分之一的实力和影响不断扩大的最富有的人不抱任何幻想"②。

　　鉴于依靠全球资本主义的领导者、政府管理者和资本家来实现对资本主义的变革只能是一种幻想，有机马克思主义者转而依靠"即将到来的环境灾难将会提供……的'催化剂'"③。

　　这是因为，有机马克思主义者坚信，环境灾难将使气候所遭受的破坏愈益严重，并导致经济和社会体系及以之为基础的政府的崩溃，而"当文明崩溃的脚步越来越近，当那些当权者开始意识到没有奇迹能够消除这一灾难时，全球危机有可能使那些当权者展示出更高尚的一面，这样，他们就会为了这个星球及所有人的利益去运用他们的财富和影响力。如同仁慈的统治者有时做的那样，即使资本家和公司企业的动机不是纯粹无私的，他们也会出于压力而积极应对危机"④。

---

① 菲利普·克莱顿，贾斯廷·海因泽克. 有机马克思主义 [M]. 孟献丽，于桂凤，张丽霞，译. 北京：人民出版社，2015：64，219，260.
② 菲利普·克莱顿，贾斯廷·海因泽克. 有机马克思主义 [M]. 孟献丽，于桂凤，张丽霞，译. 北京：人民出版社，2015：245，65.
③ 菲利普·克莱顿，贾斯廷·海因泽克. 有机马克思主义 [M]. 孟献丽，于桂凤，张丽霞，译. 北京：人民出版社，2015：245.
④ 菲利普·克莱顿，贾斯廷·海因泽克. 有机马克思主义 [M]. 孟献丽，于桂凤，张丽霞，译. 北京：人民出版社，2015：246.

<<< 附录 有机马克思主义是"新形式的马克思主义"吗?

而如果环境灾难仍然不能迫使当权者和资本家们出于仁慈或压力而实行变革,那也没有关系,因为有机马克思主义者还有自己的撒手锏。那就是,如果"民众……看到富人只保护他们自己而抛弃其他人","民众就会行动起来进行反抗",而且,"只要我们团结一致,我们一定能够改变现行的体制"[1]。

有机马克思主义者还坚信,"马上阻止正在或即将发生的"环境灾难"已经为时已晚"[2],即使是有机马克思主义本身也只能"在放缓全球性灾难的脚步方面发挥一些作用"[3]。简言之,环境灾难的发生已是必然的了。有鉴于此,有机马克思主义者便又有了对"一个重大的变革就要来临了"[4] 的坚信。

令人深感不解的是,既然有机马克思主义者已经"认识到导致……困境的原因是体制性的原因。不是因为领导者反对可持续、以地球为中心的政策,而是现代资本主义制度不能做出改变"[5],那么,他们为什么还要寄希望于全球资本主义的领导者、政府管理者和资本家这些"人格化的资本"来自觉限制资本的本性和职能,以实现全人类和整个星球的"共同福祉"呢?既然他们已经认识"到了放弃"对"全球资本主义"的"修修补补而努力寻找一个新起点的时候了"[6],那么,他们为什么还要满足于"构建出领导者所需要的""和谐的马克思主义理论",满足于"对'政府管理的艺术'有所帮助"的"政策制定"[7] 呢?一句话,有机马克思主义者为什么还要满足于充当资本主义病床边的医生呢?

---

[1] 菲利普·克莱顿,贾斯廷·海因泽克. 有机马克思主义 [M]. 孟献丽,于桂凤,张丽霞,译. 北京:人民出版社,2015:246.
[2] 菲利普·克莱顿,贾斯廷·海因泽克. 有机马克思主义 [M]. 孟献丽,于桂凤,张丽霞,译. 北京:人民出版社,2015:247.
[3] 菲利普·克莱顿,贾斯廷·海因泽克. 有机马克思主义 [M]. 孟献丽,于桂凤,张丽霞,译. 北京:人民出版社,2015:"序言"4.
[4] 菲利普·克莱顿,贾斯廷·海因泽克. 有机马克思主义 [M]. 孟献丽,于桂凤,张丽霞,译. 北京:人民出版社,2015:219.
[5] 菲利普·克莱顿,贾斯廷·海因泽克. 有机马克思主义 [M]. 孟献丽,于桂凤,张丽霞,译. 北京:人民出版社,2015:260.
[6] 菲利普·克莱顿,贾斯廷·海因泽克. 有机马克思主义 [M]. 孟献丽,于桂凤,张丽霞,译. 北京:人民出版社,2015:"序言"2.
[7] 菲利普·克莱顿,贾斯廷·海因泽克. 有机马克思主义 [M]. 孟献丽,于桂凤,张丽霞,译. 北京:人民出版社,2015:105.

由上可见，在生态马克思主义坚持认为社会主义是一种"建立在稳固的生态原则基础之上""符合人性的、可持续的制度"，因而，"社会主义——从正面而不是负面取代资本主义——对任何转化过程都至关重要"① 的地方，有机马克思主义却要超越"'纯粹'社会主义"而走"第三条道路"。在生态马克思主义坚持认为"必须摈弃环保主义可以超越阶级斗争的观点"② 的地方，有机马克思主义却要超越阶级斗争，放弃无产阶级的主体地位，转而依靠"献身于人类与地球事业的"领导人、"为了全体人民而不是仅仅为了富人来进行统治"政府管理者和资本家，并在万般无奈之下依靠超越阶级关系的"民众"③。

因此，在这种意义上，当有机马克思主义者谦虚地说"如果必须在某个方面把有机马克思主义和生态马克思主义相区别的话，那么，有机马克思主义将会应我们的呼吁把文化的特殊性作为应用马克思主义的一个有机组成部分"④ 的时候，他们的说法是不准确的；而当他们自豪地说有机马克思主义"比生态学马克思主义走得更远"⑤ 的时候，他们的说法反而是非常准确的。

三

在有机马克思主义者的论述中能够看到有关中国马克思主义的如下观点：

---

① 约翰·贝拉米·福斯特. 生态危机与资本主义 [M]. 耿建新，宋兴无，译. 上海：上海译文出版社，2006：165，128.
② 约翰·贝拉米·福斯特. 生态危机与资本主义 [M]. 耿建新，宋兴无，译. 上海：上海译文出版社，2006：128.
③ 汪信砚教授和王雨辰教授的论述还表明，在生态马克思主义坚持运用历史唯物主义理论和方法的地方，有机马克思主义坚持运用怀特海哲学带有某种宗教唯心主义色彩的辩证世界观（参见汪信砚. 有机马克思主义与马克思的马克思主义 [J]. 哲学研究，2015（11）：3-9，128；王雨辰. 生态学马克思主义与有机马克思主义的生态文明理论的异同 [J]. 哲学动态，2016（1）：44-51）.
④ 菲利普·克莱顿，贾斯廷·海因泽克. 有机马克思主义 [M]. 孟献丽，于桂凤，张丽霞，译. 北京：人民出版社，2015：206.
⑤ 菲利普·克莱顿，贾斯廷·海因泽克. 有机马克思主义 [M]. 孟献丽，于桂凤，张丽霞，译. 北京：人民出版社，2015："序言"2.

<<< 附录 有机马克思主义是"新形式的马克思主义"吗？

第一，中国马克思主义是发展中的马克思主义。有机马克思主义者指出，"中国并没有放弃马克思主义本身"①。这意味着，中国马克思主义坚持着马克思主义的基本精神。与此同时，他们强调："中国领导人也正在努力把马克思主义的核心原则作一创新性的拓展，以为……新的经济和社会实践提供指导"②。第二，中国马克思主义具有重大的世界影响力。有机马克思主义者认为，不仅"在政治上和经济上，中国正在世界舞台上迅速起到引领作用"③，而且，"在地球上所有的国家当中，中国最有可能引领其他国家走向可持续发展的生态文明"，"要建设新文明，在世界各国中，中华人民共和国发挥的是引领作用，这是她的特殊使命"④。第三，中国马克思主义最有希望成为有机马克思主义。首先，中国的传统文化与有机马克思主义之间存在"天然的关联和深层的亲和"，这使有机马克思主义"更容易在中国获得倾听和共鸣"⑤；而"马克思主义对于中国独特文化背景的……适应"，也"正在产生一种与众不同的后现代马克思主义"⑥。其次，适应于中国传统文化的中国马克思主义，包含着"生态思维""建设性后现代视野""整体论""过程思维""为共同福祉而治理"等有机马克思主义"所有必需的元素"⑦，"建设生态文明的目标内含于中国的马克思主义传统中"⑧。再次，正是中国"同时发生"的"对'马克思主义中国化'的未来走向的深刻反思"与"转向生态文明概念""使得中国对有机马

---

① 菲利普·克莱顿，贾斯廷·海因泽克. 有机马克思主义 [M]. 孟献丽，于桂凤，张丽霞，译. 北京：人民出版社，2015："序言"3.
② 菲利普·克莱顿，贾斯廷·海因泽克. 有机马克思主义 [M]. 孟献丽，于桂凤，张丽霞，译. 北京：人民出版社，2015：87.
③ 菲利普·克莱顿，贾斯廷·海因泽克. 有机马克思主义 [M]. 孟献丽，于桂凤，张丽霞，译. 北京：人民出版社，2015："中译本序"8.
④ 菲利普·克莱顿，贾斯廷·海因泽克. 有机马克思主义 [M]. 孟献丽，于桂凤，张丽霞，译. 北京：人民出版社，2015："中译本序"7，9.
⑤ 菲利普·克莱顿，贾斯廷·海因泽克. 有机马克思主义 [M]. 孟献丽，于桂凤，张丽霞，译. 北京：人民出版社，2015："序言"2.
⑥ 菲利普·克莱顿，贾斯廷·海因泽克. 有机马克思主义 [M]. 孟献丽，于桂凤，张丽霞，译. 北京：人民出版社，2015：78.
⑦ 菲利普·克莱顿，贾斯廷·海因泽克. 有机马克思主义 [M]. 孟献丽，于桂凤，张丽霞，译. 北京：人民出版社，2015："中译本序"8-9.
⑧ 菲利普·克莱顿，贾斯廷·海因泽克. 有机马克思主义 [M]. 孟献丽，于桂凤，张丽霞，译. 北京：人民出版社，2015：13.

克思主义具有非常重要的意义"①。而所有这一切使有机马克思主义者甚至将中国马克思主义称为"中国后现代马克思主义"②。

中国马克思主义的确是发展中的马克思主义，中国马克思主义的确具有重大的世界影响力，生态文明的确内含在中国马克思主义之中。但如果因此认为中国马克思主义最有希望走向并正在走向有机马克思主义者所建构的有机马克思主义，那就不是对中国马克思主义的论证，而是借助于中国马克思主义来论证有机马克思主义者的有机马克思主义。其实，当有机马克思主义者声称"有机马克思主义不会将其提出的政策方案从外部强加于任何国家，而是努力促使他们自己做出决定"③的时候，他们实际上已经将自己尊奉为世界人民的"导师"。可见，有机马克思主义本身并不能如有些学者所说有助于增强中国的道路自信、理论自信和制度自信。

如果说有机马克思主义并没有有机马克思主义者自封的那种理论地位，根本不是什么"新形式的马克思主义"，那么，它是否一无是处、毫无意义呢？当然不是。有鉴于马克思主义的辩证否定观，我们力图按照有机马克思主义者本身"要根据应用效果来判断一切政治理论与经济理论的效用"④的要求，来探讨一下有机马克思主义的效用。

如前所述，难以实现发达资本主义社会向社会主义社会过渡的症结在于，资产阶级意识形态使发达资本主义社会的无产阶级不能正确认识资本主义，以至于丧失了阶级意识和社会主义意识，而要成功实现这种过渡的突破口也就在于启发、唤醒和培育无产阶级的阶级意识和社会主义意识。经典西方马克思主义中卢卡奇的物化理论、葛兰西的文化领导权理论、霍克海默的批判理论、马尔库塞的单向度理论、阿尔都塞的意识形态国家机器论以及当代英美马克思主义中奥尔曼

---

① 菲利普·克莱顿，贾斯廷·海因泽克. 有机马克思主义 [M]. 孟献丽，于桂凤，张丽霞，译. 北京：人民出版社，2015：12.
② 菲利普·克莱顿，贾斯廷·海因泽克. 有机马克思主义 [M]. 孟献丽，于桂凤，张丽霞，译. 北京：人民出版社，2015：87.
③ 菲利普·克莱顿，贾斯廷·海因泽克. 有机马克思主义 [M]. 孟献丽，于桂凤，张丽霞，译. 北京：人民出版社，2015："序言" 3.
④ 菲利普·克莱顿，贾斯廷·海因泽克. 有机马克思主义 [M]. 孟献丽，于桂凤，张丽霞，译. 北京：人民出版社，2015：15.

对当代资本主义的辩证分析、科恩对社会主义的道德论证，等等，所做的都是这件事。可以说，整个马克思主义者群体就是一个基于不同角度，运用不同方式坚持不懈地告诉资本主义社会中的人们有关资本主义真相的"小男孩"①。

虽然有机马克思主义不是马克思主义，但毕竟有机马克思主义者有志成为"西方马克思主义者"②。而且，如果有机马克思主义者有足够的理论勇气对有机马克思主义进行"必要的修正与更新"，并进行"大胆的重建"的话，则有机马克思主义真有可能成为马克思主义的一种形式。因此，马克思主义完全可以将有机马克思主义作为自己"最重要的盟友"之一，正如有机马克思主义将过程哲学作为其"最重要的盟友"③一样。这样，有机马克思主义者也就完全可以成为告诉人们有关资本主义真相的"小男孩"的"最重要的盟友"之一。

因此，有机马克思主义的效用就在于"宣传与教育"，即协助马克思主义告诉人们两个"真相"：一是马克思主义对人类社会具有无可替代、至关重要的作用；二是资本主义是当今人类社会所面临的一切危机和灾难的根源。我们相信，有机马克思主义对这种"宣传与教育"是能够发挥一些作用的，因为有机马克思主义者毕竟在非常正确地告诉人们：第一，"马克思主义的核心理论仍然令人信服"④"马克思主义的主要观点依旧充满活力——事实上，如果考虑到今天的全球局势，也许更是如此"⑤；第二，"世界面临一系列资本主义自身永远无法解决的危机"⑥"全球资本主义已经造成了人类有史以来最为严重的生态与人道主义灾难"⑦。

---

① 田世锭. 当代英美马克思主义的困境及其启示 [J]. 社会主义研究，2015（6）：36-41.
② 菲利普·克莱顿，贾斯廷·海因泽克. 有机马克思主义 [M]. 孟献丽，于桂凤，张丽霞，译. 北京：人民出版社，2015："中译本序"7.
③ 菲利普·克莱顿，贾斯廷·海因泽克. 有机马克思主义 [M]. 孟献丽，于桂凤，张丽霞，译. 北京：人民出版社，2015：211.
④ 菲利普·克莱顿，贾斯廷·海因泽克. 有机马克思主义 [M]. 孟献丽，于桂凤，张丽霞，译. 北京：人民出版社，2015："前言和致谢"13.
⑤ 菲利普·克莱顿，贾斯廷·海因泽克. 有机马克思主义 [M]. 孟献丽，于桂凤，张丽霞，译. 北京：人民出版社，2015：9.
⑥ 菲利普·克莱顿，贾斯廷·海因泽克. 有机马克思主义 [M]. 孟献丽，于桂凤，张丽霞，译. 北京：人民出版社，2015："前言和致谢"14.
⑦ 菲利普·克莱顿，贾斯廷·海因泽克 有机马克思主义 [M]. 孟献丽，于桂凤，张丽霞，译. 北京：人民出版社，2015：4.

参考文献

一、中文文献

（一）著作类

[1] 中共中央马克思恩格斯列宁斯大林著作编译局. 马克思恩格斯选集：第 1 卷 [M]. 北京：人民出版社，2012.

[2] 中共中央马克思恩格斯列宁斯大林著作编译局. 马克思恩格斯文集：第 1 卷 [M]. 北京：人民出版社，2009.

[3] 中共中央马克思恩格斯列宁斯大林著作编译局. 马克思恩格斯全集：第 30 卷 [M]. 北京：人民出版社，1995.

[4] 马克思. 剩余价值理论：第 3 册 [M]. 北京：人民出版社，1975.

[5] 中共中央马克思恩格斯列宁斯大林著作编译局. 列宁选集：第 1-4 卷 [M]. 北京：人民出版社，2012.

[6] 中共中央马克思恩格斯列宁斯大林著作编译局. 列宁专题文集 [M]. 北京：人民出版社，2009.

[7] 中共中央马克思恩格斯列宁斯大林著作编译局. 列宁全集：第 1, 3, 15, 20, 35, 37 卷 [M]. 北京：人民出版社，1984，1984，1988，1989，1985，1986.

[8] 列宁. 哲学笔记 [M]. 北京：人民出版社，1993.

[9] 本书编写组. 马克思主义基本原理 [M]. 北京：高等教育出版社，2021.

[10] 陈培永. 女性的星空：恩格斯《家庭、私有制与国家起源》[M]. 广州：广东人民出版社，2016.

[11] 程锡麟，方亚中. 什么是女权主义批评 [M]. 上海：上海外语教育

出版社，2011.

[12] 程志民，江怡. 当代西方哲学新词典 [M]. 长春：吉林人民出版社，2003.

[13] 邓晓芒. 黑格尔辩证法讲演录 [M]. 北京：北京大学出版社，2005.

[14] 邓晓芒. 思辨的张力——黑格尔辩证法新探 [M]. 北京：商务印书馆，2008.

[15] 邓晓芒. 哲学史方法论十四讲 [M]. 重庆：重庆大学出版社，2008.

[16] 杜芳琴，崔鲜香. 全球地方化语境下的东亚妇女与社会性别学研究 [M]. 长沙：湖南大学出版社，2016.

[17] 段忠桥. 从历史唯物主义到政治哲学 [M]. 北京：人民出版社，2020.

[18] 段忠桥. 马克思的分配正义观念 [M]. 北京：中国人民大学出版社，2018.

[19] 段忠桥. 为社会主义平等主义辩护：G.A. 科恩的政治哲学追求 [M]. 北京：中国社会科学出版社，2014.

[20] 段忠桥. 理性的反思与正义的追求 [M]. 哈尔滨：黑龙江大学出版社，2007.

[21] 段忠桥. 重释历史唯物主义 [M]. 南京：江苏人民出版社，2009.

[22] 段忠桥. 当代国外社会思潮：第3版 [M]. 北京：中国人民大学出版社，2020.

[23] 傅立叶. 傅立叶选集：第1卷 [M]. 北京：商务印书馆，1982.

[24] 何明. 伟人毛泽东：上卷 [M]. 北京：中央文献出版社，2003.

[25] 何萍. 在社会主义入口处——重读列宁《国家与革命》[M]. 北京：人民出版社，2013.

[26] 何萍. 马克思主义哲学史教程 [M]. 北京：人民出版社，2009.

[27] 贺来. 辩证法的生存论基础 [M]. 北京：中国人民大学出版社，2004.

[28] 侯才，牟宗艳，李海星．政治哲学经典：马克思主义卷［M］．北京：人民出版社，2008.

[29] 李百玲．马克思《历史学笔记》研究读本［M］．北京：中央编译出版社，2014.

[30] 李佃来．马克思的政治哲学［M］．北京：人民出版社，2015.

[31] 李惠斌，李义天．马克思与正义理论［M］．北京：中国人民大学出版社，2010.

[32] 李银河．妇女：最漫长的革命：当代西方女性主义理论精选［M］．北京：中国妇女出版社，2007.

[33] 梁小燕．马克思主义阶级与性别理论［M］．北京：人民出版社，2017.

[34] 刘同舫．马克思人类解放思想史［M］．北京：人民出版社，2019.

[35] 鹿锦秋．南希·哈索克的马克思主义女性主义研究［M］．北京：中国社会科学出版社，2015.

[36] 闵冬潮．全球化与理论旅行：跨国女性主义的知识生产［M］．天津：天津人民出版社，2009.

[37] 欧文．欧文选集：第2卷［M］．北京：商务印书馆，1984.

[38] 彭珮云．中国特色社会主义妇女理论与实践［M］．北京：人民出版社，2013.

[39] 商英伟，池超波，苏震富．马克思主义辩证法史［M］．长春：吉林人民出版社，1987.

[40] 申森．马克思主义与女性主义［M］．北京：中国人民大学出版社，2022.

[41] 田世锭．新帝国主义论［M］．北京：中国人民大学出版社，2021.

[42] 田世锭．英美辩证法马克思主义哲学研究［M］．北京：中国社会科学出版社，2013.

[43] 田世锭．奥尔曼"内在关系的辩证法"视角下的当代资本主义［M］．北京：中国社会科学出版社，2008.

[44] 王克孝，彭燕韩，张在滋．辩证法研究［M］．北京：人民出版

社，1993.

[45] 王新生. 马克思政治哲学研究 [M]. 北京：科学出版社，2018.

[46] 王磊. 马克思恩格斯论道德 [M]. 北京：人民出版社，2011.

[47] 王守昌. 西方社会哲学 [M]. 北京：东方出版社，2002.

[48] 韦冬，王小锡. 马克思主义经典作家论道德 [M]. 北京：中国人民大学出版社，2017.

[49] 吴传启.《资本论》的辩证法问题 [M]. 北京：生活·读书·新知三联书店，1963.

[50] 徐伟新. 马克思主义妇女解放与发展概论 [M]. 北京：中国妇女出版社，2008.

[51] 杨耕. 为马克思辩护 [M]. 哈尔滨：黑龙江人民出版社，2002.

[52] 余文烈. 分析学派的马克思主义 [M]. 重庆：重庆出版社，1993.

[53] 俞可平. 全球化时代的"马克思主义" [M]. 北京：中央编译出版社，1998.

[54] 俞吾金，陈学明. 国外马克思主义哲学流派新编——西方马克思主义卷 [M]. 上海：复旦大学出版社，2002.

[55] 俞吾金. 问题域的转换：对马克思和黑格尔关系的当代解读 [M]. 北京：人民出版社，2007.

[56] 张澄清，谢应瑞，郑明鲁. 西方辩证法思想发展史 [M]. 厦门：厦门大学出版社，1989.

[57] 中共中央宣传部. 习近平新时代中国特色社会主义思想学习纲要 [M]. 北京：学习出版社，人民出版社，2019.

[58] 张西平. 历史哲学的重建——卢卡奇与当代西方社会思潮 [M]. 北京：生活·读书·新知三联书店，1997.

[59] 张一兵. 当代国外马克思主义哲学思潮 [M]. 南京：江苏人民出版社，2012.

[60] 张一兵. 文本的深度耕犁——西方马克思主义经典文本解读 [M]. 北京：中国人民大学出版社，2004.

[61] 张一兵. 资本主义理解史 [M]. 南京：江苏人民出版社，2009.

[62] 张翼星. 为卢卡奇申辩 [M]. 昆明：云南人民出版社, 2001.

[63] A. 施密特. 马克思的自然概念 [M]. 欧力同, 吴仲昉, 译. 赵鑫珊, 校. 北京：商务印书馆, 1988.

[64] 阿多尔诺. 否定的辩证法 [M]. 张峰, 译. 重庆：重庆出版社, 1993.

[65] 爱尔乌德. 社会哲学史 [M]. 瞿菊农, 译. 上海：上海社会科学院出版社, 2017.

[66] 埃里克·欧林·赖特. 阶级 [M]. 刘磊, 吕梁山, 译. 北京：高等教育出版社, 2006.

[67] 阿莉森·贾格尔. 女权主义政治与人的本质 [M]. 孟鑫, 译. 北京：高等教育出版社, 2009.

[68] 艾伦·梅克辛斯·伍德. 西方政治思想的社会史——公民到领主 [M]. 曹帅, 译. 南京：译林出版社, 2019.

[69] 艾伦·梅克辛斯·伍德. 西方政治思想的社会史——自由与财产 [M]. 曹帅, 译. 南京：译林出版社, 2019.

[70] 艾伦·梅克森斯·伍德. 民主反对资本主义 [M]. 吕薇洲, 刘海霞, 邢文增, 译. 重庆：重庆出版社, 2007.

[71] 艾伦·伍德. 新社会主义 [M]. 尚庆飞, 译. 南京：江苏人民出版社, 2005.

[72] 艾伦·M. 伍德. 资本的帝国 [M]. 王恒杰, 宋兴无, 译. 上海：上海译文出版社, 2006.

[73] 保罗·巴兰, 保罗·斯威齐. 垄断资本 [M]. 南开大学政治经济学系, 译. 北京：商务印书馆, 1977.

[74] 保罗·斯威齐. 资本主义发展论 [M]. 陈观烈, 秦亚男, 译. 北京：商务印书馆, 1962.

[75] 伯特尔·奥尔曼. 辩证法的舞蹈——马克思方法的步骤 [M]. 田世锭, 何霜梅, 译. 北京：高等教育出版社, 2006.

[76] 伯特尔·奥尔曼. 市场社会主义——社会主义者之间的争论 [M]. 段忠桥, 译. 北京：新华出版社, 2000.

[77] 伯特尔·奥尔曼. 异化：马克思论资本主义社会中人的概念 [M]. 王贵贤, 译. 北京：北京师范大学出版社, 2011.

[78] 彼得·S. 温茨. 环境正义论 [M]. 朱丹琼, 宋玉波, 译. 上海：上海人民出版社, 2021.

[79] 戴维·哈维. 正义、自然和差异地理学 [M]. 胡大平, 译. 上海：上海人民出版社, 2010.

[80] 戴维·哈维. 新帝国主义 [M]. 初立忠, 沈晓雷, 译. 北京：中国人民大学出版社, 2019.

[81] 戴维·哈维. 新自由主义简史 [M]. 王钦, 译. 上海：上海译文出版社, 2010.

[82] 戴维·哈维. 希望的空间 [M]. 胡大平, 译. 南京：南京大学出版社, 2006.

[83] 戴维·施韦卡特. 反对资本主义 [M]. 李智, 陈志刚, 译. 中国人民大学出版社, 2016.

[84] 戴维·佩珀. 生态社会主义：从深生态学到社会正义 [M]. 刘颖, 译. 济南：山东大学出版社, 2005.

[85] 戴维·佩珀. 现代环境主义导论 [M]. 宋玉波, 朱丹琼, 译. 上海：上海人民出版社, 2011.

[86] 戴维·麦克莱伦. 马克思以后的马克思主义 [M]. 李智, 译. 北京：中国人民大学出版社, 2017.

[87] 丹·希勒. 数字资本主义 [M]. 杨立平, 译. 南昌：江西人民出版社, 2001.

[88] 菲利普·克莱顿, 贾斯廷·海因泽克. 有机马克思主义 [M]. 孟献丽, 于桂凤, 张丽霞, 译. 北京：人民出版社, 2015.

[89] 弗雷德里克·杰姆逊. 晚期马克思主义——阿多诺, 或辩证法的韧性 [M]. 李永红, 译. 南京：南京大学出版社, 2008.

[90] G. A. 科恩. 为什么不要社会主义 [M]. 段忠桥, 译. 北京：人民出版社, 2011.

[91] G. A. 柯亨. 如果你是平等主义者, 为何如此富有？ [M]. 霍政欣,

译．北京：北京大学出版社，2009.

［92］G.A.科恩.卡尔·马克思的历史理论——一种辩护［M］.段忠桥，译．北京：高等教育出版社，2008.

［93］G.A.柯亨.自我所有、自由和平等［M］.李朝晖，译．上海：东方出版社，2008.

［94］格奥尔格·G.伊格尔斯.德国的历史观［M］.彭刚，顾杭，译．南京：译林出版社，2006.

［95］赫伯特·马尔库塞.爱欲与文明［M］.黄勇，薛民，译．上海：上海译文出版社，2012.

［96］赫伯特·马尔库塞.单向度的人［M］.刘继，译．上海：上海译文出版社，2008.

［97］赫伯特·马尔库塞.单向度的人［M］.张峰，译．重庆：重庆出版社，1988.

［98］赫伯特·马尔库塞.审美之维［M］.李小兵，译．桂林：广西师范大学出版社，2001.

［99］亨利·列菲弗尔.论国家——从黑格尔到斯大林和毛泽东［M］.李青宜，译．重庆：重庆出版社，1988.

［100］亨特.分析的和辩证的马克思主义［M］.徐长福，刘宇，译．重庆：重庆出版社，2010.

［101］杰弗里·弗里登.20世纪全球资本主义的兴衰［M］.杨宇光，译．上海：上海人民出版社，2009.

［102］科西克.具体的辩证法［M］.傅小平，译．北京：社会科学文献出版社，1989.

［103］凯·尼尔森.马克思主义与道德观念：道德、意识形态与历史唯物主义［M］.李义天，译．北京：人民出版社，2014.

［104］凯文·安德森.列宁、黑格尔和西方马克思主义：一种批判性研究［M］.张传平，译．南京：南京大学出版社，2012.

［105］罗莎·卢森堡.资本积累论［M］.彭尘舜，吴纪先，译．北京：生活·读书·新知三联书店，1959.

[106] 路易·阿尔都塞, 艾蒂安·巴里巴尔. 读《资本论》[M]. 李其庆, 冯文光, 译. 北京: 中央编译出版社, 2017.

[107] 路易·阿尔都塞. 保卫马克思[M]. 顾良, 译. 北京: 商务印书馆, 2006,

[108] 卢卡奇. 历史与阶级意识[M]. 杜章智, 任立, 燕宏远, 译. 北京: 商务印书馆, 2004.

[109] 莉丝·沃格尔. 马克思主义与女性受压迫: 取向统一的理论[M]. 虞晖, 译. 北京: 高等教育出版社, 2009.

[110] 罗伯特·韦尔, 凯·尼尔森. 分析马克思主义新论[M]. 鲁克俭, 王来金, 杨洁, 译. 北京: 中国人民大学出版社, 2002.

[111] 马·莫·罗森塔尔. 马克思主义辩证法史[M]. 汤侠声, 译. 北京: 人民出版社, 1982.

[112] 马克斯·霍克海默, 西奥多·阿多诺. 启蒙辩证法[M]. 渠敬东, 曹卫东, 译. 上海: 上海人民出版社, 2020.

[113] 梅洛-庞蒂. 辩证法的历险[M]. 杨大春, 张尧均, 译. 上海: 上海译文出版社, 2009.

[114] R.G. 佩弗. 马克思主义、道德与社会正义[M]. 吕梁山, 李旸, 周洪军, 译. 北京: 高等教育出版社, 2010.

[115] 让-保罗·萨特. 辩证理性批判[M]. 林骧华, 徐和瑾, 陈伟丰, 译. 合肥: 安徽文艺出版社, 1998.

[116] 让·鲍德里亚. 消费社会[M]. 刘成富, 全志钢, 译. 南京: 南京大学出版社, 2014.

[117] 上野千鹤子. 父权制与资本主义[M]. 邹韵, 薛梅, 译. 杭州: 浙江大学出版社, 2022.

[118] 斯拉沃热·齐泽克. 意识形态的崇高客体[M]. 季广茂, 译. 北京: 中央编译出版社, 2017.

[119] 史蒂文·卢克斯. 道德相对主义[M]. 陈锐, 译. 梁西圣, 黄辛, 校. 北京: 中国法制出版社, 2013.

[120] 史蒂文·卢克斯. 马克思主义与道德[M]. 袁聚录, 译. 田世锭,

校．北京：高等教育出版社，2009．

［121］萨特．存在与虚无［M］．陈宜良，译．杜小真，校．北京：生活·读书·新知三联书店，2007．

［122］肖恩·塞耶斯．马克思与异化：关于黑格尔主题的论述［M］．程瑶，译．北京：中国人民大学出版社，2020．

［123］肖恩·塞耶斯．马克思主义与人性［M］．冯颜利，译．任平，校．北京：东方出版社，2008．

［124］西蒙娜·德·波伏娃．第二性［M］．郑克鲁，译．上海：上海译文出版社，2015．

［125］约翰·E.罗默．在自由中丧失［M］．段忠桥，刘磊，译．北京：经济科学出版社，2003．

［126］约翰·E.罗默．社会主义的未来［M］．余文烈，译．张金鉴，校．重庆：重庆出版社，2010．

［127］约翰·贝拉米·福斯特．马克思的生态学——唯物主义与自然［M］．刘仁胜，肖峰，译，刘庸安，校．北京：高等教育出版社，2006．

［128］约翰·贝拉米·福斯特．生态危机与资本主义［M］．耿建新，宋兴无，译．上海：上海译文出版社，2006．

［129］雅克·德里达．马克思的幽灵——债务国家、哀悼活动和新国际［M］．何一，译．北京：中国人民大学出版社，2008．

［130］伊格尔顿．马克思为什么是对的［M］．李杨，任文科，郑义，译．北京：新星出版社，2011．

［131］詹姆斯·奥康纳．自然的理由——生态学马克思主义研究［M］．唐正东，臧佩洪，译．南京：南京大学出版社，2003．

［132］詹明信．晚期资本主义的文化逻辑［M］．陈清侨，译．北京：生活·读书·新知三联书店，2013．

（二）期刊类

［133］陈学明．西方女性主义的马克思主义对资本主义全球化的独特批判［J］．毛泽东邓小平理论研究，2007（1）．

［134］陈学明．评20世纪90年代初以来的西方的马克思主义哲学研究

[J]. 当代国外马克思主义评论，2012（00）.

[135] 陈学明. 唯物史观与共产主义信念[J]. 浙江学刊，2006（3）.

[136] 陈英. 女性主义的马克思主义何以可能？[J]. 吉首大学学报：社会科学版，2011（9）.

[137] 段忠桥，张文喜. 坚持学术争论，注重分析方法——段忠桥教授访谈[J]. 学术月刊，2011（5）.

[138] 段忠桥. 20世纪70年代以来英美的马克思主义研究[J]. 中国社会科学，2005（5）.

[139] 段忠桥. 转向英美超越哲学关注"正统"——推进当前我国国外马克思主义研究的三点意见[J]. 马克思主义研究，2007（5）.

[140] 段忠桥等. 马克思主义、市场经济与当代世界——伯特尔·奥尔曼教授访谈录[J]. 当代世界与社会主义，2004（3）.

[141] 何萍. 如何写作马克思主义哲学专业的博士学位论文[J]. 马克思主义哲学研究，2011（00）.

[142] 李庆钧. 物化、辩证法与阶级意识——卢卡奇社会批判理论的基本构架及其影响[J]. 求实学刊，1999（5）.

[143] 李义天，晏扩明. 马尔库塞的新人道主义历程及其启示[J]. 福建师范大学学报（哲学社会科学版），2020（5）.

[144] 鲁克俭. 国外学者关于马克思共产主义思想的新观点[J]. 科学社会主义，2006（4）.

[145] 鹿锦秋. 当代马克思主义哲学的女权主义发展——南希·哈索克的辩证女性主义思想探析[J]. 妇女研究论丛，2012（5）.

[146] 启非. 社会主义是一个庄严的信念[J]. 科学社会主义，1991（2）.

[147] 秦美珠. 女性主义马克思主义：思想历程、理论特征及其意义[J]. 当代国外马克思主义评论，2005（00）.

[148] 史巍，韩秋红. 女性主义马克思主义研究的哲学思考[J]. 学术交流，2009（10）.

[149] 孙援朝. 美国奥尔曼教授认为当今西方资本主义正在走向崩溃

[J]．国外理论动态，1995（1）．

[150] 谭容培，刘永胜．生命本然与审美存在之思：马尔库塞新感性实质[J]．湖南师范大学社会科学学报，2008（2）．

[151] 田世锭．资产阶级正义观的神圣化及其批判[J]．马克思主义哲学研究，2022（1）．

[152] 田世锭，高翔．赖特"矛盾的阶级定位论"之二重性及其启示[J]．杭州电子科技大学学报：社会科学版，2022（3）．

[153] 田世锭，郭沂颖．道德原则的历史性与资本主义道德批判——基于列宁相关论述的分析[J]．杭州电子科技大学学报：社会科学版，2021（4）．

[154] 田世锭．社会主义在何种意义上是一种庄严的信念？——列宁对社会主义的双重论证[J]．马克思主义哲学研究，2019（1）．

[155] 田世锭．究竟如何理解道德原则的历史性？——基于马克思恩格斯相关论述的分析[J]．马克思主义哲学研究，2017（2）．

[156] 田世锭．论分析方法与辩证方法的兼容——基于列宁帝国主义理论之方法论的分析[J]．教学与研究，2020（3）．

[157] 田世锭．马克思恩格斯自然概念的双重意涵及其现实意义[J]．自然辩证法研究，2020（8）．

[158] 田世锭．美国马克思主义者的理论宣传活动[M]//孙来斌，刘军主编．20世纪马克思主义发展史：第2卷．北京：中国人民大学出版社，2019．

[159] 田世锭．有机马克思主义是"新形式的马克思主义"吗？[J]．井冈山大学学报（社会科学版），2018（1）．

[160] 田世锭，姜媛．何种道德？——卢克斯对马克思主义道德观的探求评析[J]．三峡大学学报（人文社会科学版），2015（2）．

[161] 田世锭．辩证哲学·辩证方法·辩证实践——关于奥尔曼内在关系辩证法的再思考[J]．学习与探索，2015（11）．

[162] 田世锭．当代英美马克思主义的困境及其启示[J]．社会主义研究，2015（6）．

[163] 田世锭．帝国主义是资本主义的最高阶段吗？——基于列宁相关文本的分析[J]．学习与探索，2013（5）．

［164］田世锭. 马克思主义与道德关系的一种论争［J］. 道德与文明，2013（5）.

［165］田世锭. 戴维·哈维的新帝国主义理论探析［J］. 江海学刊，2010（4）.

［166］田世锭. "内在关系的辩证法"与"总体性的辩证法"——奥尔曼与卢卡奇的辩证法思想比较［J］. 烟台大学学报：哲学社会科学版，2007（2）.

［167］田世锭. 拨开当今资本主义迷雾的辩证之手——奥尔曼论马克思主义的唯物辩证法［J］. 思想理论教育导刊，2006（12）.

［168］田世锭. 为什么要从"深生态学"转向"社会正义"？——戴维·佩珀的环境正义观论析［J］. 马克思主义哲学研究，2015（2）.

［169］田世锭. 英美马克思主义者对社会主义的三种论证［J］. 社会主义研究，2009（4）.

［170］田世锭. 辩证法：西方马克思主义研究的新前沿——基于《新世纪的辩证法》的分析［J］. 中国人民大学学报，2012（3）.

［171］田世锭. 辩证法马克思主义的主题与方法论探讨［J］. 科学社会主义，2012（6）.

［172］王平. 走向后现代——后马克思主义女权主义的当代论域及其归宿［J］. 哲学动态，2012（9）.

［173］王荣江. 正确的自然观是坚持马克思主义世界观的前提——访著名马克思主义理论家侯惠勤教授［J］. 自然辩证法研究，2019（11）.

［174］王音. 战后帝国主义的新特征［J］. 国外理论动态，2007（6）.

［175］王雨辰. 一种非压抑性文明何以可能——论马尔库塞对当代资本主义社会的伦理价值批判［J］. 江汉论坛，2009（10）.

［176］徐小苗，杨双. 伯特·奥尔曼谈西方十大马克思主义流派［J］. 马克思主义研究，1995（1）.

［177］杨金海. 美国奥尔曼教授谈异化问题［J］. 国外理论动态，1995（7）.

［178］俞良早. 马克思在俄国跨越卡夫丁峡谷问题上的谨慎态度和理智观点［J］. 思想理论教育导刊，2021（2）.

[179] 虞晖. 马克思的方法论和女性的从属地位——马撒·吉梅内斯对当代女性受压迫问题的分析 [J]. 甘肃理论学刊, 2008 (5).

[180] 赵家祥: 资本主义社会内部是否能够孕育和形成社会主义因素? [J]. 北京行政学院学报, 2005 (1-2).

[181] 艾伦·伍德. 马克思反对从正义出发批判资本主义 [J]. 李义天, 译. 中国社会科学, 2018 (6).

[182] 弗雷德里克·詹姆逊. 什么是辩证法 [J]. 王逢振, 译. 西北师大学报（社会科学版）, 2005 (5).

[183] 菲利普·克莱顿. 有机马克思主义与有机教育 [J]. 孟献丽, 译. 马克思主义与现实, 2015 (1).

[184] 肖恩·塞耶斯. 资本主义全球化与社会主义的未来前景 [J]. 魏小萍, 编写. 国外理论动态, 2000 (1).

[185] 肖恩·塞耶斯. 马克思主义和资本主义危机 [J]. 孟高峰, 译. 哲学动态, 2009 (5).

[186] 约翰·柯布. 有机马克思主义与有机哲学 [J]. 吕夏颖, 等译. 黄铭, 校. 江海学刊, 2016 (2).

[187] 约翰·柯布. 论有机马克思主义 [J]. 陈伟功, 译. 马克思主义与现实, 2015 (1).

[188] 约翰·贝拉米·福斯特. 重新发现帝国主义 [J]. 王淑梅, 摘译. 国外理论动态, 2004 (1).

[189] 约翰·贝拉米·福斯特. 帝国主义的新时代 [J]. 高静宇, 摘译. 国外社会科学, 2004 (3).

[190] 约翰·贝拉米·福斯特. 垄断资本和新的全球化 [J]. 陈喜贵, 摘译. 国外理论动态, 2003 (6).

[191] 周颜玲. 至关重要的社会性——21世纪如何开展全球化和社会变迁研究 [J]. 蔡一平, 谭琳, 编译. 妇女研究论丛, 2009 (3).

（三）报纸类

[192] 田世锭. 对西方空间批判理论的反思与借鉴 [N]. 中国社会科学报, 2018-11-13.

[193] 田世锭. 西方环境正义理论的意义与局限［N］. 中国社会科学报, 2018-04-03.

[194] 田世锭. 有机马克思主义的现代性批判有误［N］. 中国社会科学报, 2016-05-26.

[195] 田世锭. 肖恩·塞耶斯对社会主义的双重论证［N］. 中国社会科学报, 2010-02-25.

（四）网络资源类

[196] 联合国妇女署. 北京会议召开25年后妇女权利审查报告［EB/OL］. (2020-03-10). https：//news.un.org/zh/story/2020/03/1052191.

[197] 联合国. 联合国人类发展报告：90%的国家人类发展处于落后状态［EB/OL］. (2022-09-08). https：//news.un.org/zh/story/2022/09/1108961.

二、英文文献

（一）著作类

[198] BAXTER B. A Theory of Ecological Justice［M］. New York：Routledge, 2005.

[199] BELL K. Achieving Environmental Justice［M］. Bristol：Policy Press University of Bristol, 2014.

[200] GORMAN R A. Yankee Red：Nonorthodox Marxism in Liberal America［M］. New York：Praeger, 1989.

[201] HARTSOCK N. The Feminist Standpoint Revisited and other Essays［M］. Boulder, CO：Westview Press, 1998.

[202] HARVEY D. A Brief History of Neoliberalism［M］. Oxford：Oxford University Press, 2005.

[203] HARVEY D. Justice, Nature and the Geography of Difference［M］. Oxford：Blackwell, 1996.

[204] HAROING A. Access to Environmental Justice［M］. Leiden：Boston, 2007.

[205] OLLMAN B. Communism：The Utopian "Marxist Vision" versus a Dialectical and Scientific Marxist Approach［M］//Shannon Brincat ed. Communism in

the 21st Century. Praeger, 2014.

［206］OLLMAN B, SMITH T. Dialectics for the New Century ［M］. New York: Palgrave Macmillan, 2008.

［207］OLLMAN B. Dance of the Dialectic—Steps in Marx's Method ［M］. Urbana and Chicago: University of Illinois Press, 2003.

［208］OLLMAN B. Ball Buster? True Confessions of a Marxist Businessman ［M］. New York: Soft Skull Press, 2002.

［209］OLLMAN B. Dialectical Investigations ［M］. New York: Routledge, 1993.

［210］OLLMAN B. Social and Sexual Revolution ［M］. Boston: South End Press, 1979.

［211］OLLMAN B. Alienation: Marx's Conception of Man in Capitalist Society ［M］. New York: Cambridge University Press, 1976.

［212］PAVLICH D. Managing Environmental Justice ［M］. Amsterdam New York, 2010.

［213］ROBINSON W I. Into the Tempest: Essays on the New Global Capitalism ［M］. Chicago: Haymarket Press, 2018.

［214］SCHLOSBERG D. Defining Environmental Justice: Theories, Movementsand Nature ［M］. Oxford: Oxford University Press, 2007.

［215］SHRTSOCK N. Globalization and Primitive Accumulation: The Contributions of David Harvey's Dialectical Marxism ［M］//Noel Castree and Derek Gregory ed. David Harvey: A Critical Reader. New York: Blackwell, 2006.

［216］STEIN R. New Perspectives on Environmental Justice ［M］. Rutgers, 2004.

［217］WILKS S. Seeking Environmental Justice ［M］. Amsterdam New York, 2008.

［218］WALKER G. Environmental Justice: Concepts, Evidence and Politics ［M］. New York: Routledge, 2012.

（二）期刊类

［219］AMIN S. Contemporary Imperialism ［J］. Monthly Review, 2015 (7).

［220］DALPH M, SINGHAL M. Racial capitalism ［J］. Theory and Society,

2019 (48).

[221] DELPHY C, LEONARD D. A Materialist Feminism Is Possible [J]. Feminist Review, 1984 (4).

[222] FOSTER J B. Naked Imperialism [J]. Monthly Review, 2005 (9).

[223] GARE A. Marxism and the problem of creating an environmentally sustainable civilization in China [J]. Capitalism, nature, socialism, 2008, 19 (1).

[224] GIMENEZ M E. Capitalism and the Oppression of Women: Marx Revisited [J]. Science and Society, 2005, 69 (1).

[225] HARTSOCK N. Marxist Feminist Dialectics for the Twenty-first Century [J]. Science and Society, 1998, 62 (3).

[226] HARTSOCK N. Moments, Margins, and Agency: An Engagement with Justices, Nature and the Geography of Difference [J]. Annals of the Association of American Geographers, 1998, 88 (4).

[227] HARTSOCK N. Women and/as Commodities [J]. Canadian Journal of Women's Studies, 2004, 23 (4).

[228] HARVEY D. In What Ways Is "The New Imperialism" Really New? [J]. Historical Materialism. 2007, 15 (3).

[229] HJORTSH K, ROVRKE J O, MILANOVIC. Capitalism Alone: The Future of the System that Rules the World [J]. Society, 2021 (58).

[230] OLLMAN B. Dialectics and World Politics [J]. Globalizations, 2014, 11 (5).

[231] OLLMAN B. Historical Archeology, Dialectical Marxism, and "C. F. U. G. Studies" [J]. Int J Histor Archael, 2014 (18).

[232] OLLMAN B. Marxism and the Philosophy of Internal Relations; or, How to Replace the Mysterious "paradox" with "contradictions" that Can Be Studied and Resolved [J]. Capital & Class, 2015, 39 (1).

[233] PATNAIK V, PATNAIK P. Imperialism in the Era of Globalization [J]. Monthly Review, 2015 (7).

[234] PRADELLA L. Imperialism and Capitalist Development in Marx's Capital

[J]. Historical Materialism, 2013, 21 (2).

[235] SAYERS S. Marxism and Morality [J]. Philosophical Researches, 2007 (9).

[236] SAYERS S. Marxism and the Dialectical Method [J]. Radical Philosophy, 1984 (36).

[237] SAYERS S. On the Marxist Dialectic [J]. Radical Philosophy, 1976 (14).

[238] SMITH J. Imperialism in the Twenty-First Century [J]. Monthly Review, 2015 (7).

[239] STANLEY W P. Lenin and Self-Determination [J]. The Slavonic and East European Review, 1950, 28 (71).

[240] SUWANDI I. Behind the Veil of Globalization [J]. Monthly Review, 2015 (7).

致　谢

《马克思主义社会哲学研究》是我们合作研究的一个成果。其中，屠晶晶不仅参与了对全书框架和主要内容的研讨，还独立撰写了第九章《女权马克思主义的女性解放论》。本书为国家社科基金项目"21世纪国外马克思主义关于中国特色社会主义的研究"（编号：20BKS160）的阶段性成果。我们首先要感谢国家社科基金及相关评审专家对我们的支持。

感谢一直以来都在给予我们诸多指导和帮助的所有老师和朋友。特别是美国纽约大学政治学系伯特尔·奥尔曼教授，中国人民大学哲学院段忠桥教授，武汉大学哲学学院何萍教授、李维武教授、吴昕炜副教授，首都师范大学马克思主义学院陈新夏教授，山东大学马克思主义学院（威海）付文忠教授，辽宁大学哲学院吕梁山教授，中央党史和文献研究院江洋副研究员，中国社会科学院大学历史学院王广教授，杭州电子科技大学马克思主义学院王海稳教授、黄岩教授和张扬金教授等。如果说我们在学术上取得了一点成绩的话，那是诸位老师和朋友指导和帮助的结果。

《教学与研究》、《自然辩证法研究》、《马克思主义哲学研究》、《社会主义研究》、《学习与探索》、《西南民族大学学报》（社科版）、《杭州电子科技大学学报》（社会科学版）、《三峡大学学报》（人文社会科学版）、《井冈山大学学报》（人文社科版）和《中国社会科学报》，以及《中国社会科学文摘》、人大复印报刊资料《马克思列宁主义研究》等学术期刊及其编辑给予我们发表和转载阶段性成果及其他相关学术论文的宝贵机会。

在此也谨致诚挚的谢意。

感谢光明日报出版社和《马克思主义研究文库》相关评审专家能够将本书纳入《马克思主义研究文库》；感谢本书责任编辑老师为本书的出版付出辛勤工作；感谢研究生高翔、郭沂颖、徐艳华、马倩倩、王慧、顾保杰、张洁、许雅婷参与部分阶段性成果的初稿撰写或本书注释和参考文献的格式调整；感谢杭州电子科技大学马克思主义学院为本书提供出版资助。

田世锭　屠晶晶

2022 年 10 月 22 日